全国农村合作金融机构业务培训教材

电子银行

主 编 殷治平
副主编 李 刚 李 娟

中国金融出版社

责任编辑：罗邦敏　乔　亚
责任校对：张志文
责任印制：陈晓川

图书在版编目（CIP）数据

电子银行（Dianzi Yinhang）/殷治平主编．—北京：中国金融出版社，2012.1
全国农村合作金融机构业务培训教材
ISBN 978－7－5049－6220－1

Ⅰ.①电…　Ⅱ.①殷…　Ⅲ.①电子银行—　Ⅳ.①F830.49

中国版本图书馆CIP数据核字（2011）第268473号

出版
发行　中国金融出版社
社址　北京市丰台区益泽路2号
市场开发部　（010）63266347，63805472，63439533（传真）
网上书店　http：//www.chinafph.com
（010）63286832，63365686（传真）
读者服务部　（010）66070833，62568380
邮编　100071
经销　新华书店
印刷　利兴印刷有限公司
尺寸　185毫米×260毫米
印张　15.75
字数　345千
版次　2012年1月第1版
印次　2013年6月第3次印刷
定价　30.00元
ISBN 978－7－5049－6220－1/F.5780
如出现印装错误本社负责调换　联系电话（010）63263947

《全国农村合作金融机构业务培训教材》
丛书编委会

总　　序

农村信用社自1951年成立以来，历经60年艰辛发展历程，走过了一条不平凡的发展之路。在党中央、国务院正确领导下，农村信用社以服务“三农”为宗旨，自身实力迅速壮大，已成为我国金融系统的重要力量，是名副其实的农村金融主力军。特别是以2003年6月国务院颁布《深化农村信用社改革试点方案》为标志，新一轮农村信用社改革全面展开，农村信用社深化改革和经营发展进入了快车道。几年来，以产权制度为核心的改革成绩斐然，农村信用社、农村合作银行、农村商业银行（以下简称农村合作金融机构）并存，声名鹊起，共襄盛举，共同发展，共同繁荣。

截至2011年6月末，全国农村合作金融机构营业网点近8万家，从业人员78万人，资产12.04万亿元，负债11.37万亿元，存款9.58万亿元，贷款6.43万亿元。存款、贷款规模攀居全国银行业金融机构第4位和第2位，成为我国城乡金融机构网点最多、分布最广、“三农”贷款投放最多、农村普惠金融服务贡献度最大的金融机构。

银行业的竞争和发展，归根结底是人才的问题，才兴业兴，才尽业衰，已昭示了银行发展的永恒真理。伴随农村合作金融机构发展的突飞猛进，面对经营管理、创新的多重压力，员工素质、能力不适应的矛盾日益突出，已成为农村合作金融机构走向现代银行之路的瓶颈，“短板效应”为业界所共识。但是，囿于现有管理体制的现状，员工培训合力不够，层次不高，且缺乏系统性和全面性，培训效果不佳，难以达到规范化、标准化。针对这种现状，我们以服务股东及成员单位为宗旨，充分利用自身优势，组织全国部分高等院校专家、教授，编写《全国农村合作金融机构业务培训教材》丛书（以下简称《丛书》）一套18种。该《丛书》具有以下几个特点：一是覆盖面广。《丛书》内容涉及会计、信贷、财务、管理、审计、营销、法律、科技、新兴业务、人力资源、服务礼仪、应用写作等各专业、各个方面，可谓包罗万象，几近百科。二是实用性强。《丛书》体例新颖，线条清晰，通俗易懂，适合农村合作金融机构员工自学和培训，特别是每种教材附有若干套试题，存放于农信银远程学习系统，供员工自学与培训时自考自检。三是方便自学。《丛书》课件在农信银远程学习系统上将陆续推出，员工登录系统后即可学习，不受时间和场地限制，解决了员工自学培训中的工学矛盾。

汇通城乡，服务股东，普惠“三农”，成就梦想，是农信银资金清算中心永恒不变的价值理念。组织编写《丛书》是我们所尽的菲薄之力，相信它是撬动支点之力，必将推动全国农村合作金融机构的诺亚方舟。让员工培训、人才培养的大戏高潮迭起，演绎辉煌！

《全国农村合作金融机构业务培训教材》丛书编委会

2011年11月25日

前　言

计算机与信息网络技术的飞速发展及其与金融全球化的紧密结合，使全球金融发展进入一个新的历史时期——网络金融时代。计算机和网络通信技术的引入，使银行业发生了一次革命性的变革，使银行业的传统业务处理实现了电子化、网络化、虚拟化。我国电子银行业务虽然起步较晚，但发展速度十分惊人，在我国各商业银行的电子银行业务正在逐步取代柜台交易，成为银行未来发展的趋势；手机银行的灵活性为移动支付、小额支付提供了便捷，特别是在解决农村小额支付、移动支付方面具有绝对优势，将为“三农”建设发挥作用；电子支付系统缓解了柜台压力、降低了营运成本、提高了服务质量；银行支付体系与第三方支付的合作为电子商务的蓬勃发展提供了有力的支撑。电子银行的快速发展，对电子银行的监管、电子银行的安全性提出了更高的要求。电子银行的技术安全保证是电子银行发展的基础，对电子银行业务实施有效监管是防范电子银行风险，是电子银行健康发展的有力措施。

电子银行是商业银行等金融机构利用计算机技术和网络通信技术发展起来的一门新兴学科，它是金融学和信息技术的有机结合，并吸纳了营销学、管理学等的相关成果。通过系统学习和掌握这门课的基本知识、基本理论与方法，可以使学员系统地深入认识电子银行发展的基本问题，全面把握电子银行的发展规律，分析当前我国电子银行领域存在的问题，提升电子银行的管理能力。

为适应新形势下银行工作发展和业务知识普及的需要，根据农信银资金清算中心领导与教材编委会的部署，我们组织湖北经济学院、哈尔滨金融学院等从事多年电子银行教学并具有实践经验的高校教师，为学习电子银行业务和管理的农村信用社等实际工作人员编写了这本《电子银行》。殷治平副教授任主编，负责全书框架、章节的设计及全书的定稿。教材撰写的具体分工如下：第一章银行电子化、第二章电子银行概述和第七章电子银行安全机制由李刚副教授（湖北经济学院）承担；第三章网上银行和第四章电话银行与手机银行由殷治平承担；第五章电子支付系统和第六章电子银行业务风险管理及监管环境由李娟老师（哈尔滨金融学院）承担。

本教材吸收了国内外最新研究成果，充分借鉴了近年来国内外的电子银行案例，特别是吸收了农信银系统的先进案例。教材紧密贴近我国电子银行的最新发展和实践，内容新颖、体系健全、案例丰富。

本教材的编写得到了湖北经济学院副院长、博士生导师吴少新教授，农信银资金清算中心领导等专家学者的大力支持与帮助。中国金融出版社编辑对本书的出版也给予了大力帮助，在此一并表示感谢！

由于作者水平有限，教材中不足之处在所难免，恳请专家、学者与读者不吝指教，以便于我们将来修改完善教材。

编者

2011 年 11 月

目　录

全书架构图

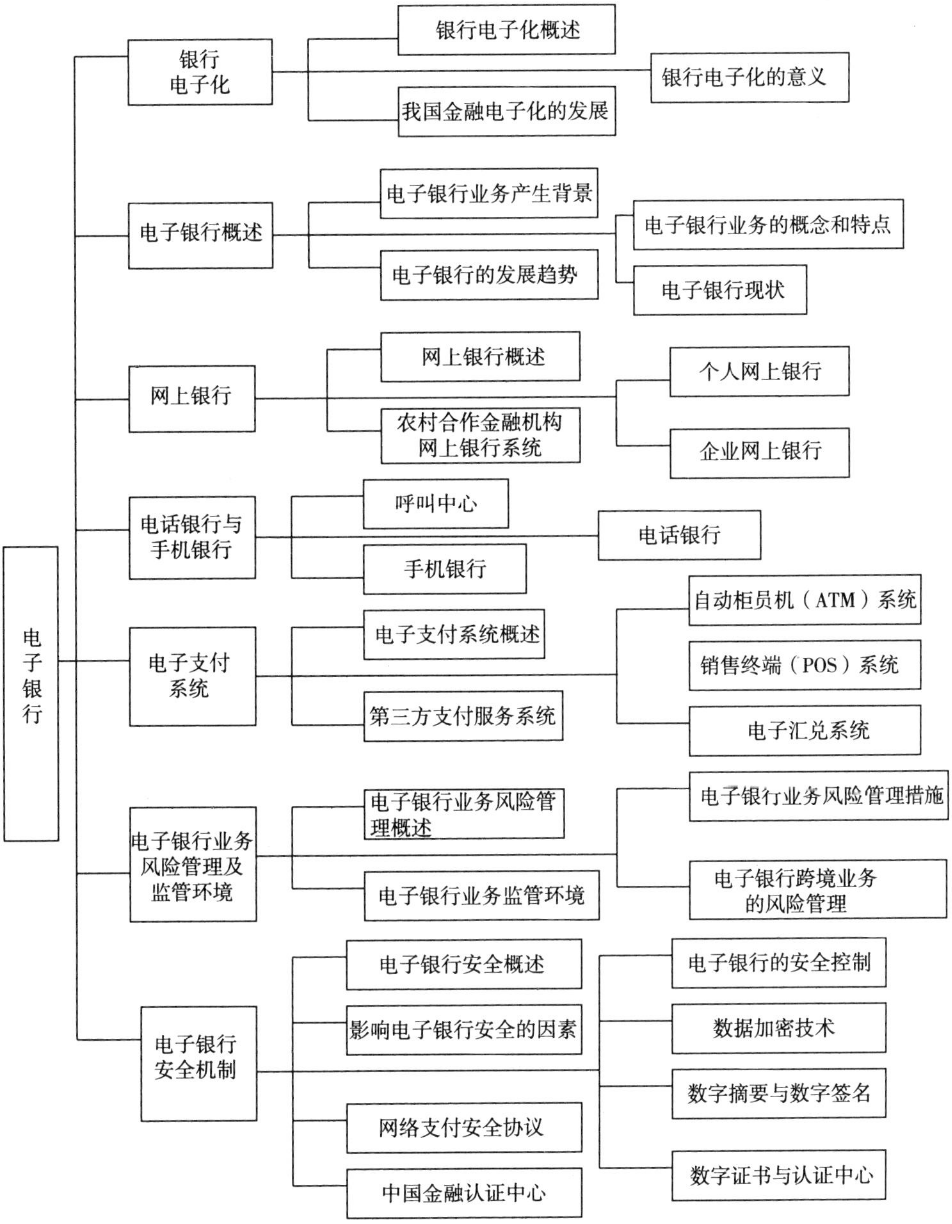
电子银行
银行电子化
银行电子化概述
银行电子化的意义
我国金融电子化的发展
电子银行概述
电子银行业务产生背景
电子银行业务的概念和特点
电子银行的发展趋势
电子银行现状
网上银行
网上银行概述
个人网上银行
农村合作金融机构网上银行系统
企业网上银行
电话银行与手机银行
呼叫中心
电话银行
手机银行
电子支付系统
电子支付系统概述
自动柜员机（ATM）系统
销售终端（POS）系统
第三方支付服务系统
电子汇兑系统
电子银行业务风险管理及监管环境
电子银行业务风险管理概述
电子银行业务风险管理措施
电子银行业务监管环境
电子银行跨境业务的风险管理
电子银行安全机制
电子银行安全概述
电子银行的安全控制
影响电子银行安全的因素
数据加密技术
数字摘要与数字签名
网络支付安全协议
中国金融认证中心
数字证书与认证中心

第一章　银行电子化

【本章概要】

金融电子化指采用计算机技术、通信技术、网络技术等现代化技术手段，改变金融业传统的工作方式，实现金融业务处理自动化、金融服务电子化、金融管理信息化、金融决策科学化，从而为客户提供多种快捷方便的服务，为国民经济各部门提供及时、准确的信息活动的全过程。本章主要向读者介绍了银行电子化的相关概念及其意义，重点阐述了我国金融电子化体系。

【要点提示】

1. 银行电子化的内涵及其表现形式；
2. 银行电子化的作用与重要意义；
3. 银行电子化体系及其未来发展。

【本章架构图】

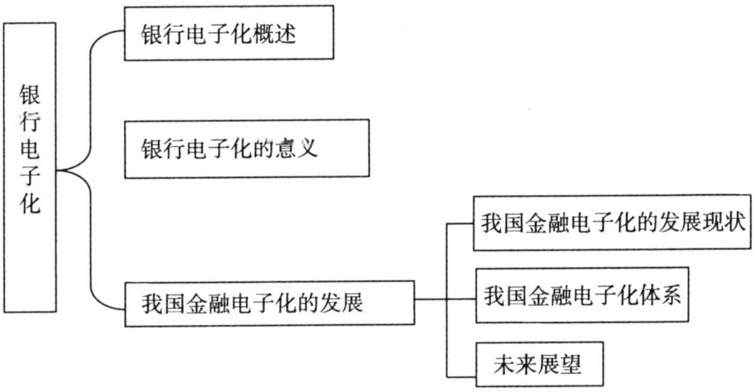

第一节　银行电子化概述

银行是社会商品生产、流通和消费体系的基础，特别是在经济全球化的21世纪，银行作为全球电子商务资金流的实现者，其电子化和信息化水平的高低，直接影响到电子商务的发展和推广。自1982年以来，随着经济体制改革的深入和市场经济的发展，金融业务迅速增长。金融业在我国国民经济中的地位和作用发生了根本性的变化，它已从单一的信用中介部门发展成为国民经济的重要支柱部门。金融宏观调控在国民经济管理中起着越来越重要的综合调节作用。

银行电子化是现代电子技术与银行业务渗透、融合所出现的一种业务再现、改造和重建过程。计算机、通信技术发展的日新月异和银行业务的开拓进展，它们之间的相互依存和促进，使得银行电子业务品种不断创新，服务方式不断更新，效率得到提高，成本得以降低，银行电子化成为银行发展的一种必然选择。为此，世界各国都逐步实现了金融电子化，开展了网络银行业务，并且开拓了许多新的增值服务。这样不仅使银行发生了巨大的变革，而且大大地促进了国民经济信息化水平的提高。

金融电子化指采用计算机技术、通信技术、网络技术等现代化技术手段，改变金融业传统的工作方式，实现金融业务处理自动化、金融服务电子化、金融管理信息化、金融决策科学化，从而为客户提供多种快捷方便的服务，为国民经济各部门提供及时、准确的信息活动的全过程。它是一个综合了各种层次，并以计算机（包括各种金融专用电子设备）应用为主要特征的各类计算机信息系统应用的总称。

我国的金融信息化建设始于20世纪70年代。20世纪80年代中期，中国人民银行牵头成立金融系统电子化领导小组，制订了金融电子化建设规划和远期发展目标。总体设想是“六五”作准备，“七五”打基础，“八五”上规模，“九五”基本实现电子化、信息化。

“九五”期间，我国金融电子化建设取得了突飞猛进的发展，初步搭建了中国银行业电子化的总体构架，逐步形成了安全、高效、规范的金融电子化服务体系，基本实现了业务操作计算机化、信息处理网络化、支付结算电子化、管理及办公自动化。“十五”期间，我国银行业信息化建设取得了突破性的进展。数据集中基础设施建设基本完成，满足服务社会和公众要求的现代化支付和银行信息化产品及服务体系、银行信息安全保障体系基本形成，银行业经营管理信息化体系初步建成，推动与促进了金融改革与创新，为提升我国金融业的核心竞争力作出了突出的贡献。

我国银行系统电子化营业网点数已达14万个，约占网点总数的92%。其中光大银行、中信银行、华夏银行、民生银行、招商银行、广东发展银行、深圳发展银行、上海浦东发展银行等“后生”银行的电子化营业网点覆盖率为100%。而工商银行、中国银行、建设银行的电子化营业网点覆盖率也达到了97%以上。我国银行系统的传统柜台业务已基本实现计算机处理，许多银行还利用各式各样的网络系统，实现全国范围或城市范围内的对公业务、储蓄业务的通存通兑，极大地方便了广大客户，提高了社会资金周转量和银行的经营效益。实践表明，我国银行电子化建设和发展，成绩是显著的。

第二节　银行电子化的意义

计算机与信息网络技术的飞速发展及其与金融全球化的紧密结合，使全球金融发展进入一个新的历史时期——网络金融时代。计算机和通信技术的引入，使银行业发生了一次革命性的变革，使银行业的传统业务处理实现了电子化、网络化。中国的银行业正在加速缩短与国际银行业信息化发展的差距，但是目前也存在一些问题。为从根本上解决目前的瓶颈制约，我们要瞄准当今世界金融科技先进水平，推行科技整合创新计划，按照系统工程的理论方法指导我国金融电子化工作，引进国际先进技术和管理方法，建立与国际接轨的金融计算机网络，注重安全管理并制定完善的电子化标准，同时加强对高级复合型人才的培养，逐步实现我国金融电子化与国际接轨。

一、电子化是银行业发展的必然趋势

电子信息技术飞速发展，将我们带入了知识经济时代。知识经济的基本特征是信息技术和通信技术在其发展过程中处于中心地位，服务业在其中扮演主要角色，人力资源、素质和技能是其实现的先决条件。

原微软公司总裁比尔·盖茨曾预言："传统商业银行将是在21世纪灭绝的一群恐龙。"这一预言，我们虽不能完全认同，但是，银行业已经不可逆转地受到了电子信息技术的深刻影响，依靠技术进行创新已成为商业银行发展的不竭动力。商业银行的经营业务已经从单纯的资产负债业务发展到资产负债加中介业务。功能创新、网上生存和竞争已经成为未来商业银行的主要特征，代表着商业银行的发展方向。

从国际金融业发展的潮流看，完全手工操作的银行支付系统正在逐渐走向消亡，现代化电子清算体系已经建立，并促进了资金在全球范围内的快速流动。

从金融全球化角度看，金融电子化导致了全球资本市场的急剧扩张。国际融资、全球流动资本、全球证券市值等增长迅猛。金融市场的这些成功都离不开银行电子化。

从金融经营效果看，1995年10月，美国三家银行联合在Internet上成立了全球第一家网上银行——安全第一网络银行。它在刚开始时仅占有一座写字楼的半层楼面，但其业务遍布美国各州，业务种类包括电子钞票兑付、在线登记交易、支票转账等。客户可以足不出户地享受各种银行服务，网点问题不再成为银行扩张的制约因素。到1998年底，安全第一网络银行市场份额已超过美国总支付交易的2%。

二、银行电子化大大促进了银行业生产力的提高

电子技术与银行业相结合的现代银行经营模式表明，电子化大大促进了银行生产力的提高，创新了金融企业的业务与管理，发展了金融市场及体系。

（一）拓宽服务领域

银行电子化能够融合银行业、证券业、保险业等分业经营的金融市场，减少各类金融业针对同样客户的重复劳动，拓宽金融业进行产品更新换代的空间。由此，银行业将从事全能金融业务，如存贷款、国际结算、财务顾问、证券经纪、信托保险代理、各种中间业务代理等。

（二）提高服务质量

通过银行电子化建立虚拟化金融市场，银行将不受营业网点的空间局限。只要网络和通信能够到达的地方，都可以成为银行的市场范围。银行可以向客户提供全天候、大范围、跨地区、跨国界的交易服务，从而大幅度提高银行的服务效率。

（三）降低服务成本

传统的商业银行不仅需要大量的人力去经营业务，而且需要大量的财力、物力去建

设网点，做广告宣传，而金融电子化使得客户的交易成为一种不受时空限制的交易，可以使银行减少这方面的投资，从而降低成本。根据美国艾伦威尔顿国际管理顾问公司的调查，利用网络进行付款交易的每笔成本平均为0.1美元或更低，而利用银行本身的电脑银行服务为0.27美元，电话银行服务为0.54美元，银行分支机构服务则高达1.07美元。

（四）强化了金融管理

银行电子化还变革了金融企业管理，提高了金融企业管理的深度、广度和效率。

金融企业管理可以概括为三个方面：业务组织、风险控制和后勤保障。从业务组织来看，银行将依据计算机原理重新设计业务流程。从风险控制来看，资产质量问题关系金融企业的利润和发展，是所有金融企业的生命线，有关资产质量的信息收集、整理、分析、判断、反馈等环节将进一步自动化、综合化。从后勤保障来看，在许多发达国家，银行正进行功能再造，实行电子化外包，借助计算机批量处理银行的内部服务，将各部门的成本费用、员工福利等反映于办公网，方便部门统筹。在综合层次上，银行的行长则可以借助计算机智能系统，随时综观全行状况，更为科学地进行总体决策。

三、银行电子化对传统银行业的经营模式和理念提出的挑战

（一）银行电子化使传统银行丧失低交易成本的优势

在传统金融市场上，由于中小投资者资金较少，缺乏信息，导致了相对高昂的交易成本，严重阻碍了中小投资者利用金融市场直接向企业提供资金。而传统商业银行通过吸收零星资金形成巨额资本，形成规模经济；选择不同种类的金融产品形成投资组合，以有效降低金融风险，并雇用专家理财，收集大量信息，从而大幅度地降低单位交易成本。因此，传统商业银行是金融市场上的主要中介机构。在银行电子化环境下，金融市场的所有参与者获取信息的完全性、及时性及成本相差无几，传统银行丧失低信息成本优势，又需要支付众多分支机构、营业网点、庞大的建筑物及大量从业人员等的营业费用。因此，在应对其他金融市场所有参与者的竞争时，传统银行不再具有低成本优势，进而越来越难以吸收大量资金形成规模经济，从而丧失规模经济优势。

（二）银行电子化使传统银行丧失信息优势

在金融市场上，社会资金的需求方所拥有的市场信息总是大于资金供给方所获得的有关信息。资金供需双方对信息占有的非对称性导致了交易发生前的逆向选择和交易发生后的道德风险。而银行为支付中介，是全社会的信息集散中心，能够较充分地了解资金需求方的资金往来情况，对其实际经营和财务状况拥有的信息也较为全面，并具备监督执行限制借贷公司风险投资活动的各种契约规则的能力。因此，传统银行能够较好地解决金融市场的逆向选择和道德风险问题。在网络经济条件下，投资者可以在开放的互联网上获得所需要的各种市场信息，并且费用很低，大大改善了资金供需双方的信息不对称问题。银行相对于其他企业和个人所具有的信息完备性和经济性的优势逐步丧失。

（三）银行电子化打破了传统银行的垄断地位

由于金融商品特别是商业银行提供的金融商品在空间移动上的局限性，即在不同空

间存在的商业银行金融产品不可能排列在同一空间由客户自由选择，决定了商业银行或其分支机构天生具有在一定空间内的垄断能力。此外，传统银行可以大幅度降低交易成本，消除信息障碍，从而在总体上提高社会资源分配的效益，使其成为传统金融市场的最重要的金融中介。因此，商业银行对整个经济的影响和受整个经济的影响要远远大于任何一个企业，所以，银行业有较高的行业壁垒，形成了银行业的垄断地位。但银行电子化使企业突破了地域和时间的限制，使传统银行丧失了金融产品在空间移动上的局限性，而网络化的电子银行被称为“不下班银行”，它不需要固定的场所和指定的终端，业务经营不受地域和时间的限制，客户可依靠任何一个网络入口点接入电子银行，根据屏幕上的柜台提示信息办理开户、存款、付账、转账、贷款，以及买保险、股票、债券、外汇、基金等，随时随地享受“AAA 式金融服务”。加之，传统银行不再具有低交易成本和信息优势，导致它在整个金融体系中的重要性日益下降，垄断地位大为削弱，致使许多机构利用技术和资金从事网络金融业务。

第三节 我国金融电子化的发展

一、我国金融电子化的发展现状

我国金融电子化发展的现状是：中国国家金融数据网已经投入运行；银行的中间业务正在不断开发和发展之中；金融电子化市场潜力巨大；电话银行、无人银行、网上银行等新型电子化服务已经出现，表明了我国金融电子化的迅猛发展。

我国金融电子化工程起步于20世纪70年代，进入90年代后，随着中央银行金融调控体系的形成和国有专业银行的商业银行化，已经有了规模化的发展，在我国金融体制改革和社会主义市场经济发展中，发挥着重要的作用。金融电子化伴随着信息化浪潮席卷全球，这是社会发展和技术发展的必然趋势。从技术发展看，计算机经过大型机集中式处理阶段，经过客户/服务器的分散式处理阶段，现在进入了以网络为核心的网络时代。1993年，我国与世界同步启动了国家信息化建设，标志就是以“三金工程”为代表的一系列国家信息工程项目，拉开了我国信息化建设的序幕，同时也构筑了中国国家信息基础结构的基本框架。

随着我国经济的发展和市场经济框架的形成，对金融行业提出了越来越高的要求。未来银行的一种发展趋势就是向个性化发展。电话银行、无人银行、网上银行、流动银行无一不体现出个性化的趋势，表明银行正在从过去的以自我为中心转向以客户为中心，目的是为了使银行能够更好地为客户服务，而最根本的原因还在于银行由政府部门向商业部门的转轨。未来的银行将会像我们每个人的影子，它将忠实地跟随你到天涯海角。

1. 电话银行。电话银行是国际金融界在采用电子计算机技术处理金融业务后，为给客户投资理财提供更方便、及时的服务而形成的。这种新型服务使客户无须到银行柜台便能办理业务。由于它具有灵活方便、投资少等优点，近年来在国内银行界发展迅速。

电话银行运用先进的计算机、通信、语音处理技术和电话信号数字技术等，在原有业务处理系统上，借助于公共电话网络，使客户能通过电话同银行进行金融交易，如查询账户信息、办理部分转账结算、证券买卖等。只要客户拥有一台电话机或一部手机，便可在家中、办公室甚至在乘车路上利用遍布全世界的公共电话网，拨通电话银行的电话号码进入银行计算机网络，并通过对话形式自行操作、自我服务、投资理财，办理各种银行业务。总之，电话银行在国内尚处于发展阶段，随着银行网络系统的建设，经济活动的发展，通信条件的改善，电话银行的服务功能将越来越丰富，效益会越来越明显。

2. 无人银行。无人银行首先是银行，传统有人银行的所有功能都应该具备。这里，无人并不意味着放几台机器，几台 ATM，柜台业务全部不需营业员。无人银行的设计、构造以及功能，从硬件平台到软件应用，都要根据银行对整个市场的策略来确定，并符合银行将来发展的需要。在过去，传统的银行业务分为两个区域：一个为现金区域，包括存款、取款等功能；另一个为非现金区域，包括转账、查询、贷款抵押等功能。无人银行既能做现金交易，又能做非现金交易，两方面的工作一气呵成。这种新型的 ATM 设备已经从简单的提款机，演变成完全自助的 ATM。自助的 ATM 可以做很多事情，比如做邮票的买卖、出售电话卡、卖保险、公用事业收费、买彩票、买有价证券等。

3. 网上银行。NCR 与加拿大皇家银行合作推出了世界上第一台 WebATM，它突出的一个特点是把 Internet 网与 ATM 功能相结合，通过这台 WebATM，客户可以与 Internet 进行网上交易，而且是完全自助的，以 ATM 作为 Internet 的客户端，WebATM 上有浏览器。

所有的现金存款、转账都可通过 ATM 实现。这种方式将是未来银行业发展的一种趋势。然而，基于 Internet 发展银行业务，其缺点也是明显的，那就是网络的开放性引起的安全问题。在安全技术方面，最近惠普展示了被称为虚拟保险箱的产品，这种产品可以防止网络“黑客”的袭击，确保内部的保密信息不被泄露出去。另一种名为 ImagineCard 的安全解决方案，则使得用户在不同的系统应用中通过身份验证行使应用权，而不需要告知用户的信用卡号码。另外，在数据保密方面，惠普还引入了 ActivCard 便携式令牌认证方式，一次一密的动态口令取代了以往的静态口令。

4. 大力发展银行的中间业务。目前国内银行在电子化方面只是基于柜台业务使其相对更加完善。对于个人用户而言，我们常常使用的 ATM，更多的是用于提款、取款、查询存款余额等。这些柜台业务在国外的金融业中仅占很小一部分，而银行的中间业务则是一个潜力巨大的市场。目前在美国的大中型商业银行中，最先进的银行可提供 200 多种金融产品，这其中还不包括公共基金和保险业务。这些产品中很大的一部分来自银行的中间业务领域。对于金融业而言，哪些属于中间业务领域呢？通过网络进行股票交易就是一种典型的中间业务。截至 2008 年底，国内各地已有 1 700 余家证券公司开通了沪市无形席位报盘交易，其中上海有 344 家会员开通了无形席位，约占沪上网点总数的七成以上；已有约 660 个场内交易席位撤离上海证券交易所的交易大厅。再如工商银行的交通罚款计费系统、手机交费、订报纸一类的业务都属于中间业务。今后中间业务发展的一个最重要的方向是提供客户的资金信用度，当商家做生意时，首先应该对双方进行资信调查。在国外，这些业务都是由银行提供的，而且也只有银行有条件提供。虽然目前在国内还没有一家银行提供这种业务，但现在国内有很多银行的专家已经注意到这一点。如果需要发展这类中间业务，需要用到的就是客户资信度数据库。

5. 中国国家金融网络。中国人民银行建设的中国国家现代化支付系统（CNAPS），为全国各商业银行提供跨行支付的清算和结算服务。它是集金融管理、金融服务和宏观货币政策职能为一体，以计算机处理系统、通信网络为支撑环境，将人民银行与各商业银行和其他金融机构及其分支机构之间有机地结合在一起的综合性大型集成系统。该通信网络称为中国国家金融网络（CNFN）。CNFN 采用 X. 25 和帧中继（FR）规程在全国范围内提供金融信息通信服务。CNFN 在运行期间，始终保持与应用系统相互独立，通过文件和报文传输服务，使人民银行、各商业银行及其他金融机构的内部和彼此间可以进行电子访问。

CNFN 的性质是金融专网，它主要靠租用邮电部门的高速光纤数据专线和银行已有的卫星数据线路，配置必要的通信设备来构成。凡是 CNFN 覆盖的城市，邮电部门只提供必要的接入线路，凡是 CNFN 还未覆盖的地方，邮电公网作为 CNFN 的补充，为金融系统提供全面服务。CNFN 一期工程于 1996 年底完成设备安装，1997 年 6 月投入运行；二期工程于 1997 年 9 月底安装完毕，1997 年底投入运行。

CNFN 是以我国各类金融信息的传输为基点，提供公用数据通信服务而设计的网络。CNFN 网络结构和独立、完善的网络管理系统，使其不仅具有普通公用网的可靠性高、稳定性强的特点，而且也具备专网的封闭性和效率高的特点。CNFN 以提供网络基础设施为目标，以开放的系统结构使用户的各类计算机处理系统，通过网络的连接运行公共的应用程序。在提供数据通信服务的基础上，CNFN 能够开展金融专用的 E – mail、储存转发传真、EDI 等增值业务，为我国金融领域办公自动化提供方便、快捷的服务。

二、我国金融电子化体系

从 20 世纪下半叶起，以计算机和通信技术为核心的现代化信息技术在金融业的广泛应用极大地提高了银行业的经营和服务能力。在推动现代经济发展的同时也改变了人们的传统经济生活和社会生活方式。我国的金融电子化建设始于 20 世纪 90 年代，历经近二十年的发展，已取得显著成绩。人民银行的货币政策、金融监管服务的应用系统、办公自动化系统以及现代支付清算系统的建设取得突出进展；商业银行的综合业务处理、资金汇兑、银行卡等一系列应用系统也发挥着越来越重要的作用；自助银行、网络银行等新型金融服务项目不断涌现。一个综合性的多功能金融电子化体系已初步形成。

（一）网络基础设施建设

计算机网络是现代金融服务的基础设施，为此，在金融电子化建设过程中，各银行都花费巨大的人力、财力建设各个层次上的计算机网络。在骨干网方面，人民银行投资建立了旨在运营全国电子联行业务的金融卫星通信网。人民银行还组织几大商业银行与原邮电部共同投资组建中元金融数据通讯网络有限责任公司，建设金融地面骨干网。近年来，各行还采用 Internet 技术，在国内各种网络基础上建立自己的内联网和局域网。

（二）中国现代化支付系统（CNAPS）已取得重大进展

目前，计算机通信网络已全部安装调试完毕，建成了位于北京怀柔总站的国家处理中心及模拟测试系统，位于无锡马山的备份处理中心和上海、天津、重庆、广州、深圳等20个城市处理中心及所辖48个县级处理中心。从1998年第四季度开始，人民银行对应用系统进行了初步测试，提出修改意见。1999年又根据业务需求，组织进行了支付系统模拟环境下的三次业务测试，组织开发了支付系统与中央会计核算系统的接口业务需求和接口程序，开发了系统支付与电子联行系统的业务需求和接E1程序等，现已投入试运行阶段。从2000年10月开始，中国现代化支付系统已进入第二期工程建设阶段，将建立大额支付系统和小额支付系统。2002年至2006年期间，大额实时支付系统、小额批量支付系统陆续建成，标志着以现代化支付系统为核心、商业银行行内系统为基础，各地同城票据交换系统和卡基支付系统并存的支付清算体系初步形成，我国金融基础设施进一步完善，银行业整体服务水平显著提高。2006年12月18日至2007年6月25日支票影像交换系统（CIS）在全国推广完成，是人民银行继大额实时支付系统、小额批量支付系统后支付清算系统建设的又一重要里程碑。

（三）资金清算系统

“十一五”期间，人民银行支付清算系统建设成绩斐然。按照一年建成运行一个系统的“中国速度”，我国支付清算基础设施发展已跻身国际先进行列。2005年，人民银行大额实时支付系统在全国建成运行，系统支持各政策性银行、商业银行和绝大多数农村信用社的接入，实现了资金实时到账，提高了资金周转速度，通过连接中央债券综合业务系统、公开市场业务交易系统、银行卡跨行支付系统、全国银行间外汇交易系统以及香港和澳门人民币清算行业务系统，为金融市场资金结算和跨境贸易人民币结算提供了有力支持。2006年，人民银行小额批量支付系统建成运行，通过支撑多种支付工具的应用，为银行业金融机构跨行清算和业务创新提供了公共平台。2007年，全国支票影像交换系统建成运行，通过引入影像技术实现实物支票截留，支持支票全国通用，便利了企事业单位和个人的异地支付活动。2008年，境内外币支付系统建成运行，为境内银行业金融机构提供美元等八个币种的境内外币清算服务，提高了外币清算效率，降低了外币结算风险。2009年，电子商业汇票系统建成运行，为电子票据的签发、流转等提供基础设施支持，标志着我国商业汇票进入电子化时代，有效防范了票据风险，繁荣了票据市场。2010年，网上支付跨行清算系统建成运行，进一步提高了网上支付等新型电子支付业务跨行清算的处理效率，支持并促进电子商务的快速发展。各类跨行支付清算系统的建成运行，为银行业金融机构和金融市场参与者构建了跨行清算的高速公路，对建立我国安全高效的金融运行体系发挥了有效的支持、推动和促进作用，极大地便利了企事业单位的生产经营活动和人民群众的日常生活。

（四）信贷管理信息系统

为解决我国计划经济结构向市场经济过渡缺乏信用资信评估机制的重大问题，人民银行于1998年明确提出要尽快建成基于信贷登记制度的银行信贷登记咨询系统。总体设想是建立以城市为单位、连接商业银行、全国联网的银行信贷登记咨询系统，对企业单位的信贷情况进行监控。近期以提高金融系统的资产质量，提高防范信贷风险的整体能力为目标，远期将逐步扩展系统功能，为金融管理和信贷政策决策服务。1998 城市分系统已成功在 303 个城市推广使用，人民银行组织总行管理分系统和省会城市数据备份与交换系统的开发工作。与此同时，我国的各商业银行都已建立了自己的信贷管理信息系统，例如建设银行的贷款管理信息系统自 1998 年开通以来，已在全行的所有一级分行运行。该系统以客户为中心，收集了业务处理流程中的客户信息、项目信息、合同信息，记录了业务发展变化各阶段的数据，对建行在降低信贷风险、提高信贷资产质量等方面起到了重要作用。工商银行的“信息管理台账系统”投入运行以来，已在工行系统建立起 347 个数据中心，全面实现了对工行系统信贷业务的实时监控和标准化管理，对提高信贷资产质量和管理水平、降低信贷成本有着重要意义。农行 CMS 是农业银行信贷经营管理中覆盖面最广、使用人员最多、数据信息量最大、对实际业务影响最深刻的管理信息系统。CMS 自 2002 年在全行推广应用后，使农业银行信贷业务基本扬弃了传统手工操作，从算盘经营模式，转换到应用现代计算机和网络技术的键盘经营模式，为全行改革、建设现代化商业银行奠定了基础。2007 年，农行开启 CMS 全面升级改造工程，计划用两年时间将 CMS 升级改造为数据集中、架构开放、核心稳定、应用灵活、满足信贷业务发展和管理需要的全新的信贷业务经营管理信息系统，建立信贷业务核心数据平台和电子化流程体系，实现信贷业务的标准化、规范化操作，网络化、集约化运营，数字化、智能化管理。

（五）办公自动化建设

人民银行总行机关办公自动化系统已经建成，其模块包含了电子邮件、公文传输、公文流转、会议管理、部门办公、信息服务、机关事务管理、个人事务管理等子系统。其中电子邮件、辅助行长办公系统、会议管理、信息服务、个人事务管理等模块的使用已在节约时间、提高效率等方面起到了积极作用。人民银行电子邮件系统也已开通到分行、营业管理部和省会城市中心支行。以专用加密机建立了“快通”工程 X. 25 加密传输系统，可在总行和分行、营业管理部和省会城市中心支行之间以电子公文形式发送正式文件，现在正积极向地市中心支行推广。人民银行电视会议系统已在总行至分行、营业管理部和省会城市中心支行开通，并根据具体需要，开始建设辖区电视会议系统。

为了提高办公效率，各大商业银行也都建立了基于电子邮件的办公自动化系统，如“中国银行办公自动化系统”涵盖了日常办公过程的主要环节，由电子邮件、日程安排、待办事宜、会议管理、督办工作管理、简报汇总、考勤管理、签报、发文、档案、外来文管理、信函管理和信息共享园地等 30 多个功能模块组成，实现了海外 32 家分支机构、国内 400 多家分行与总行的及时联网办公，用户已达 12 000 多人。

（六）银行卡业务联合及联网工作

为加快实现全国银行卡联网通用工作，经国务院同意，2002 年 3 月人民银行批准成立了中国银联股份有限公司，专门建设和运营全国统一的银行卡跨行信息交换系统，各商业银行顾全大局，按照联网通用的要求，积极开展系统和终端标准化改造，保证了联网通用的顺利实施，对促进我国银行卡联网通用、改善银行卡受理环境、推动产业发展发挥了关键作用。在人民银行、各商业银行和银联的共同努力以及有关方面的大力支持下，2002 年底实现了全国银行卡联网通用“314”目标。在此基础上，2003 年基本实现地级以上城市联网通用，2004 年联网通用范围向部分经济发达的县延伸，目前已实现全国范围内的联网通用。

各商业银行对行内银行卡系统进行了改造和整合，提高了系统的处理能力和抗风险能力；中国银联自主建成具有国际先进水平的新一代跨行交易网络，为国内跨行业务的集中处理和银行卡国际化提供了技术保证。2004 年 11 月，中国银联跨行交易系统成功接入人民银行大额支付系统，实现了银联卡跨行支付的即时转账结算，进一步提高了银行卡跨行结算效率。中国银行卡支付体系积极融入国际支付清算体系，2004 年起，中国银联在相关部门和发卡机构的支持下，积极拓展境外受理市场，目前银联卡已在近 20 个中国居民旅游较多的国家和地区实现受理。人民币银联卡实现境外受理，标志着中国银行卡品牌建设工作初见成效，对于加强国内银行卡产业凝聚力，发挥整体集合优势，提高产业整体竞争力具有重要意义。

我国银行卡应用成效明显。银行卡发卡和交易规模迅速增加，银行卡受理环境不断改善，持卡消费风气初步形成。剔除批发性的大宗交易和房地产交易，持卡消费额在北京、上海、广州、深圳等经济发达城市这一比例已达 30% 以上，接近发达国家平均 30% ~50% 的水平。商业银行不断加大创新力度，银行卡产品功能从单一的存取款和消费逐步拓展到投资、理财服务，交易渠道从 POS 机和 ATM 等传统渠道进一步扩大到利用网络、手机、掌上电脑、固定电话等的新兴支付渠道，应用领域从餐饮、宾馆酒店、零售商业等消费领域逐步扩大到医院、学校、公共事业缴费和批发等领域。银行卡产品的不断创新、应用空间的不断拓展和支付渠道的多元化发展适应了持卡人的多层次支付需求，大大推动了银行卡的应用。目前，银行卡已成为我国个人使用最为频繁的非现金支付工具。

（七）电子商务金融认证中心建设

为促进电子商务在我国的顺利发展，避免重复建设，人民银行联合全国 12 家商业银行，共同集资建设中国金融认证中心（China Financial Certification Authority，CFCA）。2000 年 6 月，一期工程完成，基本满足电子商务现阶段的认证需要。2004 年底，CFCA 建成了“国家金融安全认证系统”，开始向网上银行、电子商务、电子政务提供服务，充分满足金融信息化、电子商务、电子政务蓬勃发展的需要。该系统的建成，也为跨银行、跨行业一证通用打下了基础。

CFCA 是经中国人民银行和国家信息安全管理机构批准成立的国家级权威的安全认证机构，重要的国家金融信息安全基础设施之一。也是《中华人民共和国电子签名法》颁布后，我国首批获得电子认证服务许可的电子认证服务机构之一。CFCA 在行业内拥有权威地位和较高的品牌知名度，同时，具有良好的品牌信誉度，拥有丰富的信息安全领域经验和雄厚实力。为金融行业、电子商务、电子政务领域服务，提供信息安全解决方案、信息安全产品研发、信息安全评估、安全技术支持、联合测试等全方位的信息安全服务。国内绝大部分银行（100 多家）已经采用了 CFCA 提供的第三方安全认证。目前，CFCA 的产品应用于银行等金融机构、税务等政府机关、大企业集团，得到客户广泛好评。

三、未来展望

20 世纪的中国银行主要是为工商企业提供单纯的存、贷、汇服务，并在传统业务基础上不断推出新的金融品种和金融工具，突破了传统的手工操作，基本实现了金融电子化。21 世纪的中国银行随着世界经济“一体化”将进一步实现金融“全球化”。中国加入世界贸易组织，将促进中国金融混业经营；金融创新将关系到中国金融业的生存与发展，不仅会改变银行与客户相互联系的方式，同时也改变银行的服务方式、产品推销方式和交易处理方式；电子货币支付方式也将迅猛发展，网络和电子交易会不断增长；金融监管的信息化、现代化、国际化将成为中央银行维护金融秩序、规范金融市场、防范金融风险的重要手段；银行的经营理念将发生根本转变，银行将从主要靠存贷利差获取收入，转向靠为客户提供优质金融服务获取效益；银行将不再单纯地追求铺点设摊式的外延扩张，而是更加重视和依靠现代信息技术、网络环境提供崭新的、更加便捷、周到的金融服务。

当前，我国的银行业正经历着从相对封闭的财政型银行体系向开放的现代化商业银行体系转变的过程。面对金融全球化的趋势，以及我国加入世界贸易组织，我国商业银行面临着严峻的挑战。出路是尽快实现金融电子化和信息化，借助现代科技降低成本，开拓新业务，增强竞争实力。

金融信息化建设“十一五”期间的重点是建设完善的现代化支付系统和客户服务系统，大力发展银行卡、发展并完善网络银行和大量以网络为基础的金融服务。我国银行信息化发展的目标是：建立中国金融数据通信网，实现互联互通、资源共享；建立现代化支付清算体系，为全社会提供安全、快捷、方便的支付结算服务；全面推广综合柜面业务系统、网上银行、电子商务等新型金融业务系统和金融信息服务系统；完善金融监管体系，开发并推广综合金融监管系统；完善金融管理信息系统和办公自动化系统，提高防范金融风险的能力和办公效率；建立金融计算机安全体系，保障银行业务应用系统安全运行。

未来，金融系统将加大信息化建设投资力度，加快信息化建设步伐，争取尽快地接近和赶上发达国家银行业的信息化水平。金融是现代市场经济的核心，金融信息化作为我国国家信息化发展的重要组成部分，将推动国民经济信息化的全面发展，更好地为我国国民经济建设和社会的发展作出贡献。

本章小结

金融电子化指采用计算机技术、通信技术、网络技术等现代化技术手段，改变金融业传统的工作方式，实现金融业务处理自动化、金融服务电子化、金融管理信息化、金融决策科学化，从而为客户提供多种快捷方便的服务，为国民经济各部门提供及时、准确的信息活动的全过程。它是一个综合了各种层次，并以计算机（包括各种金融专用电子设备）应用为主要特征的各类计算机信息系统应用的总称。

人民银行的货币政策、金融监管服务的应用系统、办公自动化系统以及现代支付清算系统的建设取得突出进展；商业银行的综合业务处理、资金汇兑、银行卡等一系列应用系统也发挥着越来越重要的作用；自助银行、网络银行等新型金融服务项目不断涌现。一个综合性的多功能金融电子化体系已初步形成。

【关键词】

银行　　电子化　　资金清算系统

【重要概念】

银行电子化　　资金清算系统

【复习思考题】

1. 什么是银行电子化？
2. 银行电子化的意义是什么？
3. 我国的金融电子化体系主要包括哪些内容？
4. 试分析我国银行电子化的现状、水平、存在的问题和发展方向。

【参考文献】

［1］王维安，俞洁芳，严谷军．网络金融学．杭州：浙江大学出版社，2002.
［2］帅青红，张宽海．金融电子化概论．成都：西南财经大学出版社，2005.
［3］张衢．商业银行电子银行业务．北京：中国金融出版社，2007.
［4］杨青．电子金融学．上海：复旦大学出版社，2004.
［5］张卓其．电子金融．北京：高等教育出版社，2005.
［6］杨国明，蔡军．网络金融．北京：中国金融出版社，2006.

第二章　电子银行概述

【本章概要】

银行的信息化是国民经济信息的基础，各国都特别重视电子银行建设。电子银行泛指利用各种现代计算机技术及通信技术所进行的各种金融服务活动，银行的电子化使银行的支付活动和信息增值服务深入到社会和各个角落。电子银行系统已经成为银行赖以生存和发展的基础，成为国民经济的大动脉。本章主要向读者介绍了电子银行业务的特点、优势，国内外电子银行的发展现状及特点，重点讨论了我国电子银行业务的发展趋势。

【要点提示】

1. 电子银行业务；
2. 电子银行的发展现状；
3. 电子银行的未来发展趋势。

【本章架构图】

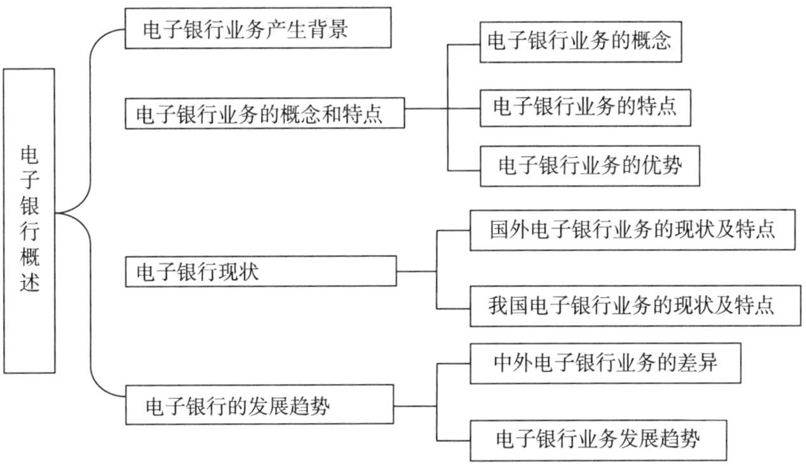

第一节 电子银行业务产生背景

从20世纪70年代至今仅仅经过三十多年，电子银行业务已经成为了国外商业银行产品创新和竞争的热点，是近年来国内各家商业银行共同着力研究和拓展的新领域。

一、商业银行电子化为电子银行业务产生奠定了业务基础

银行电子化是指采用计算机技术、通信技术、网络技术等现代化技术手段，通过彻底改造银行业传统的作业方式，实现银行业务处理自动化、银行服务电子化、银行管理信息化和银行决策科学化，为国民经济各部门提供及时、准确的金融活动信息的全过程活动。银行电子化的最终目标是建立集业务处理、信息管理和经营决策于一体的现代银行信息系统。回顾国内外银行业电子化发展历程，银行电子化一般可以分为银行结算自动化阶段（20世纪50年代至70年代中后期）、自助银行服务阶段（20世纪70年代末至80年代中后期）和网上银行服务阶段（20世纪90年代至今）三个阶段。美国等发达国家的银行业早在20世纪50年代就已经开始了银行电子化建设，将计算机这一新兴科技成果引入银行业，经过几十年的发展形成了行内、跨行甚至跨国界的银行信息系统网络，建立了开放型、全方位、全天候的电子化银行。我国银行电子化的发展与发达工业国家相比起步较晚（起步于20世纪70年代），但发展速度相对较快。

传统银行业务的表现形式是以人工操作（纸质凭证传递）为主要特征。在银行电子化的初级阶段——银行结算自动化阶段，仅仅实现了商业银行前台、中台和后台三个业务处理环节中的“中台”电子化，但前台和后台业务还需要依靠纸质凭证进行处理，这种业务处理模式距离银行业务全过程电子化还有较大差距，对商业银行经营模式也没有产生实质性的影响。随着银行电子化的不断完善和发展，网上银行诞生，客户可以只凭借账号和密码两个要素，通过网络直接发送电子指令，而银行无须人工干预即可完成业务的实时处理，实现了银行业务处理的全过程电子化、自动化，从而产生了真正意义上的电子银行。因此，商业银行电子化是电子银行产生的业务基础，使电子银行业务的实现成为可能。另外，电子指令的传递逐步取代纸质凭证的传递，也使电子银行业务成为银行电子化过程的必然产物。

二、电子货币的产生和发展为电子银行业务产生奠定了应用基础

货币本质上是起一般等价物作用的特殊商品，同时体现一定的社会生产关系，具有直接的交换能力。随着人类社会经济和科学技术的发展，货币的表现形式按顺序先后经历了商品货币、金属货币、纸质货币和电子货币四种形态。按照巴塞尔银行监管委员会（BCBS）的定义：电子货币是指在支付机制中，通过销售终端、不同的电子设备之间以及在公开网络上执行支付的“储值”产品和预算支付机制。所谓“储值”产品，是指保存在物理介质中（硬件或卡介质）可用来支付的价值，而“预算支付机制”则是指存在于特定软件和网络中的一组可以传输并可用于支付的电子数据。

电子货币是高度发展的现代商品经济要求资金加快流动的产物。1952 年美国加利福尼亚州富兰克林国民银行率先发行银行信用卡，标志着电子货币的诞生，揭开了彻底改变银行传统手工记账、邮寄凭证等操作方式和结算方式的大幕。作为一种货币形态，电子货币集储蓄、信贷和非现金结算等多种功能于一体，具有比现金更简便、安全、快捷等的优势，因此被广泛应用于生产、交换、分配和消费领域。自 20 世纪 70 年代以来，随着信息网络技术的进步，电子货币开始在美国、日本等西方发达国家进入普及应用阶段。随后，这些西方国家还建立了覆盖全国甚至连通欧、美、日的电子金融结算网络（如信用卡 POS 结算网络、美国的 FEDWIRE、国际上的 SWIFT 与 CHIPS 资金支付结算网络等），为电子货币的运用提供了良好的社会支撑。

同时，电子货币以银行专有计算机网络和公用信息网为基础，以电子数据形式存储于计算机系统，并通过开放的网络，以电子信息传递形式实现货币流通和支付结算，有效地解决了电子银行业务产生和发展过程中的货币流通和结算问题（企业间的资金支付结算也多采用电子货币来进行），为电子商务、网上银行等电子银行业务发展奠定了应用基础。在发达国家，利用电子货币、网络进行银行业务、证券交易活动的交易额已占总交易额的 25% 以上，而韩国、美国以电子货币进行的交易则已与以传统货币进行的交易在交易量上基本相当。电子货币应用的不断普及加速了以电子货币为基础的电子银行时代的来临。

三、因特网的出现和电子商务的兴起是电子银行业务产生的外部条件

信息网络技术与金融全球化的高度结合，使金融服务业进入了网络经济时代，特别是因特网的出现、发展以及电子商务的兴起，直接促进了电子银行业务的蓬勃发展，全球银行业进入了一个以着力发展电子银行业务、重新获取竞争优势的新阶段。

（一）因特网的出现

因特网（Internet），又称为国际互联网，它主要是通过各种通信线路和软件把全球范围内的计算机网络连接成一个整体，而不管这些网络的类型是否相同、规模是否一样以及距离的远近，是一个世界范围内的网络，被称为继广播、报纸、杂志、电视之后的第五媒体。

早在 20 世纪六七十年代，因军事指挥需要，美国国防部要求开发一种不易被摧垮的军事指挥系统。美国高级研究计划署（Advanced Research Project Agency，ARPA）花了数十亿美元开发出了一种具有研究性质的网络系统 ARPANET，即因特网的前身。80 年代早期，在美国华盛顿召开的第一届国际计算机通信会议上，各国科学家通过交流，决定建立一个工作组，制定计算机网络间进行通信的协议（即 TCP/IP 协议），并决定无条件向全世界免费提供 TCP/IP 这项计算机网络之间的通信技术，由此奠定了因特网的技术基础。

80 年代中期，美国国家科学基金会（National Science Foundation，NSF）鼓励大学与研究机构共享主机资源，利用 ARPANET 的 TCP/IP 协议，建立了 NSFNET 广域网并鼓励各界把自己的局域网与 NSFNET 相连接，因特网的雏形逐步形成。1986 ~ 1991 年并入因

特网的计算机子网从 100 多个增加到 3 000 多个，年增长速度超过 100%，从而推动了因特网的发展，但此时因特网还仅限于共享 NSF 巨型计算机和科技界相互交流与通信的范围。90 年代后，随着因特网的商业化，工商企业相继与因特网相连接，使因特网实现了第二次飞跃。

1998 年 6 月 5 日美国政府发表白皮书，成立非营利性公司——因特网域名地址分配公司（Internet Corporation for Assigned Names and Numbers，ICANN），负责对因特网进行技术管理。从此，因特网开始从美国走向世界，并逐步形成了一个真正覆盖全球的大网络。

因特网是 20 世纪人类最伟大的发明之一。正如 19 世纪刚刚发明的电话一样，它已和人们的工作、学习、生活紧密联系起来，成为不可缺少的一部分，并直接促进了金融业经营和服务模式转型和创新，使人类进入一个真正意义上的网络经济时代。

（二）电子商务的兴起

电子商务（Electronic Commerce）是指通过电信网络，以银行电子支付和结算为手段、以交易双方客户的电子数据为依托进行的生产、营销、销售和流通等全新的商务模式，它不仅包含基于因特网的交易，而且还包含所有通过电子信息技术来解决问题、降低成本、增加价值和创造商机的商务活动。

电子商务始于 20 世纪 70 年代，当时主要是电子数据交换（EDI）贸易。20 世纪 90 年代以来，随着网络、通信和信息技术的突破性进展，因特网的使用在全球爆炸性增长并迅速普及，电子商务的业务规模也迅速膨胀。Goldman Sachs 的一组数据显示，2010 年全球电子商务规模为 5 725 亿美元，平均增速为 19.4%；预计到 2013 年全球电子商务销售额将接近万亿美元，达到 9 630 亿美元。2010 年美国电子商务占全球交易额比例为 29%，欧洲达到 34%。Goldman Sachs 预计 2012 年亚洲占比将达到 27.5%，超过欧洲所占市场份额。2009 年各国网络购物渗透率数据显示，亚洲消费者更倾向于通过网络购物，其中韩国和日本分别以 93% 和 89% 的渗透率分居前两位。美国渗透率只有 63%。

美国著名的高科技市场研究机构 Forrester Research 发布报告称，2010 年美国电子商务销售额增长了 12.6% 至 1 760 亿美元。与此同时，该研究机构还预测在今后 5 年内，这一销售额年度增长率将保持在 10% 左右，并由此预计 2015 年时的美国电子商务销售额将达到 2 790 亿美元，将占到整个社会消费品零售总额的 11%。Forrester 同时预测欧盟电子商务销售规模将从 2010 年的 813 亿美元增长到 2015 年的 1 336 亿美元；欧盟 17 国网络购物用户规模将从 2.75 亿美元增加至 3.03 亿美元。

我国的电子商务发展也十分迅速。来自商务部的一组官方数据显示：2010 年，中国电子商务交易额达 4.5 万亿元。截至 2011 年 6 月底，中国网民规模已达 4.85 亿人，互联网普及率达 36.2%；其中网络购物用户规模达 1.73 亿元，占比达 1/3 左右。据 CNZZ 数据中心发布的数据显示，在 2010 年，全国的电子商务网站数量继续保持增长，2010 年 12 月的行业网站数已达到 1.86 万家，与年初相比增长了 16.13%。全年电子商务网站新增的站点中有 80% 属于 B2C 类型。

另据国内知名电子商务第三方研究机构中国电子商务研究中心发布的《2010 年中国

电子商务市场数据监测报告》数据显示：截至2010年12月，中国电子商务市场交易额已逾4.5万亿元，同比增长22%。其中，B2B电子商务交易额达到3.8万亿元，同比增长15.8%，增速有所放缓，但行业整体仍保持稳定发展态势；网上零售市场交易规模达5 131亿元，同比增长97.3%，较2009年近翻一番，约占全年社会商品零售总额的3%。报告预计：在未来两年内我国网上零售市场交易规模将会步入全新阶段，全年交易额有望首度突破10 000亿元"大关"，约占全年社会商品零售总额将达5%以上。

目前，世界各国纷纷看好电子商务，普遍认为电子商务的发展将是未来25年世界经济发展的一个重要推动力，对经济的促进将远远超过200年前的工业革命。在电子商务中承担电子支付与结算功能的商业银行，是连接电子商务的生产企业、商业企业和消费者的纽带，银行能否创新产品、有效地保障电子支付是电子商务成败的关键。

（三）因特网出现和电子商务兴起是电子银行业务产生的外部条件

网络技术打破了传统金融业的专业分工，扩大了银行业的服务领域，现代商业银行不仅能提供存款、贷款和结算等传统银行业务，而且还可以通过网络代理证券、保险等其他金融业务，提供综合性、全方位的金融服务。同时，在电子商务时代，随着市场的全球化拓展、金融竞争的激烈、传统金融产品供给的过剩、客户受教育程度和对新技术接受程度的逐渐提高，社会对银行产品和服务的个性化需求与期望越来越高，这对传统银行的服务模式提出了挑战。传统的商业银行也已经认识到，必须适应电子商务的发展，通过打破传统的批量化、标准化的服务方式和服务特色，从客户需求出发，为客户提供"量身定做"的个性化支付服务和综合性金融产品，尤其要提供"水泥加鼠标"式的全新的电子银行产品。

从本质上看，电子银行是运用信息及网络技术创造的新的银行经营方式，其核心基础是银行结算的延伸，将银行的业务直接由物理网点延伸到客户端。清算、结算是商业银行的传统优势所在，要在保持并增强结算优势的基础上获得更大发展，就必须依托网络技术，大力发展电子银行，通过结算延伸的方法来增强客户稳固性，把原有的结算优势从网点通过网络延伸到客户，实现银行末端与客户的固定连接，并使之成为银行网络的系统成员，以不断提升商业银行的核心竞争能力。因此，因特网的出现和电子商务的兴起是电子银行业务产生的两大外部条件。

四、经济、金融全球化期间的金融业务转型是电子银行业务产生和发展的内部动因

过去的20年，尤其是20世纪90年代以来，经济金融的全球化趋势以前所未有的速度发展，极大地改变了世界经济和金融的运行状况。各国经济相互依赖程度加深，跨国公司迅猛发展，世界市场体系加速扩大，金融和信息全球化的影响更加深远，全球银行业呈现出四大发展趋势。

综合化经营趋势：20世纪六七十年代以来，由于经济发展的需要，国外银行业通过各种方式的金融创新冲破了分业经营的限制，逐步向综合化方向发展，最终以美国1999年《金融服务现代化法案》的出台为标志，综合化经营成为现代商业银行发展的基本趋

势。这种综合化经营趋势强调银行产品或经营方式的改进与创新，强调“文化同质、风险可控、资源共享、交叉销售”的经营原则，注重银行传统业务与保险、证券等不同业务种类之间的整合与优势互补，有效地增强了银行盈利能力与抗风险能力。

信息化生存趋势：20世纪末期以来，信息技术的迅速发展及其在金融领域的广泛应用，使银行业的竞争态势和经营模式都发生了巨大的变化，凸显“只有信息化，现代商业银行才能生存”的发展趋势。借助信息技术，银行业实现了业务处理的自动化和管理系统的信息化，超规模、超范围经营成为现实，并从20世纪90年代开始实现了机构网点的虚拟化和经营方式的网络化。

资本化运作趋势：近几十年来，西方国家金融体系的一个重要变化是资本市场已经取代商业银行成为金融体系的核心。在这样的转变过程中，商业银行的功能也发生了重要变化，由单纯的融资中介向综合性服务机构转变，并且成为资本市场的重要参与者。商业银行经营的资本化运作趋势越来越显著，这不仅仅表现在商业银行是资本市场重要的筹资者和投资者，还表现在商业银行是资本市场重要的中介机构和专业性服务机构，是资本市场工具的重要创造者。

国际化发展趋势：第二次世界大战以后，国际贸易扩大、国际资本加速流动和区域经济一体化的发展带动商业银行在全球范围内扩张服务网络，为全球客户提供各种金融业务，规避来自国内政府的金融管制，分散国家（地区）风险和外汇风险，获取比国内市场更高的经营利润。

这四大发展趋势决定了商业银行必须加快金融业务的转型，加速多元化电子服务模式的建立，以适应全球经济金融一体化、不断提高的客户需求以及日趋激烈的市场竞争。

首先，银行的发展必须围绕客户的需求而变化。由于越来越多的客户要求银行提供不受时空限制的全天候、全功能、个性化的金融服务，商业银行必须提供多层次、多渠道的电子银行服务。大力拓展电子银行渠道能够帮助个人获得方便、经济的银行服务，帮助企业加快资金周转速度、提高资金使用效率和财务管理水平，成为银行竞争客户的有力手段。与此同时，一些与银行业务密切相关的行业客户，如证券、保险和基金等，也在快速地向网络化推进，一些新型金融产品需要通过电子渠道办理，势必促进银行加快业务转型，推动电子银行迅速成长。

其次，我国银行业的改革已进入实质性阶段。国有商业银行在向现代金融企业转变的过程中，大力实施综合改革措施，通过精简机构降低经营成本，提高经营效益，但同时也遇到了柜面压力大、优质客户服务不足等问题。网上银行、电话银行、手机银行等电子银行手段，以其规范便捷的服务、相对低廉的成本，能够及时弥补柜面服务能力的不足，成为处理交易型业务的良好渠道。拓展电子服务渠道既分流了柜面压力，又能使银行职员更多地针对重要客户提供个性化营销和高智能业务，保证为高端客户提供优质的服务。

最后，2006年中国市场对外资银行全面开放，中外银行在新业务领域的竞争将更加激烈。竞争是综合实力的较量，并且需要必要的手段。面对中国本土银行的“主场”优势，外资银行不约而同地把发展电子银行作为突破网点和地域限制、抢占高端客户的重要手段，而电子银行作为新兴业务的代表，已经成为各家商业银行未来的发展重点和竞争焦点。目前，花旗、汇丰、东亚、德意志等多家外资银行在国内都开办了网上银行业务，争夺网上交易份额、争抢优质客户资源。从长远趋势看，电子银行将是全球银行业开展全面竞争的主战场之一，而这也正是现代商业银行电子银行业务产生和发展的内部动因。

综上所述，商业银行的电子化为电子银行业务的产生奠定了业务基础，电子货币的产生和发展为电子银行业务的产生奠定了应用基础，因特网的出现和电子商务的兴起为电子银行业务产生创造了外部条件，全球经济、金融一体化期间的金融业务转型为电子银行业务产生和发展提供了内部驱动力，由此催生出了崭新的电子银行业务，并直接促进了电子银行业务的快速发展。

第二节 电子银行业务的概念和特点

电子银行业务能够拓宽金融服务领域，提高金融服务质量，扩大金融企业的销售收入，降低金融服务成本，创新银行的业务和管理，提升银行的竞争能力，代表着金融服务业发展的未来。

一、电子银行业务的概念

根据中国银行业监督管理委员会2006年3月1日施行的《电子银行业务管理办法》的有关定义，电子银行业务是指商业银行等银行业金融机构利用面向社会公众开放的通信通道或开放型公众网络，以及银行为特定自助服务设施或客户建立的专用网络，向客户提供的银行服务。电子银行业务主要包括利用计算机和互联网开展的网上银行业务，利用电话等声讯设备和电信网络开展的电话银行业务，利用移动电话和无线网络开展的手机银行业务，以及其他利用电子服务设备和网络、由客户通过自助服务方式完成金融交易的业务，如自助终端、ATM、POS机等，是金融创新与科技创新相结合的产物。

二、电子银行业务的特点

电子银行业务较之传统柜面业务具有以下特点：

（一）计算机技术为基础，网络为媒介

这是电子银行业务与传统银行业务的根本区别所在。虽然传统意义上的银行也利用计算机和网络技术，但一般都是封闭的，只在商业银行内部网络之间传输数据、处理业务。电子银行则是通过计算机以及开放连通的通信网络技术为基础开展业务，如网上银行通过因特网，电话银行通过电信的公共电话网络，手机银行通过移动通信网络，企业银行则通过数据专线与银行的网络相连接，是一个相对开放的业务处理系统。

（二）客户自助服务

电子银行业务和传统柜面服务的最大区别是客户自助服务。传统柜面服务主要是通过账户、密码、凭证、专用设备和机构网点等要素，由银行柜员为客户提供面对面服务，并完成各项业务操作；电子银行业务主要通过账户和密码两个要素，由客户通过通信网络远距离自助办理业务，如查询账户余额和转账等，银行不再需要大量的分支机构，部分营业机构将逐渐被网络、计算机等其他自助设备所取代，客户可以随时加入到电子银行系统，主动发起交易，改变了原来被动接受柜台服务的模式。

（三）为客户提供全方位离柜金融服务

所谓全方位，是指除现金业务以外的所有银行业务，包括资产业务、负债业务和中间业务在内的多种产品和服务，电子银行都可以处理；同时全方位还包括为客户提供无时空、地域限制的“3A 式”服务，即在多种安全机制的保护下，电子银行可在任何时候（Anytime）、任何地方（Anywhere）、以任何方式（Anyhow）为客户提供全天候金融服务。电子银行业务的出现改变了银行原来在服务时间上的限制，可以做到 7×24 小时为客户提供服务，使银行无处不在，无时不在。

三、电子银行业务的优势

电子银行业务较之传统柜面业务具有以下优势：

（一）业务运营成本低

电子银行业务虽然在初始硬件设备购置、软件开发、中后期的系统维护以及人员培训和市场推广方面需要一定的投入，但是电子银行业务主要是由客户自助操作、计算机系统自动处理，不需要银行柜员介入操作，因此其耗费的人力成本低。其次，电子银行业务与商业银行传统业务相比，具有典型的规模经济的特点。一名银行普通柜员一定时间内处理的业务量和一名银行客户经理维护的客户数量均十分有限，银行物理网点服务覆盖的半径也相对固定，因而一定时期内摊薄每笔业务和每个客户的成本也比较困难，而电子银行办理的业务越多，服务的客户越多，分摊在每笔业务和每个客户上的成本便越小，因此其长期运营成本低，可以获得集约化经营管理的规模效应。

国外电子银行目前运作的统计数据表明，电子银行业务经营成本相当于经营收入的 15%～20%，而传统银行的经营成本占了经营收入的 60%。同时，通过各种服务渠道进行交易的成本也大不相同，美国银行业的一项调查表明，通过传统网点进行交易的单笔成本为 1.07 美元，电话银行的单笔交易成本为 0.54 美元，ATM 的单笔交易成本为 0.27 美元，而网上银行的单笔交易成本仅为 0.1 美元。另一项国内某商业银行进行的测算表明，通过营业网点进行交易的单笔成本为 3.06 元，ATM 的单笔交易成本为 0.83 元，而网上银行的单笔交易成本仅为 0.49 元。可见，电子银行的单笔交易成本远低于传统柜面网点的成本。

（二）业务处理效率和服务质量高

由于电子银行业务消除了柜员和客户之间的物理距离，实现了数据资源的集中和共享，因此业务处理效率更高。同时，电子银行采用无纸化银行服务和电子化票据，实现了资金汇划的“瞬间传递”，使银行业务操作速度和操作水平得到进一步提升，减少或消灭了人为差错，服务的准确性和精确度得以加强，进而使服务质量获得大幅度提高。因此，及时、准确、快捷、方便的高质量服务也成为了电子银行的突出优点。

（三）产品创新能力强

通过电子银行服务渠道，银行不仅可以提供存款、贷款、信用卡等传统金融服务，还可以根据客户及市场需要，销售保险、证券、基金等其他金融产品，提供对各种公用事业及其他行业的收费、缴费服务。更进一步地，商业银行可以在整合各类渠道销售产品的基础上，进行金融创新，提供物理网点分销渠道根本无法提供的全新服务。例如，商业银行可以通过电子银行渠道建立全新的代理销售平台，代理销售平台可以通过网上银行、电话银行、手机银行等多种渠道向客户销售商品或提供服务，该类服务既包括代理发布合作伙伴的商品信息、直接代理销售合作伙伴的商品，又包括商户通过银行网站和网上银行交易平台，自主发布相关信息，并最终通过银行强大的结算支付平台完成买卖双方之间的商品交易和资金结算。

（四）能为客户提供高效的金融信息增值服务

除了向客户提供传统的金融交易服务以及新型自助银行服务外，电子银行还能借助信息技术从各种金融交易数据中提取有用的信息，向各类客户提供具有高附加值的金融信息增值服务，如投资咨询、代客理财、用于各种辅助决策支持的信息咨询等，从而将金融信息转化为竞争优势。银行从单纯提供支付服务到既提供支付服务又提供金融信息增值服务，这是从传统银行向电子银行发展的一个实质性的变化。

（五）易于实施客户关系管理

电子银行提供了一个平台，为商业银行建立客户信息系统（CIS）及客户关系管理（CRM）创造了条件。今天，客户不再是被动地接受商业银行的业务服务，而是在选择业务服务时具有更加广泛的需求。激烈的市场竞争迫使商业银行需要充分了解客户在物质上和精神上的需求，商业银行必须通过完善的客户关系管理体系与客户之间建立快捷、便利的渠道联系，以便能充分满足客户潜在的业务需求，从而获得更高的回报。电子银行是一项高度集约化经营的业务，客户数据和信息集中在一个统一的数据库中，信息准确且完整，较容易进行统计和分析。电子银行信息不仅反映了客户金融信息资料，还聚集了客户消费活动的多项资料，构成了较完整的客户特征，非常有价值。商业银行可以通过电子银行汇集的丰富的客户资料，加强对客户消费和交易行为的分析，了解客户的需求，迅速开发新产品，从而为客户提供“量身定做”的金融服务，以精确的供给进一步推动客户的需求，这在日趋激烈的金融竞争中，将是极具吸引力的争取客户的手段。

随着时间的推进，电子银行业务从无到有、从小到大，内涵仍在不断丰富，外延还在不断扩展，是一个充满了活力的有机体。电子银行业务所具有的特点和优势决定了它必将获得更大、更快的发展，成为现代商业银行最重要的经营内容之一，并将更加深刻地改变人们原有的一些经济活动方式，为社会创造投资与资产经营的新天地。

第三节　电子银行现状

一、国外电子银行业务的现状及特点

国外的电子银行业务已经发展得比较成熟，在美国、英国、日本等发达国家，有一

半以上的银行业务通过电子银行处理，甚至出现了以电子银行为主要经营方式的银行。通过分析其发展历程及发展现状，国外的电子银行业务主要呈现出以下特点：

（一）服务全能化、个性化，产品创新多样化

国外商业银行依托混业经营的优势，提供的电子银行服务几乎囊括了所有的传统银行业务，同时国外电子银行非常注重为客户提供个性化服务，通过网上银行、电话银行、手机银行等各种电子银行渠道为客户提供“量身定做”的“一对一”式服务。电子银行产品在服务种类、服务渠道、经营地域的覆盖面上都努力迎合市场需求，业务创新严格遵循“以市场为导向，以客户为中心”的原则，不断推出新的电子银行产品。

（二）重视中间业务，加快发展电子商务

国外电子银行业务比较重视中间业务和代理业务，现金管理、资产托管、衍生产品、保险、理财等各种中间业务和代理业务的创新层出不穷，电子银行成为扩大中间业务的有效渠道，为银行带来大量新增收入和新客户。此外，国外电子银行还积极进军电子商务领域，纷纷推出电子银行商务门户网站，提供网上金融服务，设计和开发出许多新型金融产品，为客户提供方便的网上交易平台。

（三）多种服务渠道融合发展

国外电子银行大部分已完成电子渠道之间以及电子渠道和物理渠道间的整合，正在实现系统的全球联网。它们认为客户需要的是一个多渠道、全方位的服务网络，Internet是其服务体系中不可分割的一部分。而互联网、电话、手机、个人数字助理、自助终端等各种电子交易服务渠道的整合，为客户提供了一个全方位立体式的服务平台，同时也能完整、实时地收集来自所有渠道的客户信息和业务数据，有利于商业银行对客户信息的深层次挖掘、电子银行的综合业务创新以及电子银行业务系统的全球化管理。

（四）市场定位明确，重视客户关系管理

不同规模的商业银行会确定切合自身发展的电子银行业务市场定位，选择合适的目标客户群。规模较大的商业银行的电子银行产品齐全、资金雄厚、设备先进，经常采取优惠政策回报客户；而规模小的商业银行的电子银行则凭借特色金融服务吸引客户，如美国一家社区银行一直将目标客户市场定位于当地的客户，其网上银行竞争特色和战略目标是将业务创新与新兴的信息技术结合起来，并取得了成功。

此外，国外电子银行都比较注重客户关系管理，强调层次营销，把营销对象依照客户需求、消费层次、文化水平分门别类，细分客户市场，并有针对性地开展营销。如美国 Wells Fargo 的网上银行认为客户关系与客户群体系的维护对市场开发至关重要，它的客户群划分严格，尊贵客户仅占全部客户的2%，但得到特别的关注与服务。成功的客户关系管理使该行拥有了一大批稳定的高端客户群体。

二、我国电子银行业务的现状及特点

自从1996年我国首家网上银行开通至今，短短十年时间，我国的电子银行业务已经迅速发展起来，形成了初具规模的网上银行、电话银行、手机银行和自助银行的电子银行体系。我国电子银行已经历了孕育、起步阶段，正处于发展阶段，并在积极向着成熟

阶段努力。在这个过程中，我国的电子银行业务主要呈现出以下几个特点：

（一）业务规模增长迅猛

以网上银行为例，在市场交易额方面，据艾瑞咨询报告显示，2010 年我国网上银行市场交易额预计达到 548 万亿元。与之形成对比的是，2009 的市场交易额仅为 368.7 万亿元，2008 年则为 315.3 万亿元。另据 CMIC 分析师预计，未来 3 至 5 年网银发展将迎来稳定的增长时期，预计到 2015 年，我国网上银行交易额将达到 3 500 万亿元左右。在用户注册数方面，计世资讯调研结果显示，2010 年第一季度中国网上银行的注册用户数规模达到 2.28 亿户，环比增长 16.9%。而在 2008 年末，我国个人网银客户达 1.5 亿户，逾 1/10 的中国人已开通网上银行，比 2007 年增长 52.81%。相对来看，在活跃用户数方面，网银的发展更显突出。据易观智库发布的最新报告显示，2010 年第三季度我国网上银行活跃用户数达到 1.65 亿户，环比增长 14.5%，同比增长 61.3%。网上银行已成为各商业银行实现业务创新、提升品牌形象，提高综合竞争能力的主要方式。

（二）业务多样化发展，产品创新仍不足

随着客户需求的多样化、个性化，电子银行业务也不断推出各种新业务，如 B to B、B to C 等在线支付业务。部分银行已开始试办网上小额质押贷款、住房按揭贷款等授信业务，如中国工商银行的电子银行产品已有 30 多类，将近几百个子产品。目前国内电子银行的代缴费业务种类已经超过欧洲银行。

我国电子银行的业务品种虽然增长较快，但主要还是一些基于传统银行的业务，真正基于互联网、手机、电话、银行卡的载体特征开展的银行新业务产品十分有限或处于尝试之中，对中间业务与理财业务的开发还十分有限，金融产品尚没有完全摆脱传统业务的束缚，而国外发达银行的电子银行产品创新主要集中在新兴电子金融产品领域。

（三）各业务主体发展不均衡

目前网上银行和自助银行正成为市场的主流，而电话银行、手机银行业务的普及程度则稍显逊色。据调查，消费者对自助银行和网上银行的使用率较高，超过了 50%。其中以使用过自助银行业务的人最多，占整体的 68.1%。自助银行业务被使用最多的功能就是 ATM 取款，经常使用该业务的人约占整体的 75.3%。自助银行业务作为电子银行的重要发展部分，到目前为止已拥有了大批的忠实用户。

（四）市场集中度较高

目前中国银行业，包括四大商业银行、股份制商业银行、众多城市商业银行和信用合作社，以及已经进入和准备进入中国的外资金融机构，都十分关注电子银行的发展，但真正将银行业务纳入电子银行的十分有限。例如，大多数商业银行都建立了自己的网站，但真正开展网上银行业务的机构很少，能够开展交易类银行业务的网站就更少。从交易额看，目前国内网上银行业务的市场主要集中在以四大商业银行和招商银行为主体的几家金融机构，市场集中度很高，占比在 90% 以上。

第四节 电子银行的发展趋势

从目前互联网及信息技术的发展方向看，发展电子银行业务已是21世纪金融业的大势所趋。但是由于我国和西方国家银行业的经营模式、软硬件基础都有所差别，从而电子银行的发展特点和趋势也不尽相同。

一、中外电子银行业务的差异

综合分析中外电子银行的发展背景和特点，其业务差异主要表现在服务组织方式、业务电子化程度、产品与服务创新、服务渠道和风险管理五个方面。

（一）服务组织方式的差异

参照网上银行的分类，国外电子银行服务的提供者可以分为三类：纯电子银行、从传统银行中分离出来的电子银行、传统银行开展的电子银行。

纯电子银行就是没有实体网点的支撑，不设分支机构，几乎全部业务都是通过因特网、公共通信网络等媒介完成。这类银行中具有代表性的有美国的安全第一网络银行。从传统银行中分离出的电子银行，以汇丰银行的FirstDirect为代表。其特征是拥有独立的品牌和资产，实际上可看做是传统银行的一个独立子公司。跟纯电子银行不同的是，它可以利用母公司的网点和自动柜员机，甚至客服中心、数据中心资源，并且在必要的时候，能够获得来自母公司的援助，因此，比纯电子银行更具有竞争力。第三类则最为常见，国外也有不少银行以这种方式开展电子银行业务。

在我国，由于监管的限制，目前只有第三种形式的电子银行存在，所有的电子银行业务都是由传统银行推出的。

（二）业务电子化程度的差异

尽管我国电子银行业务发展很快，但其业务量只占到银行整个业务量的少部分。以我国电子银行业务领先的工商银行为例，其电子银行的业务量占比为该行全部业务量的28%左右。而在国外的发达银行，电子银行业务量已经远远超过了柜面业务量，如汇丰银行每年的交易笔数为200亿笔，其中只有5%需要与客户当面处理。

（三）产品与服务创新的差异

经过近几年的发展，我国商业银行的电子银行业务种类不断丰富，功能不断增强。但是，其相关产品的开发基本上还是沿用传统业务的开发流程，许多商业银行采用的是“人有我亦有”的开发策略，存在经营特色不足、业务覆盖面不广、产品功能不强、注册手续复杂、操作不便等问题。

目前我国电子银行业务大多集中在信息服务、账务查询、代收代付等初级和低附加值的领域，电子银行业务的收益来源主要靠收取手续费，而利润较高的中间业务发展不足。

利用混业经营和电子化程度较高的优势，国外电子银行已经发展得比较成熟，在产品、服务渠道、经营地域的覆盖面上都努力迎合市场需求，呈现出高度整合的服务特点，其产品的附加值相对较高。如美国的商业银行就可以针对不同的客户群体，利用网上银行创新组合不同金融领域的产品，为客户提供银行账户管理、股票、国债、基金、保险等综合性的金融投资理财服务。另外，国外电子银行也大力推广资产业务，如渣打银行的网上房屋按揭，而汇丰网上银行在 2005 年的网上贷款总额就已经超过了 20 亿美元。

（四）服务渠道的差异

我国电子银行在服务渠道上缺乏统一的策略和规划，大多数银行的网上银行、电话银行、手机银行、ATM 等都有各自的接入系统，数据的接入处理是分离的，各种服务渠道之间缺乏信息交互通道，业务数据和客户信息也得不到充分利用，从而成为电子银行业务发展和创新的“瓶颈”。而国外电子银行较早认识到服务渠道整合的重要性。2003 年底，美国存款总额在 5 亿美元以上的零售银行已有近 40% 实现了物理渠道和网上、电话、手机等电子渠道的相互整合，保障了不同渠道之间信息的实时交互，有利于商业银行深层次地挖掘客户信息，进一步稳固银行与客户的关系。

（五）风险管理的差异

目前我国商业银行对电子银行的风险管理主要集中在网络和数据安全等系统的风险防范方面，而对电子银行战略风险、营运风险、信誉风险、法律风险则考虑得相对较少。而国外电子银行在注重系统性风险防范的同时，还加强了对电子银行其他风险的管理。如在法律风险管理方面，由于网上银行产品具有公开化的特点，较容易被复制和模仿，因此国外商业银行特别重视网上银行产品的专利申请，以获得专利保护，取得先发优势。截至 2005 年底，国外商业银行的此类专利已经超过了 3 000 件，但国内商业银行申请同类专利的却寥寥无几。

二、电子银行业务发展趋势

（一）数据大集中，多种服务渠道交叉融合

大集中是全球银行信息化发展的普遍趋势，包括数据集中和应用集中。将营业网点以及网上银行、电话银行、手机银行、ATM、POS 等多种服务渠道通过统一的通信标准和应用体系进行整合、集中，实现各种银行服务渠道之间的互联互通和信息共享，完整、实时地收集来自所有渠道的客户信息和业务数据，据此，银行可对客户行为进行深入分析，并设计开发相关产品，及时满足客户需求。

（二）业务创新向多样化发展，网上银行、手机银行发展潜力最大

电子银行，特别是网上银行、手机银行的出现，使传统银行经历了一场技术革命。从发展态势来看，互联网无疑是今后影响力最广的新兴媒介，能为广大客户所认同、接受，商业银行可以充分利用这个媒介的覆盖面，并以此为平台积极进行产品创新，向客户推荐各种银行产品；而广泛普及的手机作为随身的个人终端设备，随着智能化水平的不断提高以及通信技术的不断发展，其所能附加的金融产品功能也将日益丰富，并由此成为客户办理金融业务的重要渠道。尽管商业银行的电子银行产品已从最初的查询转账扩展到了消费信贷、投资理财等领域，但目前基本上还属于银行业的产品范围，而我国

商业银行的综合化经营趋势则使电子银行积极探索其他金融领域的产品创新成为可能，呈现多样化的业务创新趋势。

（三）电子银行智能化趋势

随着电子银行业务的发展，智能商务的技术创新将成为其新的发展方向。智能商务概念源于20世纪90年代的美国，主要体现为通过运用数据仓库（Data Ware - house）、数据集市（Data Marts）、联机分析处理（On - Line Analytical Processing，OLAP）和数据挖掘（Data Mining）等技术，可实时地对企业资源计划（ERP）、客户关系管理（CRM）、系统管理中心（SCM）等管理工具生成的企业数据进行分析，并将各种数据及时转换为管理者感兴趣的信息、知识及分析结果。电子银行本身的特点决定其不可避免地要涉及智能化问题，数据仓库建设、信息挖掘、智能商务将成为电子银行创新的热点。例如，智能操作，可将操作设定一些参数，依据智能操作要求进行；数据挖掘，将隐形数据、高成长产品、高价值信息用数据仓库进行挖掘并自动收集信息；数据分析，应用多维分析、动态分析、决策分析、小波分析等技术进行数据分析；运用财务分析、流量分析、流入—流出分析、EVA分析、经济增加值分析、资金波动分析、成本收入分析等智能化工具解决问题；可以进行智能提醒、预约智能处理，到期限自动控制交费业务、到时间自动控制提醒、到期限自动控制换卡等；建立智能预测系统，能预测资金流量、客户流量、交易流量等；建立智能预警体系，能预警资金余额过低或过高、预警资金流链条不成比例等；建立电子政务与电子银行、电子商务与电子银行、商务智能与电子银行的一体化大服务系统的电子银行智能化处理等。

（四）客户对电子银行的接受度逐步增加，电子服务渠道的重要性不断增强

随着信息社会的来临，网络经济的全面兴起，电子银行与客户的社会生活和经济活动联系更加紧密，客户对电子银行的接受程度大大提高，金融服务渠道作用愈加明显。目前，国内外商业银行电子银行交易规模的增长速度均远远超过了银行柜面传统结算、收付业务量的增长速度。在西方发达国家，电子银行交易规模已超过了传统交易方式的业务笔数和交易金额，个别银行的电子银行甚至达到了总交易规模的90%以上。在国内，商业银行的电子银行业务的总体占比基本达到了20%左右，部分经济发达地区的占比则接近了50%，电子银行服务渠道的重要性正在不断增强，并将成为未来银行业发展的必然趋势。

本章小结

银行是经营货币的单位，是社会商品生产、流通和消费体系的命脉和支柱。银行的信息化是国民经济信息的基础，各国都特别重视电子银行建设。电子银行泛指利用各种现代计算机技术及通信技术所进行的各种金融服务活动，银行的电子化使银行的支付活动和信息增值服务深入到社会和各个角落。电子银行系统已经成为银行赖以生存和发展的基础，成为国民经济的大动脉。

国内外电子银行业务在组织方式、业务电子化程度、产品与服务创新、服务渠道、风险管理等方面存在显著的差异，但共同的发展趋势是：数据大集中，多种服务渠道交叉融合，业务创新向多样化发展，网上银行、手机银行发展潜力最大，电子银行业务向智能化方向发展，同时，客户对电子银行的接受度逐步增加，电子服务渠道的重要性不断增强。电子银行业务未来的发展趋势已经开始显露，以网上银行为主流的电子银行将代表银行业未来的发展方向。

【关键词】

电子银行　　电子货币　　因特网　　电子商务

【重要概念】

电子银行　　电子货币

【复习思考题】

1. 试分析电子银行与传统银行的主要区别。
2. 中外电子银行业务的差异主要有哪些?
3. 电子银行业务对商业银行产生哪些影响?
4. 试从电子银行的发展历程分析电子银行未来的发展趋势。

【参考文献】

[1] 王维安，俞洁芳，严谷军．网络金融学．杭州：浙江大学出版社，2002.
[2] 帅青红，张宽海．金融电子化概论．成都：西南财经大学出版社，2005.
[3] 张衢．商业银行电子银行业务．北京：中国金融出版社，2007.
[4] 杨青．电子金融学．上海：复旦大学出版社，2004.
[5] 中国银行业监督管理委员会．电子银行业务管理办法，2006.

第三章　网上银行

【本章概要】

网上银行是近年来随着信息技术的发展，依托互联网建立的新型的银行形式。本章在介绍网上银行概念、特征、基本功能等的基础上，对个人网上银行和企业网上银行的基本功能和典型业务流程进行了介绍，并以北京农商银行和江苏省农信社联合社网上银行系统为例介绍了农村合作金融机构的网上银行发展。

【要点提示】

1. 网上银行的基本概念、产生和发展、分类与特征、基本功能及与传统银行的区别；
2. 个人网上银行和企业网上银行的基本功能；
3. 个人网上银行和企业网上银行的代表性业务流程；
4. 农村合作金融机构个人网上银行和企业网上银行的功能和流程。

【本章架构图】

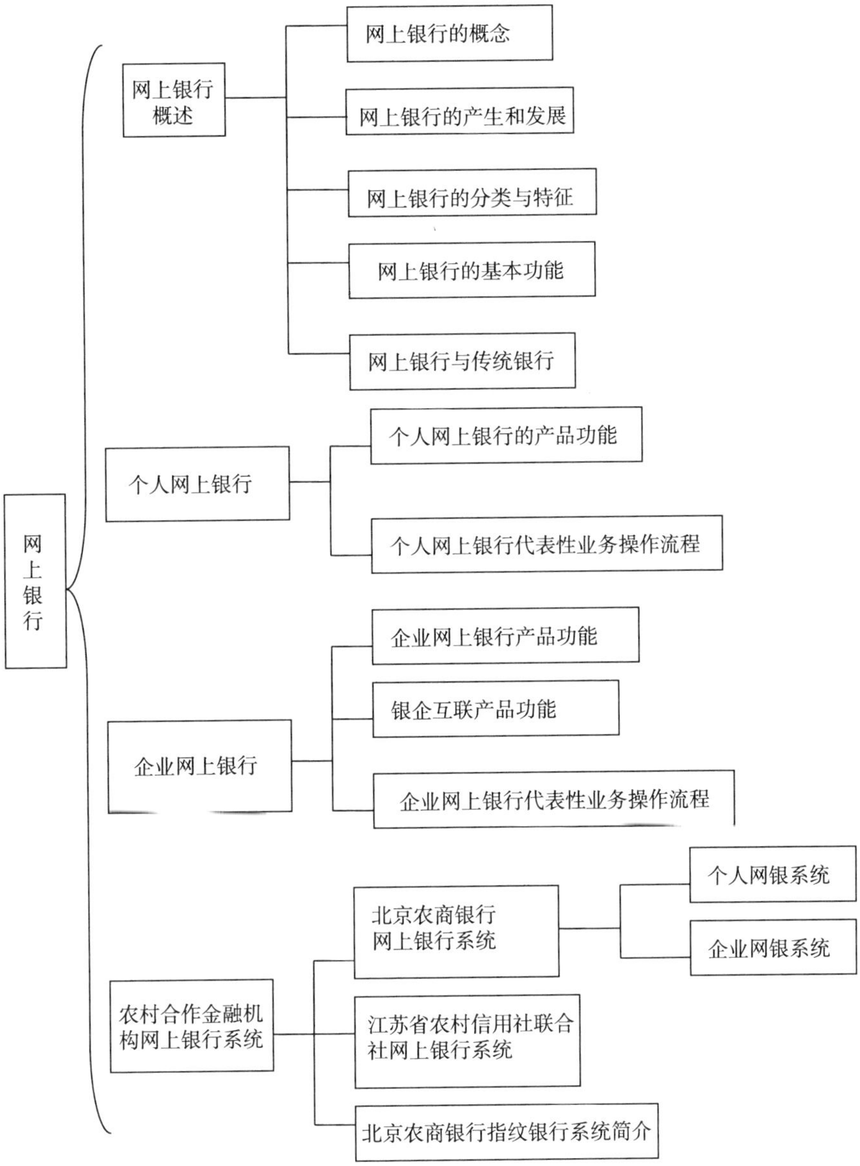

网上银行
网上银行概述
网上银行的概念
网上银行的产生和发展
网上银行的分类与特征
网上银行的基本功能
网上银行与传统银行
个人网上银行
个人网上银行的产品功能
个人网上银行代表性业务操作流程
企业网上银行
企业网上银行产品功能
银企互联产品功能
企业网上银行代表性业务操作流程
农村合作金融机构网上银行系统
北京农商银行网上银行系统
个人网银系统
企业网银系统
江苏省农村信用社联合社网上银行系统
北京农商银行指纹银行系统简介

第一节 网上银行概述

一、网上银行的概念

网上银行，从字面上看，含义并不难理解，但其真正的内涵在不同的时期，不同人的认识存在着较大的差异，即使在同一历史阶段，不同的国家和地区对网上银行的解释也存在着差异。

1998年巴塞尔银行监管委员会的定义：网上银行是指那些通过电子通道，提供零售与小额支付产品和服务的银行。这些产品包括存贷、账户管理、金融顾问、电子账单支付以及其他诸如电子货币等电子支付的产品和服务。2000年10月，巴塞尔银行监管委员会在《电子银行集团活动白皮书》中对网上银行的定义进行了补充，指出网上银行是利用电子手段为消费者提供金融服务的银行，这种服务既包括零售业务，也包括批发和大额业务。

2000年，美国联邦储备委员会提出了网上银行的内部定义：网上银行是指利用互联网作为其产品、服务和信息的业务渠道，向其零售和公司客户提供服务的银行。

网上银行的定义是随着网上银行的发展不断发展的。中国银行业监督管理委员会2006年1月26日发布的《电子银行业务管理办法》，指出利用计算机和互联网开展的业务简称为网上银行业务。则有：

网上银行（Internet Banking or I－Banking）是指采用因特网数字通信技术，以Internet作为基础的交易平台和服务渠道，为客户提供综合、统一、实时、安全的零售和批发的全方位金融业务服务的商业银行或金融机构。网上银行包括两层含义：一是机构概念，指通过互联网开办业务的银行；另一个是业务概念，指银行通过互联网提供的金融服务，包括传统银行业务和因信息技术应用带来的新兴业务。

与网上银行概念相类似，人们比较容易混淆的是电子银行（E－bank）的概念。电子银行是指商业银行利用计算机技术和网络通信技术，通过语音或其他自动化设备，以人工辅助或自助形式，向用户提供的方便快捷的金融服务。呼叫中心（Call Center）、自动柜员机ATM、POS机、CDM、无人银行等多种多样的金融服务形式是涵盖在电子银行的范畴之内。相比而言，电子银行的概念是广义的，网上银行是狭义的，仅仅包括Internet上的电子银行服务。

二、网上银行的产生和发展

自20世纪90年代以来，随着互联网应用、电子商务和全球金融一体化的快速发展，商业银行也驶入网络化的快车道，经营方式日益呈现出网络化的趋势。

1. 网上银行发展阶段。早在20世纪50年代就有了网上银行的雏形，只是在专用网络上进行。随着信息技术、银行电子化和信息化进程的不断推进而得到了不断的发展和完善。总的来看，网上银行的发展可以分为三个阶段：

（1）计算机辅助银行管理阶段（20 世纪 50 年代末至 80 年代中后期）。20 世纪 50 年代末，计算机在发达国家的银行业务中得到了应用，主要用于解决手工处理速度慢、减轻银行业务人员的工作压力。因此，早期的银行电子化主要用于分支机构及各营业网点的记账和结算，使用的计算机技术是简单的计算机数据处理和事务性处理技术，主要的电子化设备是一般的计算机、卡片式打孔机、打印机等。

20 世纪 60 年代末兴起的电子资金转账 EFT 技术及应用，为网上银行的发展奠定了技术基础。如著名的环球同业银行金融电信协会 SWIFT 和美国联邦储备银行支付系统 FEDWIRE 都是电子资金转账系统。电子资金转账技术的使用为银行的结算提供了安全、可靠、快捷、标准化、自动化的通信业务，从而大大提高了银行的结算速度。

20 世纪 70 年代末电话银行在北欧国家兴起，在 80 年代中后期得到了迅速发展。电话银行主要依靠语音识别记录系统提供金融服务。由于客户的语音和听力无法规范，因而电话银行容易存在差错、误解或矛盾的隐患。故对重大金融服务提供电话银行服务时，一般都采用了传真复核确认制度，以提高服务质量。当然，电话银行的这些缺点也制约了电话银行的发展。

（2）银行电子化或金融信息化阶段。随着个人计算机普及率的提高，商业银行逐渐将重心从电话银行转移到了 PC 银行，即以 PC 机为基础的电子银行业务。20 世纪 80 年代中后期，在世界各国国内银行之间的网络化金融服务系统的基础上，形成了不同国家银行之间的电子信息网络，进而形成了全球金融通信网络。在此基础上，出现了各种新型的电子网络服务，如以自助方式为主的在线银行服务 PC 银行、ATM、家庭银行、企业银行等，商业银行也能提供全天候、全方位、开放式的金融服务，电子货币成为电子银行的依赖货币形式。电子货币以分布在金融机构和服务网点的终端机（如 POS 机、ATM）及计算机网络为物质条件，以现金卡、信用卡、IC 卡和电子支票等形式为媒介，使货币以电子数据的形式在银行网络间进行传递，从而形成电子货币流通系统。

（3）网上银行阶段。20 世纪 90 年代以来，随着 Internet 在各行各业中的广泛应用，银行为了满足行业竞争和银行电子化发展的需要，纷纷借助 Internet 及其他网络开办各种金融业务，以达到降低成本、满足客户个性化需求、拓展业务范围的目的，这直接导致了基于互联网平台的网上银行的出现。网上银行的基本功能之一就是方便实现电子商务交易活动中的网上支付与结算，使网上消费真正变为现实，如网上订票、网上购物、网上办公、网上教学、网上证券等。

网上银行是网络时代的产物，是使银行服务从传统到电子化的一次重要变革。网上银行正处于迅速发展变化之中，其总体框架和发展模式也在不断地变化完善。

2. 网上银行的发展模式。

（1）纯网上银行的发展模式。纯网上银行，亦即直接银行，是指那些仅仅凭借互联网来开展银行业务的独立经济组织，它们一般没有店面柜台，也没有什么分支结构。世界上第一家网上银行 SFNB 就是一家典型的纯网上银行，它通过 Internet 网络提供全球范围的金融服务。

纯网上银行将从管理费用中节省出来的部分通过给储蓄账户和大额存单支付更高利

息或收取较低手续费的方式吸引客户。纯网上银行的发展模式主要有两种：全方位发展模式和特色化发展模式。

全方位发展模式认为纯网上银行并不具有局限性，随着科学技术和网络的发展和完善，网上银行可以提供传统银行提供的一切服务。采用全方位发展方式的网上银行有印第安纳州第一网上银行（First Internet Bank of Indiana，FIBI）和 WingspanBank。

特色化发展模式认为纯网上银行具有一定的局限性，与传统银行相比，纯网上银行提供现金服务要少得多。由于没有分支结构，纯网上银行无法提供现金管理服务和安全保管箱，网上银行必须提供特色化服务才能得以生存。采用特色化发展模式的网上银行的典型代表是休斯敦的康普银行（CompuBank）。

（2）混合型网上银行的发展模式。混合型网上银行的发展模式是在原有银行的基础上建立的网上银行，目的是进一步巩固现有客户，降低服务成本，提高服务质量，并利用网上银行的优势优化自身形象，改善客户关系，扩大市场占有率，以实现传统银行与网上银行的协调发展。目前，混合型网上银行发展模式主要有收购已有的纯网上银行和发展自己的网上银行两种途径。

购并模式，即收购已有的纯网上银行。如加拿大皇家银行是加拿大规模最大、盈利能力最好的传统商业银行之一，一直以来该行只在美国从事银行批发业务。1998 年 10 月，它以 2 亿美元收购了 SFNB 除技术部门之外的所有部分，自此，该行可以迅速地介入美国的零售业务市场，同时将银行业务拓展到一个新兴的、飞速发展的领域，即网上业务发展的最前沿。

延伸模式，即发展自己的网上银行业务。大多数的商业银行凭借其原有的品牌和产品服务优势，利用原有的 IT 部门或与计算机软件厂商合作，发展网上银行业务。我国到目前为止还没有一家纯网上银行，商业银行的网上银行业务大都采取延伸模式进行发展。

3. 网上银行产生和发展的原因。网上银行作为新生事物，发展速度之快，主要在于以下原因：

（1）信息技术飞速发展的影响。20 世纪中叶至今，在全球范围内以计算机为核心的信息技术和网络技术得到了超出想象的飞速发展。信息处理技术不断的更新换代使计算机的体积变得越来越小、处理速度越来越快，成本和功能两方面无法抗拒的优势总是能让新一代计算机迅速占领市场，渗入各行各业。信息传输技术，从人类第一个通信发明——电报问世以来，便始终成为推动经济社会发展和工业经济革命的重要驱动力。信息传输技术主要有电报、电话、地面微波、无线电、卫星传输、宽带、光纤等。光导纤维（简称光纤）在传输信息量和传输速度的巨大潜力与信息处理技术中的数码技术（能将任何形式的信息——文字、图像、声音、动画等进行形式转换并压缩传输、存储的技术，大大提高数据传输的速度，使电视、电话和计算机相互联网成为可能）的结合使信息传输空前发展。信息高速公路是各个国家致力于建造现代化的通信基础设施，打造信息通信的“主动脉”。国际互联网（Internet）自 20 世纪 80 年代诞生以来，已成为人们获取信息、相互通信的重要工具。正如英特尔公司总裁格罗夫指出的“国际互联网的魅力就在于它能拉近不同社会之间的距离，在全球网络中发展中国家和发达国家的差距必将缩小，而绝不会拉大”。

信息处理技术使计算机的功能日益强大、成本日益低廉，信息传输技术实现了计算机之间的大容量、高速度通信，信息高速公路和国际互联网为信息传输和信息共享提供了坚实的基础。

（2）电子商务发展的影响。电子商务（Electronic Business）是指利用先进的计算机网络技术从事各种商业活动的应用方式，它不仅指基于因特网上的交易，而是包括所有利用电子信息技术来解决问题、降低成本、增加价值和创造商机的商务活动，包括通过网络实现原材料查询、采购、产品展示、定购、出品、储运以及电子支付等一系列贸易活动。电子商务使整个商务活动在产品生产、产品促销、交易磋商、合同订立、产品分拨、货款结算、售后服务等方面都可以借助网络完成，使得企业与企业之间、企业与消费者之间、企业或消费者与政府管理部门之间的信息流、资金流和物质流实现了电子化、数字化。

电子商务浪潮对银行业也产生了巨大的影响。无论是传统的交易还是新兴的电子商务，资金的支付都是完成交易的重要环节，所不同的是电子商务要求支付过程和支付手段的电子化。银行作为联系买卖双方、进行支付和结算的最终执行者，理所应当地担负着完成电子商务要求的电子支付和结算的任务。网上银行提供的电子支付服务是电子商务中最关键、最重要的环节，直接关系到电子商务的发展。从这个意义上来看，电子商务的快速发展，使网上银行的发展成为必然。

（3）全球金融一体化发展的影响。电子计算机技术、电子通信、光导纤维、网络技术的进步，使微型电脑深入到千家万户、深入到人类生活的各个领域，家用电脑连接商店、银行、政府部门和工作地点，它们改变着人们的生产方式、消费方式、工作方式，使人们的物质生活和精神生活都以信息的传播为基础，生活形态全面信息化、数字化，同时引致了全球经济一体化、全球市场的单一化。

在经济全球化、市场全球化的推动下，金融业务活动和金融产品将全面虚拟化、理念化、无纸化、金融全球化。金融全球化就是金融市场全球化、资本一体化、融资体系锁链化、金融交易国际化、金融工具国际化。具体表现：随着国际资本大量迅速流动，各国开放金融领域扩大化，金融机构和金融业务跨国发展，将不受国界的限制，巨额国际资本按照国际通行规则在全球范围内迅速运转，国际金融组织的相互盟约，将使融资体系锁链化。

总而言之，随着20世纪90年代以后的电子计算机技术、通信技术、互联网技术的迅猛发展，传统商业银行的经营环境、经营理念和经营方式发生了革命性的变化：营销策略由原来的大规模无差异营销策略发展到个性化的集中营销策略，营销方式由原来的大规模劳动力实现发展到高科技集中实现，竞争策略由原来的大规模营业推广式竞争策略发展到企业形象竞争策略。这些革命性的变革，引致了商业银行传统生存方式的变革——即由原来的物流交易、部分信息流交易，发展到全面的信息流交易，真正地实现了数字化的生存方式。这些革命性的变革，还使商业银行实现了由传统理念到现代网络营销理念的飞跃，这便是网上银行发展的精髓和内核。

三、网上银行的分类与特征

1. 网上银行的分类。按不同的分类标准，网上银行可以分为不同的类型，如按经营组织方式可以分为分支型网上银行和纯网上银行；按服务对象可以分为个人网上银行和企业网上银行；按业务种类可以分为零售网上银行和批发网上银行。本书针对经营组织方式分类作进一步的阐述。

（1）分支型网上银行。分支型网上银行是指现有的传统商业银行利用互联网为新的服务手段，建立银行网点，提供在线服务而设立的网上银行。它类似于该行原有的物理分支机构或柜台，是原有银行业务与网络信息技术相结合的产物，相当于银行的一个特殊的分支机构或营业点，因而被称为“网上分行”、“网上柜台”、“网上分理处”等。

分支型网上银行一般既独立开展业务，又为企业非网上分支机构提供辅助服务，如网上开户、网上贷款、电子支付或账单提交、资产或证券交易等。

分支型网上银行是目前网上银行的主要形式，占网上银行数量的80%以上。这些分支型网上银行大部分沿用了其银行的名称和品牌，只有少部分从战略角度考虑使用了新名称。

分支型网上银行的优点在于，它可以利用现有银行及现有的技术与人力和客户资源，有效地帮助主体银行改善银行形象和客户服务手段，迅速开发新的金融服务产品，拓展市场空间和渠道，满足客户个性化需求，降低成本，提高效率。

（2）纯网上银行。纯网上银行又称虚拟银行，起源于美国1995年开业的安全第一网络银行（SFNB）。纯网上银行本身就是一家银行，是专门为提供在线银行服务而成立的，因而也被称为“只有一个站点的银行”。纯网上银行一般只设一个办公地址，既无分支机构，也无营业网点，几乎所有的业务都可以通过网络来进行。

纯网上银行在不同的发展阶段其主要业务不尽相同。初级阶段，纯网上银行一般不提供信用评定和贷款业务；发展成熟阶段，纯网上银行几乎具有传统银行所有的产品与服务，但在现金收付上，仍需依赖现有的ATM网络或邮政系统。

纯网上银行的优势在于：可以树立自己的品牌，以极其低廉的交易费用实时处理各类交易，提供一系列的投资、保险和抵押服务。由于其客户服务成本低，纯网上银行还可以提供更优惠的存贷款利率。

纯网上银行的缺陷：无法收付现金，以致加重了对第三方发展的依赖性；改变了以往银行保存交易记录的方式，需要法律和客户方面的不断确认；需要培养客户的信任度和忠诚度等。

2. 网上银行的特征。与传统银行一样，网上银行能够提供面向客户的各类金融服务，而在金融信息服务、便利性方面则优势更明显，但因互联网的应用也使网上银行具有了新的风险内涵。

（1）“三A”银行。“三A”特征是网上银行的基本特征，即网上银行是全天候运作的银行（Anytime）、开放的银行（Anywhere）、服务方式多样化的银行（Anyhow），银行服务突破了时间、空间的限制，突破了服务手段的限制。

Anytime即无时限银行。由于互联网每天24小时运转，网上银行服务不受时间因素的制约，可以全天候地服务。Anywhere 即全球化银行，互联网已经把整个世界变成了“地球村”，网上银行服务不受空间因素限制，也大大加快了银行全球化的进程。Anyhow 即服务多样化，客户不需要到银行柜台，可以通过任何一台计算机终端享受银行服务。

（2）个性化银行。网上银行服务并不需要直接与客户面对面地接触，他们之间的交易和沟通通过 Internet 进行，这就要求网上银行的营销理念从过去注重金融产品的开发和管理转移到以客户为核心上来，即根据每个客户不同的金融和财务需求“量身定做”金融产品和提供服务。

（3）虚拟化银行。网上银行是在互联网的虚拟世界中开展银行业务，金融产品的交易以虚拟资本为交易对象。虚拟化特征全面冲击人们的银行概念，银行不再是高楼大厦，服务不再是银行柜台，而是计算机屏幕上的网页、操作流程。虚拟化在使网上银行降低了成本，提高了服务质量、服务效率的同时，也带来了相关的法律和安全问题。

（4）标准化银行。网上银行的服务表面上看是银行服务柜台的延伸，但却与柜台服务有很大的不同，柜台服务是以会见式服务为主导，通过语言交流为客户服务；而网上银行是客户通过计算机界面进行自我服务，是以自主和自助服务为主导。因此，网上银行业务实现的前提是：银行业务服务的标准化。只有实现了银行业务服务的标准化，才能实现网上银行的业务服务与客户之间的正常互动。

四、网上银行的基本功能

网上银行的实质是为各种通过互联网进行商务活动的客户提供电子结算手段。网上银行的特点是客户只要拥有账号和密码便能在世界各地与互联网相连，进入网上银行办理各种交易。

随着市场对网上银行服务需求的增大和 Internet 技术的不断创新，网上银行提供的服务种类和服务深度都在不断提高和完善。总体上讲，网上银行服务一般包括两类：一种是传统商业银行的金融产品的网上实现，如转账、存款、贷款、汇款等。这类业务在网上银行的建设初期占据了主导地位，传统商业银行把网上银行作为自身业务品种的一个新兴的营销渠道；另一类是完全针对互联网的多媒体互动的特性来设计提供的创新业务品种，如电子支票、B2B、B2C、B2G 等。这类业务以客户为中心，以科技为基础，真正体现了按市场需求“量身定做”的个性化服务特色。

从业务品种细分的角度来看，网上银行一般包括以下几个功能：

（1）发布信息功能。网上银行通过 Internet 发布的公共信息，一般包括银行的历史背景、经营范围、机构设置、网点分布、业务品种、产品展示、利率和外汇牌价、金融法规、经营状况及国内外的金融信息，同时起到了广告宣传的作用。通过公共信息的发布，客户可以很方便地了解银行、银行的业务品种和运行规则，为进一步办理各项业务提供了方便。

（2）决策咨询功能。网上银行一般以电子邮件、BBS 为主要手段，向客户提供业务疑难咨询以及投诉服务，并以此建立网上银行的市场动态分析反馈系统。通过收集、整理、归纳、分析客户各式各样的问题和意见以及客户结构，及时了解客户关注的焦点及市场的需求走向，为决策层判断提供依据，便于银行及时调整或设计创新出新的经营方式和业务品种，更加体贴周到地为客户服务，并进一步扩大市场份额，获得更大收益。

（3）账务查询功能。网上银行可以充分利用因特网门对门服务的特点，向其事业单位和个人客户提供其账户状态、账户金额、账户一段期间内的交易明细清单等事项的查询功能。同时，为企业集团客户提供所属单位跨地区多账户的账务查询功能。

（4）网上支付功能。网上支付功能主要向客户提供互联网上的资金实时支付结算功能，是保证电子商务正常开展的关键性基础功能，也是网上银行的一个标志性功能。没有网上支付的银行网站，充其量只能算做一个金融信息网站而不能称做网上银行。网上支付按双方交易客户的性质分为 B2B（Business to Business）、B2C（Business to Consumer）交易模式。目前，由于法律和安全方面的原因，B2C 上提供的功能各家银行较为一致，B2B 交易功能的提供还在不断摸索和完善中。

（5）申请和挂失功能。主要包括存款账户、信用卡开户、电子现金、空白支票申领、企业财务报表、国际收支申报的报送、各种贷款、信用证开证的申请、预约服务的申请、账户挂失、预约服务取消等，客户可以在线了解章程条款、填写表格和提交。

（6）金融创新功能。基于 Internet 多媒体信息传递的全面性、迅速性和互动性，网上银行可以针对互联网的特点，针对不同客户的需求开辟更多更便捷的智能化、个性化服务，提供传统商业银行在当前业务模式无法实现的功能。如针对企业集团客户，提供通过网上银行查询各子公司的账户余额和交易信息，并在签订多边协议的基础上实现集团内的资金调度与划拨，提高集团整体的资金使用效益，为客户改善内部经营管理、财务管理提供支持。

（7）信息增值功能。在提供金融信息咨询的基础上，以资金托管、账户托管为手段，为客户的资金使用安排提供周到的专业化的理财建议和顾问方案。采取信用证等业务的操作方式，为客户间的商品交易提供信用支付的中介服务，从而在信用体制不尽完善合理的情况下，积极促进商务贸易的正常开展。建立健全企业和个人的信用等级评定制度，实现社会资源的共享，提供信息增值服务。根据存贷款的期限，向客户提前发送转存、还贷或归还信用卡透支金额等提示信息。

五、网上银行与传统银行

与传统银行相比，网上银行在业务组织方式、经营管理模式、业务种类和资产负债结构等方面，已发生了较大的变化。

1. 业务组织方式。传统银行的业务，从客户角度可以分为对私业务和对公业务；从资产负债表角度可分为资产业务、负债业务和中间业务；从业务发生地可以分为国内业务、国外业务和离岸业务。无论从哪个角度来看，存贷款、支付结算和投资理财都是一般商业银行为客户提供的主要业务。

网上银行业务也分个人业务和公司业务，网上银行的个人业务和公司业务的业务组织管理方式，已与传统银行有着明显的不同，特别是个人网上银行业务包含的内容要丰富得多，除了传统银行业务外，网上银行还提供了公共信息、投资理财和综合经营服务。同时资产负债业务与中间业务、国内业务与国际业务因互联网的特性也已不再重要。

2. 经营管理模式。传统银行早期经营管理模式侧重于解决流动性问题，20 世纪 80 年代后银行的盈利性问题受到关注，经营管理模式普遍采用缺口管理。流动性管理、资产管理和负债管理成为银行管理的主要方面和基本经营模式。

虽然资产负债管理仍是网上银行经营管理模式的一个重要方面，但其重要性已大大降低。由于网上银行技术的复杂性、信息的多样化和竞争压力加大等原因，系统安全性、效率、传输速度等因素关系到网上银行的生存，因此，网上银行更注重以下三个方面：

（1）综合配套管理。网上银行除提供一般传统的银行业务外，往往还介入综合投资、代理等方面的业务。因此，各个部门、各个环节及资金收、付、转的确认等方面的综合配套管理就显得尤为重要，是网上银行经营管理首先必须考虑的问题。

（2）技术标准管理。出于安全、高效目的，数据传输、加密、认定及其他网络连接等的技术标准、协议标准，需要在说明、监测、升级更新、源代码修改权限及保管等方面进行统一安排和管理。

（3）个性化服务管理。是基于数据仓库和数据挖掘等技术把每一个客户作为一个独立个体，通过对其业务数据进行记录、统计、分析，进行归纳性推理，以预测客户的行为，提高客户服务水平，辅助预测决策，降低风险。

这三方面形成了网上银行特有的经营模式——客户主导管理模式，又称为“客户管理中心”模式。

3. 业务种类。网上银行并不是完全将传统银行业务“搬到”互联网上来做，而是有所变化。网上银行出于风险的考虑，一般只从事零售和小额业务。对一些必须依赖于人工操作的业务，网上银行存在着一定的局限性，但在账务查询、转账、挂失、代收代缴、银行卡消费、咨询等方面，网上银行却具有传统银行无法比拟的便利。

4. 资产负债结构。贷款和存款始终是传统银行的主要资产和负债，存贷利差也是银行经营利润的主要来源，一般占总利润的 85% 以上。网上银行的资产负债结构发生了较大的变化：非存贷性资产所占比重越来越大，如基金和债券；非利差收入所占比重越来越大，网上银行近一半利润来源于中间业务和表外业务；利差进一步缩小，成为市场营销而非营利手段。

第二节 个人网上银行

商业银行一般根据服务对象的不同，将网上银行分为个人网上银行和企业网上银行。个人网上银行是指银行通过互联网，为个人客户提供账户查询、转账汇款、投资理财、在线支付等金融服务的网上银行服务。个人网上银行客户分为注册客户和非注册客户两大类。注册客户按照注册方式分为柜面注册客户和自助注册客户，按是否申领证书分为证书客户和无证书客户。个人网上银行的客户一般都需要事先注册，而后登录互联网使用个人网上银行。

一、个人网上银行的产品功能

个人网上银行为客户提供了丰富的产品，包括账户信息查询、缴纳各种费用、网上购物的在线支付、投资理财等各个方面，几乎涵盖了除现金存取以外全部个人金融业务。

(一) 账户信息管理

账户信息管理是个人网上银行最基本和常用的产品，该产品主要为个人客户提供各类银行账户的基本信息查询、余额查询、交易明细查询等账户信息查询服务。各商业银行一般都提供以下几种功能：

1. 基本信息查询。可查询各类银行账户的基本信息，包括银行卡、存折、年金账户、公积金账户、医保账户等各类账户的账户种类、开户日期、币种、余额等信息。

2. 交易明细查询。可以查询各类银行账户在一段时间内（如一个月、一年）发生的交易信息，包括资金转出和转入的金额、业务摘要等明细信息。

3. 账户挂失。当客户不慎遗失卡、存折时，可上网及时办理临时挂失手续，以有效避免资金损失。

除上述服务外，各商业银行还分别开发了一些特色服务。例如，中国工商银行提供电子工资单查询，客户可以查询个人工资单明细，了解本人每月工资收入的具体内容；上海浦东发展银行提供总资产总负债查询，客户可以了解个人所有储蓄存款、贷款的分类汇总信息；等等。

(二) 转账汇款业务

转账是指个人客户通过网上银行从本人账户向同城同行的其他账户进行资金划转的金融服务；汇款是指个人客户通过网上银行从本人注册账户向同城他行或异地的其他账户进行资金划转的金融服务。目前国内各商业银行通常提供以下几种业务功能：

1. 个人账户间转账汇款。指客户注册账户（卡）之间的资金划转，方便客户将不同账户的资金进行调度和集中管理。

2. 在任意账户间转账汇款。向同一家银行任意其他客户的账号转账汇款，收款账户既可以是个人账户，也可以是企业账户。

3. 跨行汇款。指从客户的注册账户向其他银行的客户账户（卡）进行资金支付。

除上述功能外，各商业银行还分别开发了一些特色功能。如中国工商银行推出的境内汇出汇款功能，主要是为客户提供对在大陆以外地区银行开户的个人进行外汇汇款。

(三) 缴费支付

缴费支付是银行向个人客户推出的在线查询和缴纳各种日常费用的一项综合服务功能。通常各商业银行都提供如下业务功能：在线自主缴纳手机费、电话费、上网费、学费、水费、电费、养路费、车船使用税等。在缴纳方式上，部分商业银行还推出了“委托代扣”的方式，即客户在线与银行签署费用扣缴协议，银行根据协议内容定期从客户账户中扣取一定金额的费用。这种方式进一步简化了客户操作。此外，随着银行客户服务功能的不断拓展，将来保险费、小区物业管理费、交通违章罚款等均可通过网上银行及时缴纳。

（四）投资理财服务

投资理财是银行通过提供基金、证券、外汇等系列投资理财产品，满足不同客户进行投资理财的不同需要，实现个人资金保值增值的金融服务。通常，各商业银行都提供如下业务功能：

1. 网上证券买卖。为客户提供在线办理各种有价证券（比如基金、国债、股票、理财产品等）交易的金融服务，包括：对有价证券的购买、卖出，证券价格信息查询的操作等。

2. 网上黄金买卖。为客户提供在线办理非实物黄金（亦称“纸黄金”）买卖，主要包括：黄金即时/委托买入卖出、黄金信息查询、黄金账户查询等。

3. 网上外汇买卖。商业银行通过提供在线外汇买卖交易平台，方便客户根据国际金融市场行情进行不同币种间的外汇买卖，实现个人外币资金的增值。

4. 存款类服务。通常指商业银行以电子银行渠道实现的存款类理财服务，主要包括通知存款和定期存款两种方式。

（五）通知提醒

通知提醒是商业银行为个人客户提供的个性化的增值信息服务，包括通过短信或E－mail方式发送账户余额变动提醒、证券信息、外汇信息等。通常各商业银行都提供如下业务功能：

1. 余额变动提醒。客户的账户只要一发生资金变化，无论发生资金转出还是资金转入，银行会立即通过短信进行提醒，使客户第一时间掌握账户资金变化。

2. 财经信息。银行定期发送各类财经信息，如证券信息、汇市信息、基金净值信息、国债收益信息等。

3. 重要信息提醒。如客户密码连续输错提醒、人民币利率变动提醒等。

（六）B2C 网上支付

B2C 网上支付是指企业（卖方）与个人（买方）通过互联网进行电子商务交易时，银行为其提供网上资金结算服务的一种功能。

（七）客户服务

客户服务主要为客户提供修改登录密码、个人客户资料、积分查询以及个性化页面设置等功能。

（八）个人财务分析

为客户提供各种个人财务分析图表，提供全面个性化的财务分析，包括支付分配图、支出明细报表、收入分配图、收入明细报表、现金流量图、收支对比图等。

目前，各商业银行正在继续围绕客户为中心，为客户研发更加个性化的产品，更加注重开发各种信贷产品、投资理财产品，尤其是国际理财产品。

二、个人网上银行代表性业务操作流程

目前，我国商业银行大多数都已推出了个人网上银行业务，尽管具体业务操作流程

不尽相同，但业务经营的指导思想是一脉相承的。这里，以中国建设银行个人网上银行为例，简单介绍一下个人网上银行的代表性业务操作流程。

（一）个人网上银行流程

1. 开通与注销。

（1）开通条件。在建设银行开设有银行账户，包括各种龙卡、定期存折、活期存折、一折通或一本通账户等；并拥有有效身份证件，包括身份证、护照、军官证等。具备使用因特网机器和网络条件，使用 IE 6.0 以上浏览器。

（2）开通方式。可以通过柜台或建设银行网站两种渠道开通个人网上银行服务，按开通方式选择，个人网上银行划分为全功能的高级签约版和查询还款等一般功能的普通简版，两种版本对应的使用者分别称为高级客户和普通客户。

（3）开通流程（见图 3－1）。

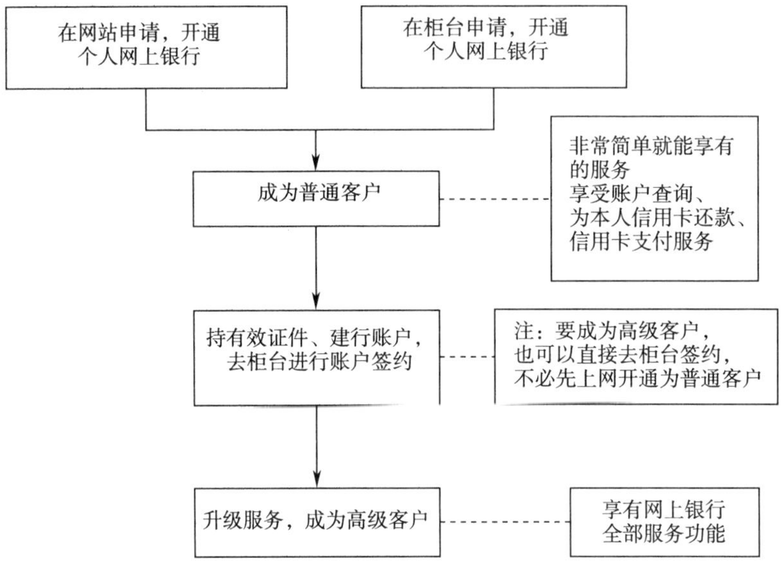

图 3－1　个人网上银行服务开通流程

普通简版：指仅将自己的账户在建设银行网站申请开通网上银行，未到柜台进行银行账户签约。开通简版后，即可成为个人网银普通客户，只能通过网上银行办理账户查询、为本人信用卡还款、信用卡支付等几项业务（见图 3－2）。

高级签约版：须到柜台办理账户签约网上银行手续（包括先开通普通简版再到柜台办理签约或直接到柜台办理签约），即至少拥有一个签约账户（签约账户是指在柜台签约网上银行服务的银行账户）。开通高级版后，即可成为个人网银高级客户，可以办理网上银行提供的全部业务（见图 3－3）。

要享受全面服务，须到柜台办理账户签约手续，升级为高级客户。目前升级为高级客户不收取任何费用，只需支付购买安全产品的费用。

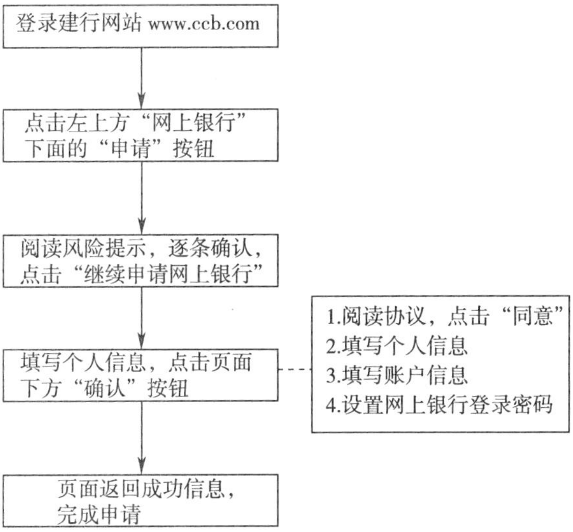

图3－2　申请开通个人网上银行普通简版流程

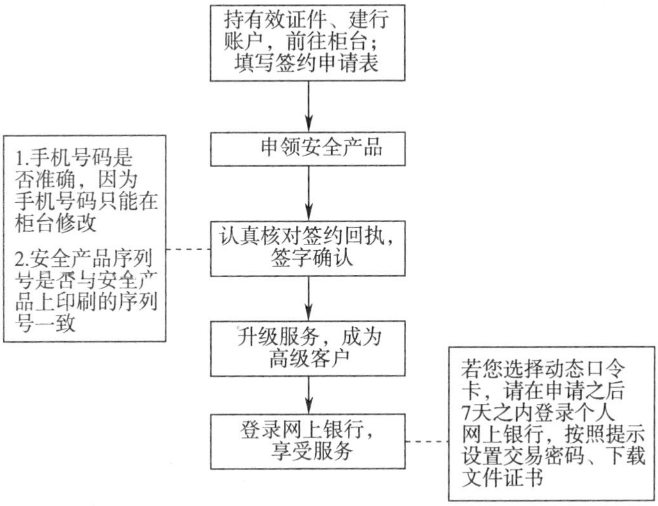

图3－3　申请开通个人网上银行高级签约版流程

（4）注销流程。如果不再使用网上银行服务、遗忘网上银行交易密码或其他原因需要注销网上银行，可注销网上银行服务。注销方式分为三种：通过建设银行网站进行注销；登录网上银行进行注销；到建设银行网点申请注销。

通过网站办理注销的流程如图3－4所示。

通过网上银行办理注销的流程如图3－5所示。

通过柜台办理注销的流程：携带本人有效身份证件、一张已签约网上银行的账户资料（龙卡、存折），到建设银行网点申请办理。

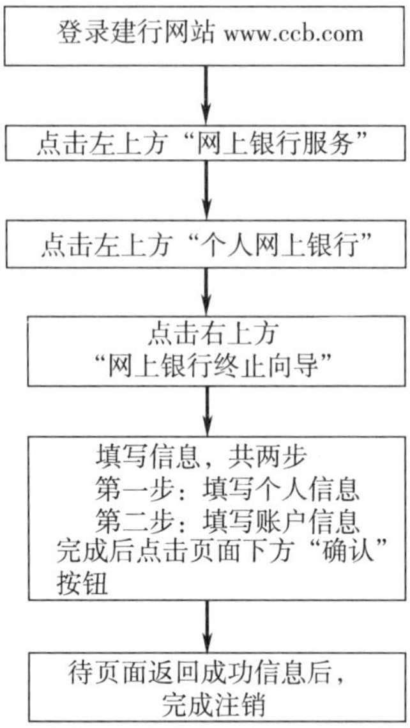

图3－4 通过网站办理注销个人网上银行服务流程

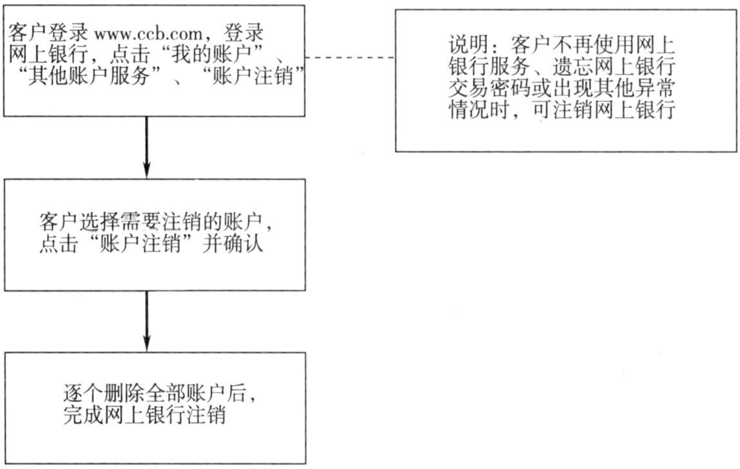

图3－5 通过网上银行办理注销个人网上银行服务流程

2. 查询功能。个人客户的网上银行开通后即立即享有账户的查询功能。网上银行查询功能包括账户余额查询、账户明细查询、到期账户查询、消费积分查询以及一卡通类账户主账户和子账户查询等服务。

（1）账户余额查询。账户余额查询是网上银行为用户提供的基本服务功能，用户在网上添加和在签约柜台添加的账户都可以进行余额查询。具体操作流程如下：登录网上银行，进入网上银行操作页面，点击“个人查询”，选择“账户余额查询”，如果账户类型是活期储蓄一折（卡）通账户的外币存款账户，请选择币种，并选择钞、汇，点击“提交”。如果查询成功，将显示该账户的余额信息。

（2）账户明细查询。在网上添加的账户和在签约柜台添加的账户都可以进行账户明细查询。具体操作流程如下：登录网上银行，金融网上银行操作界面，点击“个人查询”，选择“账户明细查询”，选择拟查询明细的账户，输入查询的起始时间（日期中不足10位请在数字前补“0”，如“09”）。如果账户类型是活期储蓄一折（卡）通账户的外币存款账户，请选择币种，并选择钞、汇，点击“提交”。如果查询成功，将返回该账户的明细记录。

（3）到期账户查询。通过到期账户查询功能，可以查询在指定分行用户名下在指定日期已到期的定期签约账户。具体账户操作流程如下：登录网上银行，进入网上银行操作页面，点击“个人查询”，选择“到期账户查询”，选择查询账户所在的城市，输入查询日期，点击“确定”。如果查询成功，将出现查询日到期的账户信息。

（4）消费积分查询。在网上添加的账户和在签约柜台添加的账户都可以查询到用户持卡（折）消费后的消费积分。具体操作流程如下：登录网上银行，进入网上银行操作界面，点击“个人查询”功能，选择“消费积分查询”，选择卡（折）号，点击“提交”。如果查询成功，将出现该卡（折）号的消费积分。

（5）一卡通账户主账户和子账户查询。个人客户可随时查询在网银登记的所有一卡通主账户（不论签约与否）及其名下的所有子账户的币种、储种、开户日、存期、余额等信息。点击一卡通主账户下的某一子账户，可查询该子账户在指定的时间范围内的交易明细。

3. 网上转账功能。在网上开户成功后，个人客户应办理相应的签约手续才能使用网上银行的交易类功能。用户在网上银行签约柜台添加的账户可以进行网上银行的转账业务。网上银行的转账业务包括：活期账户之间的转账、一卡通转账及网上速汇通。在网上添加的账户如想具有该服务功能，须到当地签约柜台办理签约手续。

（1）活期账户转账。活期转账只适用于网银签约客户，普通客户没有此功能。活期转账的转出账户必须是网银签约账户且客户已设置该账户的转账权限。转入账户可以是与转出账户同一城综网的任一活期储蓄账户。填写的转入方客户姓名必须与转入账号的户主姓名相一致。一旦转账成功，系统自动将该转入账号作为历史成功转账账号予以记录，供客户下次转账时直接调用。具体步骤如下：登录网上银行，进入操作页面，选择“活期账户转账”，选择转出账户、转入账户，输入转账金额，选择币种（默认为人民币），输入交易密码，点击“确定”。如果转账成功将出现转账金额和转出、转入账户转账后的余额等信息。

（2）一卡通转账。一卡通转账是指一卡通类账户的转账业务，包括一卡通内转和一卡通外转。一卡通内转包括一卡通内的活期账户转定期账户、定期账户转活期账户和定期账户转定期账户；一卡通外转包括一卡通账户对外活期账户转活期账户、活期账户转定期账户、定期账户转活期账户和定期账户转定期账户。转入转出账户的币种和钞汇标志必须相同。

转出主账户必须是网银签约账户且客户已为该一卡通账户设置了转账服务。

◆ 一卡通内活期转定期。该交易转出子账户为活期账户，转入账户为同一主账户名下的定期子账户。转入的定期户按新开户处理。

◆ 一卡通内定期转活期。该交易的转出子账户为定期账户，转入账户为同一主账户名下的活期账户。客户可选择全额转账对该定期子账户进行销户，并将本金连同利息转入活期账户中，也可自由输入转账金额。

◆ 一卡通内定期转定期。该交易的转出子账户为定期账户，转入账户为同一主账户名下的另一定期账户。客户可选择全额转账对该定期子账户进行销户，并将本金连同利息转入定期账户中，也可自由输入转账金额。转入的定期账户按新开户处理。

◆ 一卡通外活期转活期。该交易的转出子账户为活期账户，转入账户可以是与转出主账户同一城综网的任一活期账户或是一卡通活期户。

转入方客户姓名必须与转入账户的户主姓名相一致。一旦转账成功，系统将自动将该转入账号作为历史成功转账账号予以记录，供客户下次转账时直接调用。

◆ 一卡通外活期转定期。该交易转出子账户为活期账户，转入账户必须是与转出主账户同一城综网的其他一卡通账户下的定期账户。转入的定期账户按新开户处理，转入方客户姓名必须与转入账号的户主姓名相一致。

◆ 一卡通外定期转活期。该交易转出子账户为定期账户，转入账户可以是与转出主账户同一城综网的任一活期账户或是一卡通活期账户。

转账时的转入方客户姓名必须与转入账号的户主姓名相一致。一旦转账成功，系统将自动将该转入账号作为历史成功转账账号予以记录，供客户下次转账时直接调用。客户可选择全额转账对该定期子账户进行销户，并将本金连同利息转入活期账户中，也可自由输入转账金额。

◆ 一卡通外定期转定期。该交易转出子账户为定期账户，转入账户必须是与转出主账户同一城综网的其他一卡通账户下的定期账户。

输入的转入方客户姓名必须与转入账号的户主姓名相一致。客户可以选择全额转账对该定期子账户进行销户，并将本金连同利息转入定期账户中，也可自由输入转账金额，转入的定期账户按新开户处理。

（3）网上速汇通。网上速汇通适用于网银签约客户，普通客户没有此功能。使用网上速汇通功能必须遵守相关的协议或章程。

网上速汇通转账的简要流程是：选择汇出账户，正确填写或选择收款方的各项信息，并输入汇款金额与留言。系统将自动计算出此次办理网上速汇通所需的手续费（手续费比照传统柜台业务），汇款成功后，系统自动将该汇入账户作为历史成功汇款账号予以记录，供客户下次办理速汇通时直接调用。

4. 网上缴费功能。网上银行提供全天候 24 小时的网上缴费服务，通过此项业务，个人客户可缴纳手机费、水电费、电话费等。网上缴费分为代理缴费与预缴费两类：代理缴费是针对先消费后缴费的项目；预缴费是针对先付款后消费的缴费项目。如果客户是第一次使用网上缴费功能，必须在“缴费项目维护”中添加缴费项目，用于缴费的账户必须已设置了缴费功能。

网上缴费的基本流程：客户登录网上银行，进入操作界面，点击“网上缴费”，并选择缴费项目，输入缴费项目的合同号，并选择缴费账号，确认缴费金额。如果缴费项目是代理缴费，则缴费金额是固定的，而若是预缴费项目则是由客户自由输入金额。

5. 网上外汇买卖功能。网上外汇买卖是网上银行成员行提供的特别服务。客户在网上银行进行外汇买卖必须拥有外汇活期账户，并且该账户是网上银行的签约账户。

（1）实时交易。进入网上银行系统后，点击“实时交易”，进入实时交易界面；根据页面上提示填写各项要素，确认无误后，选择“确定”发送；确认系统出现的交易信息，输入交易密码，按“确定”发送，系统将返回，交易成功。

（2）委托挂单。点击“委托挂单”，进入委托挂单交易界面，根据页面上提示填写各项要素，确认无误后，选择“确定”发送，确认系统出现的交易信息，输入交易密码，按“确定”发送，系统将返回，挂单成功。

（3）成交明细查询。点击“成交明细查询”，进入外汇买卖明细查询的界面，选择所要查询的账户并输入查询起始日期，按“确定”发送，系统将返回，查询交易信息成功。

6. 银证通功能。银证通是网上银行成员行提供的特别服务。

（1）证券买卖。登录网上银行进入操作界面，点击“银证通”，选择“证券买卖”即可进入证券买卖界面，选择交易所，输入股东代码、股票代码，并键入委托密码，点击“确定”。如果买卖成功，将出现合同号等相关信息。

（2）证券行情查询。选择“证券行情查询”，选择交易所，输入股东代码、股票代码，并键入委托密码，点击“确定”。如果查询成功将出现股票行情页面。

（3）新股配号、现金余额及股票余额查询。输入股东代码、股票代码、时间段等要素，并键入委托密码，对新股配号、现金余额及股票余额进行查询。

（4）委托/成交查询。选择交易所、券商、账号，输入股东代码、起始时间等要素，对证券的委托和成交进行查询。

7. 网上支付功能。网上支付功能主要是为网上银行用户网上购物提供的结算方式。

用户在网上购物后，在商户网站的付款方式上选择网上支付，商户将引导用户进入网上银行的支付平台，点击“网上支付”，浏览器将弹出“客户认证身份”的窗口，选择用户证书号，进入用户登录界面，输入用户号和登录密码，点击“确认”后将出现支付界面，该界面含有如下信息：商户名称、订单号、支付金额、账号和交易密码输入框。选择用于支付的账号，输入交易密码，点击“确定”。如果支付成功，系统将出现用户的付款信息和支付后的账户余额。

（二）网上银行特约商户服务

网上银行特约商户是指以互联网为主要经营渠道并与中国建设银行签订合作协议，由建行提供资金结算服务，并缴纳一定服务费用的企业。

1. 功能与服务。建设银行面向网上商户提供四大类24项服务功能，商户可以随时管理、监督账户，进行查询、统计和下载等处理，支持商户内部管理中财务与物流系统分离的模式，即允许商户无须登录网银系统即可自动查询订单状态；提供24小时资金结算服务。其详细功能包括：

（1）商户查询：商户账户余额查询、账户明细查询、支付流水查询、退款流水查询、收银台流水查询、收银台商户清点。

（2）结算服务：网上退款、单笔退款记录、单笔退款复核、批量退款、批量退款记账、批量退款复核、批量退款流水查询。

（3）商户维护：登录密码修改、交易密码修改、实时反馈地址修改、商户公钥下载、收银台付费明细上传、收银台付费明细查询、操作员管理。

（4）商户管理：流水文件下载、账单文件下载、报表统计、商户日志查询。

2. 开通条件及流程。

（1）商户与管辖行洽谈，确定合作意向及收费标准，由管辖行的主管支行与商户单位签订《中国建设银行股份有限公司网上银行支付合作协议》一式两份和《中国建设银行股份有限公司网上银行支付合作协议补充协议》一式两份。

（2）商户准备单位资料送交管辖行，包括：营业执照（副本）复印件一份、法人代表身份证复印件一份、ICP 许可证复印件一份、开展电子商务的商品配送说明。

（3）管辖行与商户单位确定网上支付结算账号（要求商户在建行开立结算账户）。

（4）商户填写中国建设银行股份有限公司网上银行特约商户申请表一式两份。

（5）管辖行填写网上支付特约商户注册表两份，填写企业法人代表个人及单位信息收集表一份。

（6）管辖行将所有填写及签字盖章齐全的申请表、信息收集表、注册表所有原件和合作协议、补充协议复印件各一份，连同商户准备的单位资料送交分行电子银行部。

（7）分行电子银行部审批人员对管辖行送交的商户单位资料、协议、申请表等资料进行内容审核后，填写网上支付特约商户注册表送交银行卡服务中心进行数据录入；填写特色服务上线参数维护申请表和特色业务管理系统业务联系书送分行业务运行中心进行数据录入；将一份网上支付业务特约商户申请表和网上银行业务数据维护任务单送网银中心后台进行数据录入。

（8）银行端数据录入完毕后，分行电子银行部审批人员将商户单位资料、合作协议和补充协议复印件、申请表、注册表、信息收集表留存备档，将一份申请表和注册表返还管辖行。

（9）管辖行将合作协议、补充协议、申请表各一份留存备档，合作协议、补充协议、申请表各一份返还给商户单位。

（10）管辖行向商户提供网上支付接口文件，商户进行接口程序的开发。

（11）商户接口程序开发完毕后，商户单位人员与网银中心后台人员联系，进行商户网上支付业务上线测试。

（12）正式对外提供服务。

3. 注销。

（1）商户填写一式两份中国建设银行股份有限公司网上特约商户注销申请书。

（2）分行人员持一份注销申请书到分行信用卡中心办理商户在 DCC 的 POS 系统上的销户手续。

（3）分行人员传真注销申请书和网上银行业务数据维护任务单到网银中心将商户在

网银 Web 后台销户。

（4）分行人员填写特色业务管理系统业务联系书一份交到分行运行中心，在特色平台上销去商户信息，在联系书上要写明单位名称和商户编号。

（5）最终销户申请表支行留一份，分行留一份。

第三节　企业网上银行

企业网上银行是商业银行为企业客户提供的网上银行服务。

一、企业网上银行产品功能

国内外商业银行的企业网上银行都为客户提供了丰富的产品功能，保证企业实现资金的实时高效管理。通常商业银行的企业网上银行包括账户管理、收款付款、支付结算、投资理财、网上信用证、票据管理等。

（一）账户管理

账户管理主要为企业客户提供各类账户的基本信息查询、余额查询、交易明细查询、对账单查询等服务，是企业网上银行最基本和最常用的产品。一般包括：

1. 账户信息查询。可查询各类银行账户的基本信息，账户种类包括结算账户、定期账户、保证金账户等，账户基本信息包括账户种类、开户日期、币种、余额等。

2. 企业资金运营明细查询。可查询企业各类银行账户一段时间（如一个月或一个季度）内发生的交易明细，同时国内部分商业银行也提供短信或 E - mail 发送功能，将查询结果自动发送到客户指定的手机或 E - mail 信箱，以方便客户保存或进一步分析。

3. 电子回单查询。客户可在线自助查询或打印往来户的电子补充回单。

（二）代收业务

代收业务是指银行为收费企业提供的向其他企业或个人客户收取的各类应缴费用的功能，通常需要事先签订收费企业、缴费企业或个人、银行三方协议后银行才能提供此项服务功能，一般是由收费企业向银行提供，并且由银行通过内部管理系统手工建立扣款对应关系。对于个人客户，还可以通过登录个人网上银行，由个人客户自助签订协议。可进行异地收费。

（三）付款业务

付款业务是企业客户通过网上银行将其款项支付给收款人的一种网络结算方式，一般包括：集团账户间的转账汇款、任意账户间转账汇款、跨行汇款等。

此外，部分商业银行还提供了其他的一些付款功能，如工商银行企业网上银行“证券登记公司资金清算”，实现了证券公司类客户向证券登记公司指定的清算账户进行转账和查询相关信息等功能。

（四）B2B 在线支付

B2B 在线支付是专门为电子商务活动中的卖方和买方提供的安全、快捷、方便的在线支付结算服务。如工行为电子商务支付提供两种支付方式，一种是直接在特约网站为已产生的订单完成支付，另一种是登录工行企业网银后通过电子商务功能将已取得的订单信息手工输入进行支付。

（五）投资理财

投资理财是银行通过提供基金、证券、外汇等系列投资、理财产品，满足不同企业客户进行各种投资需要，实现企业资金保值增值的金融服务。

（六）代理行业务

代理行业务是商业银行专为银行同业客户提供的网上代理签发银行汇票和网上代理汇兑业务。其中，网上代理汇兑是指商业银行通过网上银行接受其他商业银行（被代理行）的委托，为其办理款项汇出和汇入的业务；网上代理签发银行汇票是指其他商业银行（被代理行）使用代理行的银行汇票凭证、汇票专用章和专用机具，通过代理行网上银行为其开户单位或个人签发银行汇票，并由代理行所有通汇网点兑付的行为。主要功能如下：

1. 代签汇票。可提供汇票资金的移存信息录入、指令查询、汇票索押、汇票打印等功能。银行同业客户（即被代理行）使用代理行提供的银行汇票，为其客户签发银行汇票。

2. 代理汇兑。银行同业客户（即被代理行）委托商业银行（代理行）代其进行汇兑支付。

（七）网上信用证

网上信用证业务为企业客户提供了快速办理信用证业务的渠道，实现了通过网络向银行提交进口信用证申请和修改申请、网上自助打印有关信用证申请材料以及网上查询等功能。网上信用证业务能有效提高工作效率，同时也为集团总部查询分支机构的信用证业务情况带来了便利，满足了不同客户财务管理的要求。

（八）票据托管

票据托管实现了集团公司对总部和分支机构所持票据的信息录入、查询以及票据的贴现、质押、转让、托收等功能。

（九）企业年金

网上年金服务为企业年金客户全面掌握本单位、下属单位以及员工的年金相关信息提供了一种简单方便的渠道。客户通过登录企业网上银行，即可实现查询个人基本信息、个人账户信息、企业账户信息等多种功能。

（十）集团理财

集团理财是通过网上银行为集团客户提供的集团内部资金上收、下拨与平调等业务。集团理财以及由此延伸的网上现金管理能有效帮助大型企业集团实现由高负债、高费用、高成本的粗放型经营管理模式向低负债、低费用、低成本的集约型管理模式转变，特别适合于在全国范围内经营的企业集团客户，并已经在众多的集团客户中得到了广泛应用。

随着市场上企业网上银行产品的高度同质化，众多商业银行逐渐把差异化的方向放在高端企业用户身上，满足不同需求，积极开展资产管理业务，特别是国际理财产品、全球账户管理、全球范围的支付结算等企业网上银行的产品创新，以进一步增强高端客户对银行的忠诚度。

二、银企互联产品功能

为了满足企业高端客户对网上银行提出的个性化需求，进一步推进网上银行业务向纵深方向发展，各商业银行纷纷推出了网上银企互联产品。

银企互联的实质和核心是通过企业网上银行系统和企业客户的财务软件系统或ERP系统的有机互联，在整合银企双方系统资源的基础上，实现对企业网上银行产品功能的深度挖掘，满足企业客户对资金的集中管理需求。其表现方式则是通过“接口”形式的连接，方便企业客户调用银行提供的相关交易接口完成交易，直接在企业财务系统中享受银行账户信息查询、下载、转账支付和资金管理等服务，并可由客户根据需要自行在其财务系统中定制更多的个性化功能。

银企互联可以实现的主要功能与企业网上银行类似，主要包括账户管理、收款业务、付款业务、代理行业务、票据托管业务、电子商务在线支付等。

银企互联作为企业网上银行的高端产品，其与企业网上银行的主要区别在于以下两个方面：一是在使用方式上，企业网上银行客户通过银行提供的界面使用各种产品，客户对页面布局、菜单布局均不能修改；而银行互联客户通过企业的财务系统或ERP系统，可自行定义界面，自己设计菜单，同时可以开发更加个性化的功能。二是在与企业财务系统的相互关系上，一般企业网上银行与企业财务系统是两个互不关联的系统，信息不同步，而银企互联则实现了银企账务信息的同步更新，以及银行账务与企业财务的自动对账，极大地满足了企业个性化需求，这是银企互联最为突出的特点，也是广大集团客户不断应用银企互联产品的根本原因所在。

随着银行业综合化经营的逐步实现，以网络为平台的网上银行将成为今后银行产品功能创新的重要渠道，包括综合授信、金融咨询以及由专业理财顾问提供的基金、证券、保险等理财套餐在内的各种网上银行的产品创新将逐步成为主流，网上银行的产品优势和服务优势也将得到更大程度的展现。

三、企业网上银行代表性业务操作流程

目前，我国大多数商业银行推出了企业网上银行业务，尽管具体业务处理流程各有不同，但在经营理念上还是一脉相承。这里，以中国建设银行企业网上银行为例，简单介绍企业网上银行代表性业务的具体操作流程。

建设银行企业网上银行根据企业客户的不同需求，提供了电子对账版、简版、高级版和VIP版四种服务版本，这里以高级版和VIP版为例进行介绍。

（一）企业网上银行开户流程

1. 开通条件。在中国建设银行任一对公网点开立的结算账户，包括基本账户、一般账户、专用账户、临时账户；同意并与建行签订网上银行企业客户服务协议；拥有必要的上网条件，并达到企业网上银行的硬软件要求；高级版或VIP版客户申请成功后，银行会发给企业客户装有证书的安全设备，并帮助企业客户安装相关的认证软件；集团账户签署多个不同地区的账户时，还需要签署中国建设银行账户归集协议。

2. 开通程序（见图3－6）。

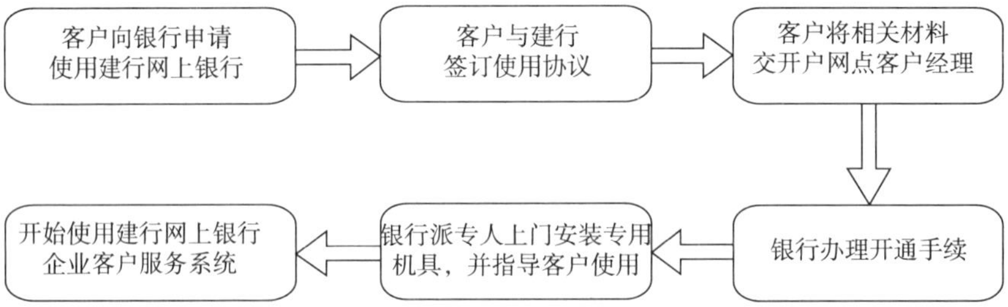

图3－6　企业网上银行开通程序

（二）高级版关键流程设置

1. 流程设置。

（1）设置操作员及其权限。对企业客户的操作员进行分配，设置制单员、复核员、制单/复核员，并对其可操作的账户及权限进行分配。具体设置流程：主管登录系统、点击“管理设置”，点击“操作员管理”，点击“新增操作员”，选择“卡号”和“操作员角色”，输入基本信息、预设登录密码和交易密码，选择该操作员对应的账户名称和交易权限，输入主管交易密码，点击“确定”即可。

（2）设置转账流程。对所有需要通过网上银行进行对外付款操作的账户，必须预先进行转账流程的设置。之后，企业的不同财务人员可分别持自己对应的操作员安全密码（如主管、制单员、复核员、制单/复核），登录建行网上银行系统，依据各自的权限使用网上B2B业务功能。具体的设置流程：主管登录系统，点击“管理设置”，点击“转账流程管理”，选择账户，输入流程金额、用途和交易密码后，点击“确定”，选择操作员，添加完毕后，点击“选定一级复核员”。同上步骤选择二级复核员，如为最后一级，点击“结束定制”，完成转账流程定制。

（3）设置代发代扣流程。代发代扣流程管理是指主管对本企业代发代扣业务进行的流程管理。一个企业拥有多个代发账户，可以按账户分别设置代发代扣流程，同一账户也可设置多个代发流程。一旦设置了流程，该账户代发代扣操作均按流程设定的人员进行。具体的设置流程：主管登录系统，点击“代发代扣”，点击“代发代扣流程管理”，选择“代发流程”或“代扣流程”，选择账户，输入流程金额和交易密码后点击“确定”，选择操作员，添加完毕后点击“选定制单员”。按以上步骤选定“一级复核员”，点击“结束定制”，出现成功定制画面后，点击“返回”。

2. 账户信息查询。网上B2B业务功能查询，可以分为账户信息查询、交易流水查询、不确定交易查询、定时信息查询、异步查询、电子回单查询以及次日余额更新等七个部分。常用的操作流程有：

（1）余额查询。点击“查询”菜单，点击“账户信息查询”，选择要查询余额的账户名称，点击“余额查询”，显示账户余额、币种、按币种分类的多账户合计余额等信息。在签约或授权账户过多的情况下，也可以按账户名、账户以及账户类别等对符合查询条件的账户进行模糊查询。

（2）明细查询。点击“查询”菜单，点击“账户信息查询”，点击“账号”，输入查询的起止日期，并选择明细查询方式（页面显示方式和文件下载方式），点击“查询”后显示基本信息和明细查询结果。在交易明细查询中，如果是网银客户间的转账，对方户名和对方账号都可以显示；如果不是通过网银方式的转账，则对方信息的显示取决于从银行主机截取到的信息。

（3）交易流水查询。点击“查询”菜单，点击“交易流水查询”，客户可根据需要输入制单起止日期、交易金额、凭证号以及付款账户等查询条件，点击“确定”后，显示所需的交易流水。

3. 资金划转。网上银行转账功能，可以分为单笔付款、批量付款、批量收款、主动收款、倒进账、网上缴费等几个部分。常用的操作流程有：

（1）单笔付款。制单员登录系统，点击“制单”，系统提供了快速制单和自由制单两种方式。如选择“快速制单”，则选择付款账号，点击“签约及授权账户”后在约定账户中选定账号，输入金额、用途后确定；如选择“自由制单”，选择付款账号，如果收款单位为建行则直接选择收款单位所在地，输入账号、用途、金额，如收款单位为他行，必须输入收款单位全称及账号、收款人银行信息、金额、用途。最后输入交易密码后确定。复核员复核时点击“复核”，点击“付款复核”，选择单位名称，复核通过，输入交易密码后确定，完成单笔付款流程。

（2）批量付款。制单员登录系统，点击“制单”，点击“批量付款”，在浏览中选择相应批量制单文件后点击“打开”，输入金额、用途、交易密码，提交复核员复核。复核员进入付款复核界面，点击“批量复核发送”，选中所需复核的单位，点击“复核通过”确定，输入交易密码，复核完成。

（3）批量收款。制单员登录系统，点击“制单”，选择“批量收款”，选择收款账号、收款条件，输入金额、交易密码，提交复核员复核。复核员登录复核界面，点击“复核”中的“批量收款复核”，选定所需复核的批次凭证号，复核完成，点击“复核通过”，输入交易密码，完成复核。

4. 全国代发代扣。客户将多条转账指令制作成网银所要求的格式文件，通过代发代扣界面递交此文件，审核通过后该文件发送到银行主机系统进行处理。常用操作流程如下：

（1）单笔代发代扣。制单员登录系统，选择代发（代扣）制单，如为单笔代发，选择项目名称和用途名称后提交，输入收款人姓名、储蓄账号、金额，输入交易密码，提交复核；如为单笔代扣，选择项目名称、用途名称，输入付款人姓名、储蓄账号、金额，输入交易密码后提交复核员复核。复核员进入代发代扣复核界面，选择待复核的记录进行复核，复核后输入交易密码，点击“确定”，完成复核。

（2）批量代发代扣。制单员登录系统，选择代发（代扣）制单，选择批量代发或批量代扣功能，选择批量代发或代扣的项目名称和用途名称，浏览选择需要上传的代发（代扣）文件，输入交易密码后确定提交，点击“查看明细”核对无误后输入交易密码提交复核员复核。复核员进入代发代扣中的代发复核或代扣复核界面，选择要复核的记录查看明细，进行复核，复核后输入交易密码，最后提交复核单据。

5. 其他。

（1）电子对账服务。网银电子对账服务是指以网上银行服务系统和证书验证体系为依托，架设网银电子对账平台，为客户提供对账单下载、对账结果回签、错账申诉等网上服务，包括对账单查询、副本账查询、对账单回签、对账结果查询、服务管理等功能。

（2）公积金业务。企业客户网上公积金业务，企业客户只要通过因特网登录建行网上银行服务系统，便可进行每月职工公积金的网上缴纳等公积金业务。

（3）全国账户资金归集业务。网上银行账户归集业务是指将客户在全国各地建行开立的账户，在网银系统中，归集到总公司名下，从而使总公司可以在网上银行系统中直接操作全国各地的账户。通过总公司适当的权限分配，各地分公司也可以在网上银行系统中操作当地账户。客户利用该服务可以实现资金汇划、账户查询、资金集中管理等功能。

（4）B2B 网上支付业务。B2B 网上支付业务是指向企业对企业模式的电子商务提供网上资金实时结算的金融服务业务。

（5）集团客户服务。集团客户服务主要服务内容是指集团理财和集团账户。集团理财是通过网上银行为客户设置虚拟账户，适用集团客户母公司或者总公司为集团客户内部和分公司提供结算服务，并控制其子账户和分账户的资金限额和权限，达到既可以有效地调拨和监控下属公司的资金划拨和应用，又可以满足各分支机构之间的资金相互拆借。集团账户是通过网上银行将客户在建行开立的所有实体账户进行关联，并进行分组管理，该服务下的所有二级实体账户余额为向总公司划转与支用的发生额的轧差数字，一级账户的实际余额为各二级账户上划的实际资金的合计数字，二级账户在柜台或其他渠道转入的资金，将实时划转到一级账户下。网上银行利用这种关系，为客户提供了多区账户的实时资金归集和调拨管理，并有效地控制了二级实体账户的使用额度和上存额度的功能，达到了总公司或母公司高度控制下属机构资金调拨的功能。

（6）事务通知服务。事务通知服务是指企业操作员可在企业内部互相发送事务性的信息，达到信息通知、共享的目的，包括事务信息设置、事务信息发送、事务信息管理等功能。

（7）公务卡业务。公务卡业务是指为特定财政客户提供用于各财政下属单位支用和报销正常费用的功能。

（8）企业年金服务。企业年金服务是指为客户提供利用互联网查询其名下个人和企业汇总缴纳的企业年金余额、明细情况。

（9）理财服务。理财服务是指主要包括企业第三方存管业务、企业网上基金买卖等服务。

（10）国际业务服务。国际业务服务是指通过企业网上银行，向具有外贸资质的企业提供进口信用证的开证申请服务。

VIP 版除了拥有高级版的服务功能外，还拥有自身的特色功能，如多账户余额查询、次日余额更新、异步查询——定时余额查询、异步查询——批量明细下载、异步查询——设定任务维护、按条件批量收款和超常跟单功能等。

（三）重要客户服务系统

重要客户服务系统是中国建设银行为VIP企业客户提供的信息直通车，主要包括现金管理、银关通、中央财政授权支付、中央财政非税收收入收缴、中央财政公务卡报销、中央财政专项资金监控、银企转账、期货信息报送、非上市股份公司资金结算等产品，为集团公司、跨国公司、金融同业、政府机构等大型客户提供灵活多样的个性化电子银行服务。

1. 服务功能。

◆ 客户信息管理功能，包括开销户、资料变更、挂失等子功能；

◆ 资金实时划转功能，包括主动付款、主动收款、第三方划款、向他行付款等子功能；

◆ 账户信息查询功能，包括余额查询、当日明细查询、历史余额查询、历史明细查询等子功能；

◆ 代理业务功能，包括代理业务签约、代理资金存管、代理资金结算等子功能；

◆ 报表统计功能，包括行内管理数据的统计与输出、客户信息的统计与输出等子功能；

◆ 系统监控功能，包括系统运行情况监控、客户交易情况监控、系统异常情况的监控与处理等子功能；

◆ 对账处理功能，包括重要客户服务系统与客户系统之间的对账等功能；

◆ 清算处理功能，包括银行与客户之间的资金清算等功能。

2. 主要产品。

（1）集团现金管理产品。重要客户服务系统为大客户提供收付款结算、流动性管理、账户信息报告服务、本外币代发代扣、票据保管以及相关短期融资安排的综合性金融产品。该产品主要功能如下：

◆ 资金实时划转。为客户提供主动付款、主动收款、委托收款、预约收款、第三方划款、向他行付款等服务。

◆ 账户信息查询。为客户提供总公司及下属机构账户信息查询服务，包括余额查询、当日明细查询、历史余额查询、历史明细查询等。

◆ 本外币代发代扣。为客户提供全国范围的、本外币单笔或批量代发代扣服务，并提供结算明细和签约信息查询服务。

◆ 票据委托管理。为客户提供商业汇票委托管理服务，包括票据的存放、提取、贴现、托收、对账、盘查等。客户总部可以实时了解分支机构保管到银行的票据信息，也可以控制票据的提入、提出、贴现和背书。

◆ 集团资金管理。为客户提供集团内部资金归集和下拨、零余额和固定余额资金管理、内部结算和内部计息、集团多级资金管理等服务。

◆ 集团资金托管。为客户提供集团资金托管服务，客户可委托银行实现集团内部基本信息管理、科目凭证报表管理、内部结算、外部结算、预算管理、贷款管理、资金归集和划拨、查询与监控、年结处理。

◆ 外汇汇出汇款。为客户提供建行系统内及境内外其他银行外汇汇款服务。

◆ 多币种服务。为客户提供人民币、美元、欧元、港元、日元等多币种的查询、转账、归集和下划服务。

集团现金管理产品针对不同类型客户的需求，为客户提供了以下特色的服务：

◆ 财务公司资金管理服务。财务公司资金管理服务针对财务公司这类客户的特点量身定制，为财务公司提供优质高效的资金结算服务。本业务为客户提供了下列服务：代理财务公司内部成员单位对外的资金结算；成员单位在财务公司内部管理账户信息；可进行电子对账，提供内、外部交易明细查询；可进行银行结算账户实时余额、历史余额查询。

◆ 集团资金管控服务。集团资金管控服务是采用收支两条线的管理模式，实现对大型集团公司收入账户资金的快速归集、对支出账户实施额度范围内的按需划拨。它可以加强集团公司内部资金的精细化管理，提高其内部资金运作效率，并对其下属机构的资金交易进行有效控制。本业务为客户提供了下列服务：账户管理服务：在集团公司内部实行收支两条线管理模式；资金归集服务：提供承办单位自主归集或银行定期自动归集集团内部资金；资金支付服务：对集团内部资金支出进行管控，采取“先请领资金，后对外支付”的清算方式；现金池额度管理：集团内部各个账户的对外支出，统一通过现金池可支用额度进行管理；对外结算服务：支持集团下属企业通过本级对外结算户办理对外收、付款结算业务的正常支付。

◆ 集团综合资金托管平台。集团综合资金托管平台是建设银行针对集团结算中心、集团财务公司等国内集团性企业资金管理特点，同时借鉴国外先进的集团资金管理经验而开发的集团综合资金管理产品。该产品通过全面整合集团内结算、银行资金汇划及监控、拆借、融资、预算等各业务条线，紧密结合建设银行的产品、服务和支持，加强集团性企业对集团资金的整体调控能力，降低集团资金运作成本，有效控制财务风险，促进集团内成员企业协同发展，从而极大提升集团性企业的整体竞争力。

◆ 汽车金融资金管理服务。建设银行为适应汽车金融公司市场要求，在重要客户服务系统上开发了汽车金融公司资金管理业务，为汽车金融公司提供优质高效的资金结算服务。

◆ 集团多级账户查询服务。集团多级账户查询服务主要指在客户签约使用建设银行的集团账户管理功能后，通过接入重要客户服务系统实现对集团客户内部多级账户的余额、交易明细以及账户额度的查询。

◆ 集团多级授权管理服务。集团多级授权管理服务是指客户可通过建设银行重要客户服务系统设置多层次的权限，包括查询权限、一般业务操作权限、重要业务操作权限、管理员权限等，对集团内部资金调度进行权限控制管理的服务，满足了集团内部资金调度多级授权管理的需要。

◆ 销售资金管理服务。销售资金管理服务是针对在全国各地遍布众多销售网络，对销售货款回笼及客户订货信息要求高的大型销售企业，开发并实现在单一账户下资金实时回笼、客户订货信息报告等服务。

◆ 账户信息主动通知服务。账务信息主动通知服务是客户总部利用重要客户服务系统，对集团内部数千个账户余额信息变动及时了解的服务。

（2）政府机构产品。重要客户服务系统为财政、海关、证券、期货类客户及相关单位提供资金管理、账户监控、信息报告、代发工资等综合性金融产品。

◆ 代理中央财政授权支付业务。代理中央财政授权支付业务是指建设银行根据财政部“财政资金统一管理，用款单位逐笔申报，账户零余额管理”的要求，办理国库资金的拨付业务。

◆ 代理中央财政非税收入收缴业务。

◆ 财政预算单位公务卡业务。

◆ 银关通业务。

◆ 银关通电子保函业务。

◆ 银企转账业务。

◆ 非上市股份有限公司股份报价转让资金结算业务。

◆ 中央财政专项资金监控业务。中央财政专项资金监控是指建设银行根据财政部的要求，及时上报中央财政专项拨付资金的具体使用情况。本业务主要上报中央财政专项拨付资金的使用，监控财政单位资金使用情况，为规范专项拨付资金的使用提供依据。

第四节 农村合作金融机构网上银行系统

由于不同地方的农村合作金融机构发展步伐的差异性，彼此之间信息化程度差距较大，网上银行的发展和完善也存在着很大的不同。这里仅以北京农商银行、江苏省农村信用社联合社的网上银行为例介绍农村合作机构的网上银行发展情况。

一、北京农商银行网上银行系统

2007 年 5 月，北京农商银行 金凤凰网银正式上线启动，标志着该行已基本形成网上银行、电话银行、手机银行、自助银行等多维一体的现代电子银行服务体系。北京农商银行推出的金凤凰网银在服务功能、支持“三农”和网银安全等方面实现了国内同业的“五个第一”：全国农信系统第一家获得银监会正式批准开办的网上银行；第一家为农民提供自助金融服务的网上银行；第一家实现个人客户与企业客户共享安全机制与功能平台的网上银行；第一家使用指纹识别加数字证书技术进行客户身份识别的网上银行；第一家为客户提供自助设置个性化首页和常用功能快速通道服务的网上银行。

北京农商银行网上银行系统分为个人网银和企业网银。

（一）个人网银系统

北京农商银行金凤凰网银个人客户分为手机动态密码认证客户和证书认证客户。手机动态密码认证客户是指在网上交易时不使用证书认证方式，而是由系统向事先绑定的手机发送 6 位验证码，在交易确认页面需要同时输入正确的交易密码和验证码，交易方可成功。手机动态密码认证客户所能使用的功能与证书认证客户相同，但转账支付有额度限制，单笔转账支付限额为 1 000 元，当日累计限额为 5 000 元。当需要安全级别更高、支付额度不受低额限制的网上银行服务时，则须在柜面购买金凤凰 eKey，并签约注册为金凤凰网银证书认证客户。

证书认证客户的申办流程：客户需携带有效身份证件和注册所需的卡/折到北京农商银行任一营业网点办理签约手续，准确填写北京农商银行电子银行个人客户注册申请表，认真阅读北京农商银行电子银行个人客户服务协议，取得金凤凰 eKey 及密码信封，凭密码信封中的下载码自行下载证书，完成服务开通。手机动态密码认证客户申办流程：客户需携带有效身份证件和注册所需的卡/折到北京农商银行任一营业网点办理签约手续，准确填写北京农商银行电子银行个人客户注册申请表，认真阅读北京农商银行电子银行个人客户服务协议，完成服务开通。

北京农商银行的个人网银系统向个人客户提供的网上服务功能主要有转账支付、预约、电子回单、电子工资单查询、网上支付、短信通知服务。

1. 转账支付功能。金凤凰网银的转账支付功能包括单笔转账、批量转账、批量转账查询、工行直联转账、常用收款账号维护。

（1）单笔转账：包括行内转账、同城他行转账、异地他行转账三种转账类型，客户可根据需要进行选择。其处理流程如下：登录金凤凰网银，进入“转账支付→单笔转账”，选择转账类型（行内转账、同城他行转账和异地他行转账）后选择付款账号，输入收款账号、收款人姓名，或者点击“常用收款人”选择已经保存的常用收款人信息；选择收款账户开户行信息后输入付款金额；选择汇款方式（普通或加急方式，二者结算手续费收费标准不同。2 万元以下或 2 万元的汇款可选择普通或加急，若汇款金额超过 2 万元，系统默认为加急的汇款方式）。如果输入的收款行是中国工商银行，在汇款方式中将会出现“工行直联转账”方式供选择，选择工行直联转账方式可享受优惠费率；选择或手工输入转账汇款用途及转账附言，点击“确定”；确认输入信息无误后输入网上银行交易密码，完成转账。流程如图 3－7 所示。

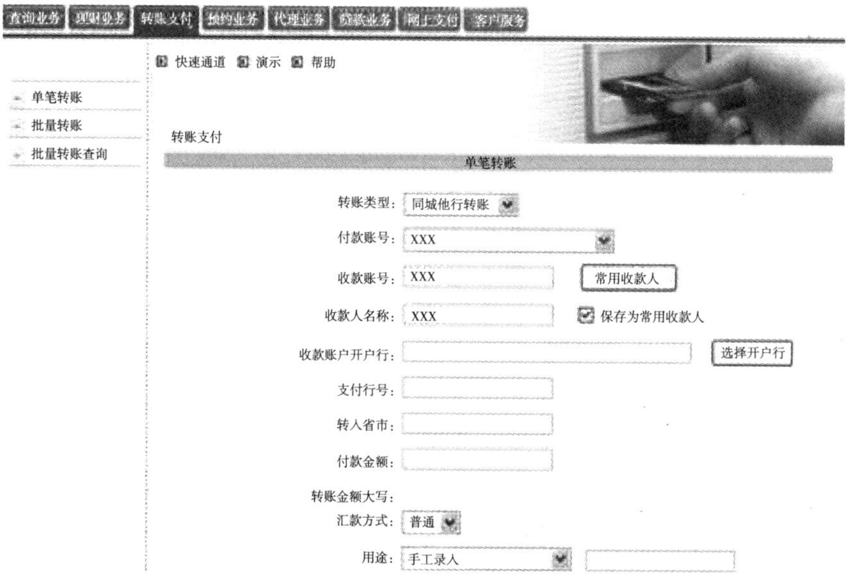

（a）

图 3－7　单笔转账流程图

（b）

（c）

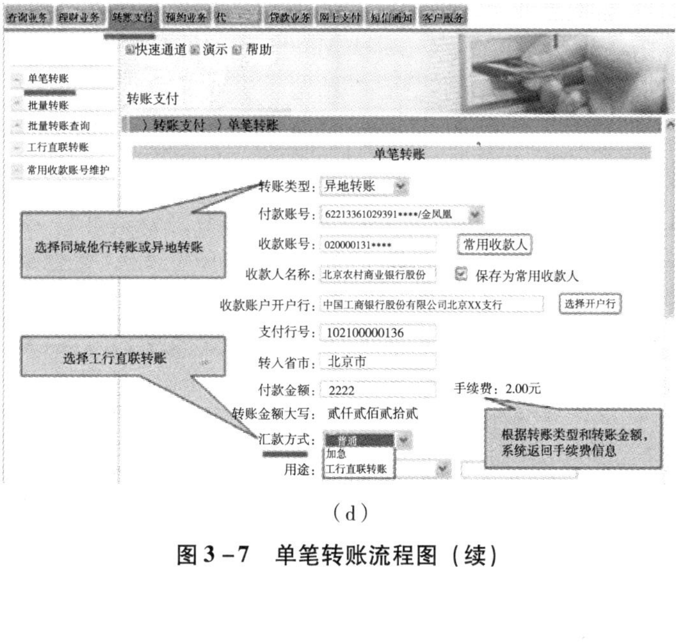

（d）

图3－7　单笔转账流程图（续）

（2）批量转账：客户可以通过下载“金凤凰财务管家离线客户端系统”来完成批量转账的录入，并上传批量文件，一次性完成多笔转账。其操作流程如下：登录金凤凰网银，在“下载服务”中下载“金凤凰财务管家离线客户端系统”并保存；使用“金凤凰财务管家离线客户端系统”的“批量转账”功能编辑制作批量转账文件并保存；登录金凤凰网银，选择“转账支付→批量转账”，输入总金额、总笔数，点击“浏览”上传制作好的批量转账文件；确认总金额、总笔数填写正确后点击“确定”，输入网上银行交易密码完成批量转账。

（3）批量转账查询：查询客户已提交过的批量转账交易的处理状态及详细信息。其操作流程：登录金凤凰网银，选择“转账支付→批量转账查询”；选择批量转账的起始时间，查询该时间段内所提交的批量转账交易处理状态及详细信息。

（4）工行直联转账：可7×24小时办理向全国工行所有网点的转账汇款业务。其操作流程：登录金凤凰网银，在“转账支付”——“工行直联转账”功能下，选择“同城他行转账”或“异地转账”的转账类型；输入交易密码或手机验证码后点击“确定”，完成转账汇款。

（5）常用收款账号维护：可自动保存转账收款账户信息，并进行修改删除等维护。其操作流程：登录金凤凰网银，选择“转账支付→常用收款账号维护”；选择需要修改或删除的常用收款账号，点击“确定”进行相应的账号信息修改或删除常用收款账号信息。

2. 预约业务。客户可以根据需要定制单次预约、周期预约转账计划，系统将按客户制订的计划，自动完成转账。金凤凰网银提供转账预约、取消转账预约、查询转账预约和大额取现预约等多项功能。

（1）转账预约：此功能提供了行内、同城他行、异地他行的转账业务的单次预约和周期预约定制。其操作流程：登录金凤凰网银，选择“预约业务→转账预约”进入转账预约界面选择转账类型（包括行内转账、同城他行转账和异地他行转账），并按需要选择“单次预约”或“周期预约”，选择单次预约转账的日期或周期预约的频率，输入收款账号、收款人姓名、付款金额等信息，并预留手机号码，以便在预约处理失败时系统会发送短信及时通知客户，信息确认无误后完成转账预约。

（2）取消转账预约：可以取消所有已定制但系统尚未处理的单次预约业务及所有未执行的周期性预约业务。其操作流程：登录金凤凰网银，选择“预约业务→取消转账预约”，选择需要取消的转账预约计划并确定。

（3）查询转账预约：可以查询到所有已经定制或已经取消的所有预约业务信息。其操作流程：登录金凤凰网银，选择“预约业务→查询转账预约”，查询所有已设置或已取消的转账预约信息。

（4）大额取现预约：可进行5万元以上大额现金取款的预约申请，预约取现申请处理完后系统会自动发送短信到客户的注册手机通知客户具体的取现时间。其操作流程：登录金凤凰网银，选择“预约业务→大额取现预约”，输入预约取现金额、联系方式等信息后确认提交。

3. 电子回单业务。电子回单业务是客户在网上银行成功提交转账、汇款、缴费等交易或通过网银系统收到款项，没有时间到银行拿取回单时，可预先以电子化方式查询、验证、下载及打印网上交易回单的功能。

（1）电子回单查询操作流程：登录网上银行，选择“查询业务→电子回单→电子回单查询”，进入查询页面；选择输入账号、交易类型、电子回单类型、电子回单状态、起始日期、终止日期等内容，点击“确定”后查询指定范围的交易信息，并对应有红色的回单链接；点击某一“回单”链接，显示出相应的回单信息。

（2）电子回单验证操作流程（网银验证）：登录网上银行，选择“查询业务→电子回单→电子回单验证”，进入验证页面；输入需要验证的电子回单相关电子回单号、指令序号、验证码、转出账号、转入账号、金额等信息后，即可显示出验证结果。

4. 电子工资单查询。电子工资单查询主要提供单位通过企业网上银行办理代发工资业务，并使用金凤凰网银的电子工资单上传功能上传本单位员工工资明细的单位员工查询本人的工资发放明细，包括基本工资、各种补贴、公积金、养老保险等各项明细内容。其操作流程：登录金凤凰网银，选择“查询业务→工资单查询”，选择账号、起始日期后，点击确定，即可显示查询结果。

5. 网上支付。金凤凰网银提供在线网上支付平台，使客户可以轻松便捷地实现网上购物、在线购买机票、考试报名、网上充值等。客户在与北京农商银行特约商户进行商品或服务交易时可以通过金凤凰网银的网上支付功能进行支付、查询或撤单操作。其操作流程（以云网购卡为例）如下：登录云网首页，选择“通讯无限”，在“选择厂商”下拉菜单中选择购卡种类（如神州行充值卡），确认“商品面值”后，点击“购买”；客户可以选择注册成为云网的会员，每次简单填写会员信息即可购买，也可以选择在“非会员购买区”填写相关内容购买卡片；在付款方式中选择“北京农商银行”，点击“提交订单”；确认订单信息无误后，网银证书认证客户务必插入金凤凰 eKey，点击“付款→北京农商银行”，选择网银证书，确定后输入金凤凰 eKey 密码；在弹出页面中确认付款金额，并点击“登录网上银行”；依次输入网银用户名、密码和验证码；网银系统将在支付前请客户再次确认付款金额；确认无误后，输入网银交易密码，确定后页面显示支付成功；点击“确定”后网页自动跳转到云网实时提货页面，直接按照网页上所示的密码为手机充值即可。对于尚未支付的订单可登录金凤凰网银，点击“网上支付→支付”，选择起始和结束日期，点击“确定”，系统会显示出等待支付的订单信息，进行支付。对于尚未支付的订单可通过“撤销订单”进行撤销。通过“支付交易日志查询”可查询到指定时间段所有网上支付操作记录。

6. 短信通知服务。短信通知服务是北京农商银行以手机短信方式为客户提供的一项增值服务，方便客户随时随地了解账户资金变动、账户余额、贷款到期日及新业务等情况。短信通知服务将卡号与客户手机号绑定关联，当卡内账户资金余额发生变动时，系统会向绑定的手机免费发送短信，及时准确地告知交易金额及账户余额情况。该服务允许一个手机号对应多个卡账户，但需分别签约。其操作流程：登录金凤凰网银，选择“客户服务→短信通知”；选择要绑定的卡号和服务类型并确定，若该卡已开通短信通知服务则进入修改/撤销页面，否则进入短信通知注册页面；输入电话号码，选择服务种类。短信通知的服务种类有：余额变动，刷卡消费，ATM 取款，代理业务通知，零存整取漏存通知，贷款到期通知，主动余额查询，主动明细查询，新业务通知；确认信息无误后，输入身份证号、交易密码，并确认完成。

（二）企业网银系统

企业网上银行是北京农商银行专门为企业客户提供的网上服务。企业客户需携带企业经办人有效身份证件原件及客户证书使用人身份证件原件、企业的银行留存印鉴向开户行申请注册网上银行业务，正确填写北京农商银行电子银行企业客户注册申请表及其附表客户证书信息及支付权限设置表，认真阅读并与开户行签订北京农商银行电子银行企业客户服务协议。若企业需要注册成为网上银行集团客户，且需通过网上银行完成对其分支机构账号的查询和转账，集团总部除需在开户网点按照一般企业客户注册的规定完成企业网上银行注册手续之外，还需取得集团各分支机构填写的账户查询、转账授权书，在总部开户行完成加挂分支机构账户的手续。

企业网上银行客户可根据本企业内部管理需要申请多张客户证书，并可对申请的每张客户证书进行操作权限的设置。客户证书操作权限可分为无授权权限和授权权限，企业申请客户证书的张数不同，其证书权限设置也可不同。企业若只需一名人员办理网上银行转账支付等业务可只申请一张证书，证书权限即默认为无授权权限，直接用此证书办理企业网上银行业务。企业若需要申请多张客户证书，证书权限可分别设为无授权权限、一级授权、二级授权和三级授权或设为同级别的授权权限（任一交易同级授权人数最多可设 9 人，各级授权人数不能超过客户在此级别申请的证书数）。企业还可根据需要按金额分段进行支付业务的控制管理，设置支付起始金额，转账支付等需授权的交易将根据企业设定的支付权限通过相应级别授权证书授权后才能实现。

企业网上银行提供的主要功能包括转账支付、代发工资、银企对账、电子回单、交易授权等。

1. 转账支付功能。金凤凰网银的转账支付功能，直接与中国人民银行大额实时支付系统、小额批量支付系统对接，汇款范围覆盖人民银行大小额支付系统的所有银行机构。同时，与中国工商银行系统直接连通，实现了跨行转账汇款业务的 7 × 24 小时全天候服务，网银客户不再受节假日和工作时间的约束限制，可以通过网上银行随时随地向全国工行账户办理转账汇款业务。

企业网银的转账支付功能与个人网银的转账支付功能类似，基本功能和操作流程可以参考上文中个人网银系统的转账支付功能，在这里不再赘述。

2. 代发工资。企业客户可利用金凤凰财务管家模块的“代发工资”功能通过网上银行在线为员工发放工资、奖金、劳务费等款项。操作简便，不受时间制约。用于发放工资的付款账户应为基本存款账户。代发工资功能模块提供了文件上传、网上录入及电子工资单上传三种代发方式和代发工资查询功能。

文件上传方式适合于员工数量较多，人员相对稳定的企业使用。网上录入方式适合发放笔数少，每月工资变动小的企业。电子工资单上传在发放工资的同时上传员工的工资薪酬明细，以便企业员工通过个人网上银行查询薪酬明细。代发工资查询功能在工资发放完后方便客户查询工资的发放情况、成功与否并及时打印工资入户明细清单和处理结果。其操作流程：

（1）文件上传方式：登录门户网站，选择“下载服务”下载“金凤凰财务管家离线客户端系统”并保存，点击进入“金凤凰财务管家离线客户端系统”，在“代发工资”中编辑制作工资文件，点击“增加”，顺序填入姓名、账号、工资金额、摘要等内容。录入完毕“另存为”，自行定义文件名后保存到电脑。如果客户已经用过文件上传方式，生成并保存过代发工资文件，再次使用时可直接点击“打开文件 txt”，将上次的文件直接导入离线客户端中进行编辑；如果客户有自建的工资发放名册，可先将名册修改为与离线客户端中的编辑格式相同，即只保留序号、姓名、账号、工资金额、摘要（可选）几项内容。然后直接点击“打开文件 excel”，将文件直接导入离线客户端中进行编辑。登录金凤凰网银，选择“金凤凰财务管家→代发工资→文件上传方式”，输入总金额、总笔数及摘要，点击“浏览”，将事先通过离线客户端编辑制作好的代发工资文件进行上传。确定总金额、总笔数填写正确，点击“确定”发放工资。

（2）网上录入方式：登录金凤凰网银，选择“金凤凰财务管家→代发工资→网上录入方式”，进行工资名册的增加及维护，点击“增加名册”，增加工资名册信息；选择需要发放的人员，点击“工资发放”；输入总金额、总笔数，点击“确定”发放工资。

（3）电子工资单上传方式：如果客户选择电子工资单上传方式，需先设置工资单模板。登录金凤凰网银，选择“金凤凰财务管家→代发工资→工资单模板设置”，根据企业的实际情况勾选工资薪酬的组成项目，包括收入项目和支出项目，确定工资单模板内容，点击“确定”后，完成工资单模板设置。通过“下载为 excel”将工资单模板保存到客户电脑中。打开保存的工资单模板 excel 文件，根据模板中的明细项录入正确的金额后，点击表格右上方的“转换文本”，将自动保存到 C 盘下，默认名称为 bjrcb_ salary. txt 的电子工资单文件。

上传电子工资单时，登录金凤凰网银，选择“金凤凰财务管家→代发工资→电子工资单上传”，填写总金额、总笔数、摘要，点击“浏览”选择上传的电子工资单文件，确定总金额、总笔数，点击“确定”发放工资并完成薪酬明细的上传。

（4）代发工资查询：登录金凤凰网银，选择“金凤凰财务管家→代发工资→代发工资查询”，选择开始日期、结束日期，点击“确定”，查询指定时间段内的工资发放情况。

3. 银企对账。金凤凰网银的银企对账功能可实现账户余额、交易明细的在线对账和编制余额调节表，自助查询、下载或打印对账单信息，客户可及时了解银行账户资金交易情况，提高对账效率，防范资金风险，具体包括账户明细对账、账户余额对账、账户明细对账查询、历史余额对账查询、余额调节表查询等银企对账功能。其操作流程：

（1）对账提示：已开通企业网银的客户，在对账平台上线后初次登录网银时，系统将自动提示选择账户的对账方式，阅知相关提示后，方可办理其他业务。对账周期一般为一个季度。系统根据登录证书的权限，显示其可操作账号在上一季度末的余额情况，提示客户进行对账。如果客户登录证书下有应操作的、当期未对账的账户，在对账周期内系统将在客户登录网上银行时提示对账。

（2）余额对账：登录金凤凰网银，选择“金凤凰财务管家→银企对账→账户余额对账”，按系统提示进行操作。如果系统提示余额与企业账户余额相符，点击“相符”，系统自动记录对账结果，结束对账；如果系统提示余额与企业账户余额不符，点击“不符?”系统会提示编制余额调节表或进行明细对账。点击“余额调节”，编制余额调节表，画面上方显示客户在该对账周期内的“银行已达、企业未达账项”，企业可根据实际情况，点击“继续增加”，录入银行未达账项，录完后点击“确定”提交，系统自动编制余额调节表。企业可根据系统的“企业银行存款余额”核对本企业账面余额后点击“相符”或“不符”提交，结束对账。系统将自动记录客户的对账结果和余额调节表。已编制的余额调节表，客户可通过“银企对账→余额调节表查询”查询。

（3）账户明细对账：企业进行余额对账或编制余额调节表前，可先进行逐笔的“明细对账”，以备编制余额调节表时使用。系统根据客户输入的时间范围，查询账户的交易明细情况。客户根据本企业账面记录，逐一核对，未勾选中的明细记录，系统默认为“企业未达账项”，勾选完毕后，点击“确定”提交。明细对账的历史情况，客户可通过“银企对账→明细对账查询”查询。

（4）历史余额对账查询：客户完成余额对账后，可通过“历史余额对账查询”查询客户的历史对账情况。

4. 电子回单。企业网银的电子回单业务的功能和操作流程与个人网银的电子回单业务类似，请参考个人网银的电子回单部分，在这里不再赘述。

5. 交易授权。交易授权功能是为保证企业单位的资金安全，企业客户在申请网上银行业务时，可以根据本单位内控管理需要，申请两张以上的客户证书，同时可对每张证书的支付权限进行不同的设置，以方便企业在办理转账支付交易时灵活进行授权，方便财务管理，防范操作风险。交易授权提供单笔授权、批量授权和退回修改三项功能。其操作流程：

（1）单笔授权：持有授权权限证书的企业经办人员登录金凤凰网银，选择“交易授权→单笔授权”进入授权页面，可勾选一笔或多笔交易，点击“审核通过”则授权通过；点击“审核退回”则退回交易录入人员重新进行修改，点击“审核拒绝”则可撤销该项录入的交易。授权人员可以点击交易流水号查看该笔交易的详细信息。对审核退回的交易，该交易的录入人员可以通过“交易授权→退回修改”对该笔交易进行修改后再次提交审核。

（2）批量授权：持有授权权限证书的企业经办人员登录金凤凰网银，选择“交易授权→批量授权”进入授权页面，可勾选一笔或多笔交易，选择审核通过或者审核拒绝。在批量授权中不提供审核退回功能。点击交易流水号可查看该批量交易的详细信息。

（3）退回修改：交易信息录入人员登录金凤凰网银，选择“交易授权→退回修改”进入修改页面，可以勾选一笔或多笔交易，点击“删除”将交易删除；点击流水号可进行修改，修改后再次提交授权人员审核。

二、江苏省农村信用社联合社网上银行系统

江苏省农村信用社网上银行系统是江苏省农村信用社在圆鼎卡基础上发展起来的，主要包括个人网上银行、企业网上银行和银行卡网银三部分。

1. 个人网上银行。江苏省农村信用社个人网上银行是为在本社开立了个人结算账户、一证通、借记卡、贷记卡的个人客户提供7×24小时的网上服务。客户只需以在江苏省农村信用社开立的个人结算账户或借记卡及其密码登记注册，便可以在江苏省农村信用社联合社网上银行申请客户自选的用户名称及密码。一个身份证号只能申请一个网上银行账号，但一个网上银行账号下面可以加挂多个客户名下的银行账号。江苏省农村信用社联合社网上银行提供的服务主要包括账户查询、转账汇款、个人理财、客户服务等。

（1）账户查询：查询网上银行注册账户及下挂账户的基本信息、交易明细、交易日志等各类账务信息的功能。包括账户余额查询（查询网上银行所有注册账户余额）、交易明细查询（查看指定账号的详细交易记录）、网银交易日志查询、个人贷款查询（查询个人在开户联社所开立的所有贷款账户的贷款账号、币种、贷款金额、欠息、借款日、到期日、到期天数、贷款等详细信息）等功能。

（2）转账汇款：向注册账户以外的其他银行账户进行转账汇款的业务。包括行内转账、跨行转账、跨行转账查询（查询5日之内办理的跨行转账交易的详细记录）、定时交易撤销等功能。

（3）基础理财：支持人民币、外币账户的多储种存款服务。包括活期转活期、活期转定期、定期转活期等功能，以上结转都指已注册到网银系统的贷记卡、圆鼎卡、存折、一证通或卡间活期定期账户之间的转账。

（4）快捷菜单：可将使用较频繁的功能定制到网上银行页面左侧的快速通道中，方便快速进入这些功能，一次最多能定制6个栏目。

（5）通知存款：包括活期转通知存款、通知存款支取通知、通知存款支取、通知存款通知取消。

（6）收款人登记簿：收款人登记簿是通讯录，向通讯录中的成员转账汇款时，无须每次都重复输入其户名和账号等信息，简化转账汇款操作。

（7）个人设置：对网上银行注册账户及个人信息进行修改维护，包括关联账户管理、网银密码修改、账户挂失、设置快捷导航、个人信息管理、账户限额设置。

（8）短信服务：银行通过发短信到签约客户的手机的形式来反馈客户所做的一些交易，主要包括短信服务签约、查询短信定制信息、修改短信定制信息、注销短信定制信息。

（9）信用卡：信用卡服务是一组集新办卡、换卡申请、卡片启用、客户卡片资料查询/修改、分期付款等业务于一体的综合性自助服务功能。主要包括账户信息查询、已出账单查询、未出账单查询、信用卡挂失、信用卡激活、自动还款管理、信用卡还款、信用卡转账、可用积分查询、申请进度查询、客户资料维护。

2. 企业网上银行。江苏省农村信用社企业网上银行是针对在本社开立有账户的企业客户提供的网上银行服务。企业客户在开通企业网上银行前，须先仔细阅读江苏省农村

信用社联合社企业网上银行服务条款，同意并签订服务协议后，认真填写江苏省农村信用社联合社企业网上银行注册申请表及相关附表。将申请表和银行需要的其他资料提交开户银行。江苏省农村信用社联合社收到客户签订的网银服务条款及相关申请表格后，经审查符合江苏省农村信用社联合社要求的，三天内客户即可以领取多功能读卡器、网上银行智能卡，开通网上银行服务。

江苏省农村信用社联合社企业网上银行提供的功能主要有：查询服务、交易审核、集团理财、代理行服务、客户服务等功能。

（1）账户查询：查询网上银行注册账户及下挂账户的基本信息、交易明细、交易日志等各类账务信息的功能，可提供全天候账户查询服务，主要包括账户余额查询、交易明细查询、网银交易日志查询、退回交易查询、银企对账、银企对账明细查询、资产负债信息查询、贷款信息查询。

（2）转账付款：是指向注册账户以外的其他银行账户进行转账汇款的业务，主要包括行内转账、跨行转账、批量转账、批量转账查询、跨行转账查询。

（3）代付业务服务：根据企业设定的交易审核规则，审核员完成对转账类交易的审核。主要包括费用报销与预借、文件代发工资、网上代发工资、代发工资查询。

（4）交易授权：根据企业设定的交易审核规则，审核员完成对转账类交易的审核。

（5）大额提现预约管理：此功能用于企业提取大额现金前的预约管理。可添加一条大额提取现金的预约，也可以对已添加的预约进行查询、修改和删除操作。

（6）集团服务：集团服务是江苏省农村信用社联合社通过网上银行为集团客户提供的集团内部资金上划、下拨与平调等业务，主要包括集团资金管理查询、单笔上划（付款账户为集团子公司账户，收款账户为集团母公司账户的资金转账录入）、单笔下拨（付款账户为集团母公司账户，收款账户为集团子公司账户的资金转账录入）、批量划拨（母公司直接将子公司账户上大于指定额度部分的金额批量上划到母公司指定收款账户）、子公司账户查询、内部调拨（集团子公司账户之间的资金互转）。

（7）投资服务：将企业客户在网银注册的一账户活期存款转为另一账户的活期存款。

（8）收款人名册管理：收款人名册是通讯录，向通讯录中的成员转账汇款时，无须每次都重复输入其户名和账号等信息，可以简化转账汇款操作。

（9）企业操作员管理：主要包括操作员查询、密码修改。

农村合作金融机构的网上银行业务较之于大型商业银行来看，在平台和功能上还有很大的差距，随着农村合作金融机构发展步伐的加快，相信这种差距会越来越小。

三、北京农商银行指纹银行系统简介

北京农商银行指纹银行是国内首创的将指纹作为一种新的客户识别及账户准入介质，替代银行卡和存折为客户提供更为方便、便捷的登录方式。客户只需手指一点，通过在自助终端上识别指纹并输入指纹用户号，即可访问事先绑定的账户，输入账户取款密码后即可办理查询、转账、缴费、购卡、预约存取款、小额农户贷款等业务，体验高科技服务的同时，轻松安全地完成业务办理。

1. 产品特点。

（1）不带卡折，凭指纹办业务。注册北京农商银行指纹银行的客户，可以不带银行卡和存折，仅凭绑定的指纹就可以办理查询、个人存取款、缴费、转账汇款、理财等多种银行业务，免去携带多张卡/折、卡/折丢失等烦恼。同时，客户可以名下的一个或多个账户与指纹进行绑定，用指纹管理和使用自己的多个银行账户。

（2）国内首创，安全有保障。北京农商银行的指纹银行业务尚属国内首创。首次将现代生物识别技术——指纹识别运用于自助终端，代替原有的银行卡、银行存折等金融支付载体成为新型账户介质。指纹银行设备采用国际先进的指纹识别系统，误识率只有50万分之一。在采集指纹信息时会要求客户采集两枚指纹，每枚指纹在预留的时候都需要重复输入3次，在指纹银行机上交易时要求客户同时提供指纹信息、指纹用户号及账户的取款密码，最大限度地确保客户的资金安全。

（3）多种登录方式，操作更加人性化。指纹银行新型自助终端中的主要业务均由客户在设备上自助完成，可提供指纹登录、银行卡登录、存折登录、USBKey登录四种准入方式，同时采取全屏触摸及手写输入方式，使用更轻松、操作更加人性化。

适用客户群体：凡是在北京农商银行各营业网点申请注册成为指纹银行的个人客户。

2. 主要功能。

（1）查询/改密。指纹银行提供7×24小时全天候的查询服务，客户可以随时查询公共信息、账户余额、交易明细、开户行信息等，还可通过指纹银行修改查询密码和取款密码。

（2）预约存取款。指纹银行可以提供预约存取款服务，客户只需要在指纹银行机上提前办理预约，就可持预约凭条到北京农商银行网点办理活期存款、整存整取、零存整取、存本取息、定活两便、教育储蓄的存款业务，以及活期存款、整存整取的取款业务，无须携带卡折。

（3）实时缴费。客户可以登录指纹银行选择缴费业务，实时缴纳固定话费、小灵通话费、手机费、电费等多项费用，并打印或补打发票。

（4）转账支付。客户可以通过指纹银行的转账支付功能，方便快捷地向同行账户、同城他行账户、异地他行账户进行资金划转。

（5）活期转定期。客户可以通过指纹银行的活期转定期功能，自助办理活期转整存整取、活期转零存整取、活期转零整续存等理财业务。

（6）医保业务。客户可以通过指纹银行办理医保存折的余额查询、存折补登以及存折密码的修改，还可将医保存折中的资金转入开立在北京农商银行的任意账户中以便集中管理。

（7）小额农贷。农民客户还可通过指纹银行办理农户小额信用贷款，随时进行贷款领用、贷款归还、贷款信息查询和贷款明细查询。

3. 申办流程（见图3-8）。

凡拥有北京农商银行凤凰卡或一本通的客户，均可申请成为指纹银行用户

↓

携带本人有效身份证件及复印件和卡/折到北京农商银行任意一营业网点办理签约手续

↓

仔细阅读北京农商银行指纹银行业务注册（变更、注销）申请表背面的客户服务协议

↓

如实填写北京农商银行指纹银行业务注册（变更、注销）申请表

↓

将申请表格和有效身份证原件及复印件交给营业网点人员

↓

网点工作人员对申请材料进行审核，审核无误后进行开户操作

↓

预留指纹信息，注册完毕

图 3－8　指纹银行用户申办流程

4. 操作指南。

（1）选择登录方式。指纹银行将指纹登录技术与自助终端机相结合，您可以使用在柜台预留的指纹登录，也可以使用北京农商银行银行卡及一本通存折进行登录。此外，如果您是北京农商银行金凤凰网银证书用户，还可以使用金凤凰 eKey 登录来办理相关业务。

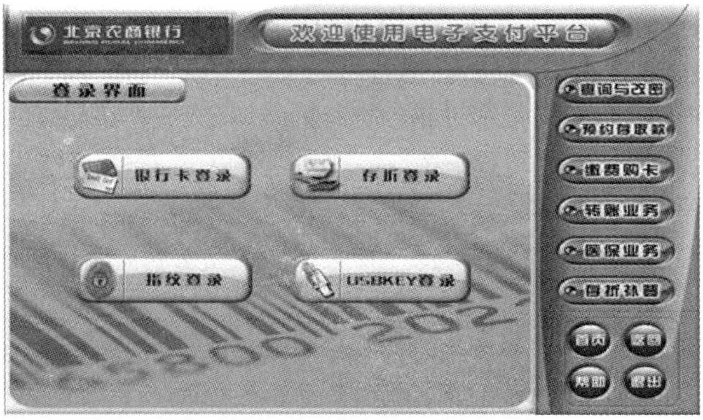

（2）采集指纹。

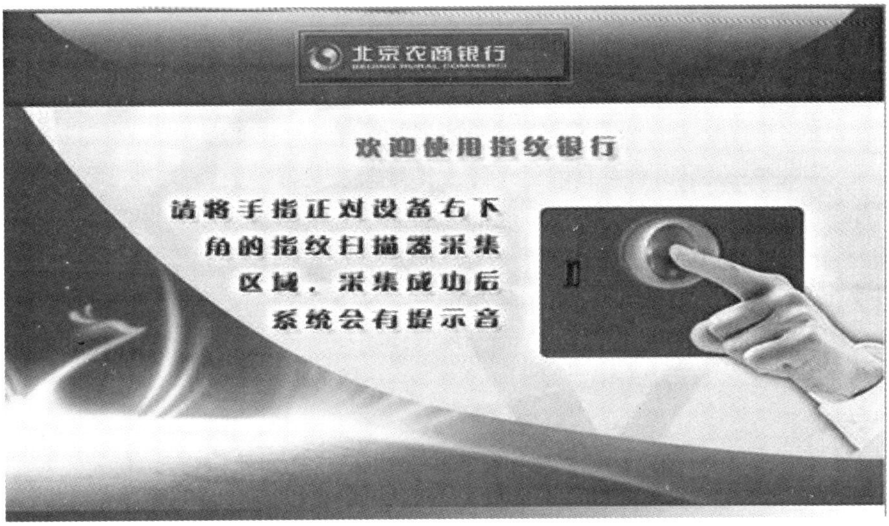

（3）输入指纹用户号。

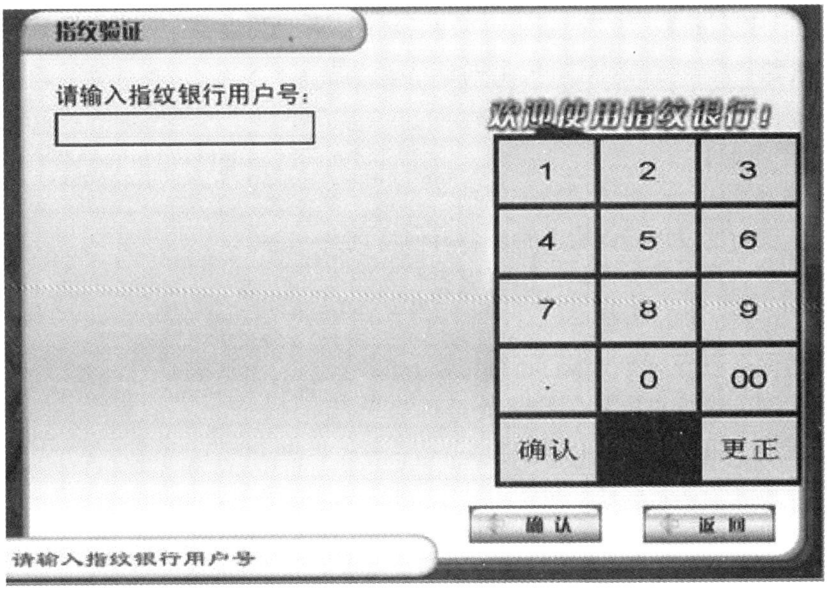

登录完成。

本章小结

网上银行是指以 Internet 为基础平台、能进行零售和批发业务、能提供“三 A”服务、满足个性化需求的商业银行或金融机构。它是随着互联网应用、电子商务和全球金融一体化的快速发展而迅速崛起的，有纯网上银行和混合型两种经营模式，我国只有混合型网上银行。与传统银行相比，网上银行在业务组织方式、经营管理模式、业务种类和资产负债结构等方面都已发生了较大的变化。

网上银行分为个人网上银行和企业网上银行。个人网上银行的功能主要有信息服务、转账支付、网上理财等方面；企业网上银行的功能除了传统的网上账户管理、支付结算之外，还能提供投资理财、集团理财、企业年金等理财产品和增值服务。

农村合作金融机构网上银行起步较晚，但发展迅速，其中以北京农商银行网上银行系统为典型代表，既能提供一般的账号和密码的网上银行，更是提供切合农村储户特点的指纹网上银行服务。

【关键词】

网上银行　个人网上银行　企业网上银行　基本功能　基本流程

【重要概念】

网上银行　纯网上银行　电子商务　分支型网上银行　个人网上银行　个人网上银行转账　个人网上银行汇款　代理行业务　网上代理汇兑　网上代理签发银行汇票　网上银企互联产品

【复习思考题】

1. 简述网上银行与电子银行的区别。
2. 网上银行的发展模式有几种？各有何特点？
3. 网上银行产生和发展的原因有哪些？
4. 网上银行的特征有哪些？
5. 试对网上银行与传统银行进行比较。
6. 个人网上银行的功能有哪些？
7. 企业网上银行的功能有哪些？
8. 试简单介绍北京农商银行金凤凰个人网银的开户条件和功能。
9. 试简单介绍北京农商银行金凤凰企业网银的开户条件和功能。
10. 试简单介绍北京农商银行指纹银行系统。

【参考文献】

[1] 周良楷．农村信用社网络建设实务．北京：国防科技大学出版社，2002.
[2] 帅青红．电子支付结算系统．成都：西南财经大学出版社，2006.
[3] 叶蔚，袁清文．网络金融概论．北京：北京大学出版社，2006.
[4] 张宽海．网上支付与结算．北京：机械工业出版社，2008.
[5] 刘廷焕．金融干部网上银行知识读本．北京：中国金融出版社，2003.

［6］张波，孟祥瑞．网上支付与电子银行．上海：华东理工大学出版社，2007.
［7］张衢．商业银行电子银行业务．北京：中国金融出版社，2007.
［8］辛树森．电子银行．北京：中国金融出版社，2007.
［9］孙森．网络银行．北京：中国金融出版社，2004.
［10］张成虎．网络金融．北京：科学出版社，2005.
［11］杨天翔，邵燕华，薛誉华．网络金融．上海：复旦大学出版社，2006.

第四章　电话银行与手机银行

【本章概要】

电话银行是电话通信和银行业务的结合，手机银行是手机通信与银行业务的结合，前者基于语音，后者基于短信。本章内容包括呼叫中心、电话银行和手机银行三部分。

【要点提示】

1. 呼叫中心的发展、基本构成、与 CRM 的关系和对电子银行的贡献；
2. 电话银行的概念、功能、构成和基本业务流程；
3. 手机银行的概念、功能和基本业务流程。

【本章架构图】

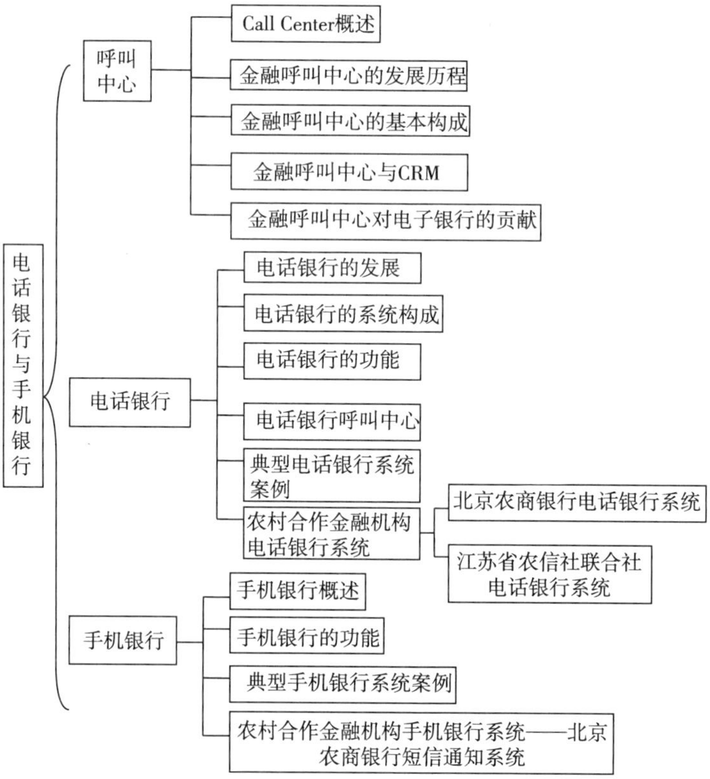

第一节 呼叫中心

随着信息技术和业务的发展，经济的竞争逐渐转变为信息的竞争。金融企业的发展需要满足用户多样化的需求，提供个性化、新型的金融服务。计算机技术、通信技术的日益融合，促进了金融企业服务水平的不断提高，服务方式和服务手段也不断革新。计算机电话集成技术（Computer Telephony Integration，CTI）的迅速发展使 Call Center 的建立、提供个性化服务成为可能。

一、Call Center 概述

1. 概念。

呼叫中心（Call Center）又称为客户服务中心或电话服务中心，是一种新兴的信息服务方式，它基于 CTI 技术，集成融合通信、计算机、多媒体领域等的最新技术和功能，为客户提供多样化、综合性的规范服务，将市场和企业连成一体的、完整的综合信息服务系统。它通过电话系统连接到信息数据库，由计算机语音自动应答设备或人工坐席将用户要检索的信息直接播报给用户。简言之，呼叫中心就是利用当前金融机构最具活力的计算机技术和通信技术提供金融商业服务的系统。

2. 特点。

（1）专业化、标准化服务。呼叫中心一般采用呼叫引导和呼叫提示功能，使特定需求的客户被引导到自动语音服务，或者最适合应答此类需要的业务代表或专家坐席，从而得到符合业务标准的专业化服务。

（2）实时服务。打破了时间、空间的限制，通过呼叫中心提供交互式服务，客户可以随时随地通过语音或人工服务获取所需信息。

（3）提高了工作效率，减少了成本。采用智能化呼叫分配（ACD），根据坐席员的忙闲程度、坐席员的技能水平，主叫用户的所在区域及号码等条件进行来话分配，有效地提高了电话系统的利用率。呼叫中心实现了语音与资料的同步传输，用户通过语音提示即可获取数据库中的资料。这些都大大提高了业务处理的效率，降低了成本。

（4）个性化服务。当电话呼入时，Call Center 将客户的账号数据和相关信息同步地显示在屏幕上；业务员即使面对大量客户，也能迅速知道来话客户的身份和资料，从而依据客户特性提供符合需求的服务，这大大改善了服务质量和服务效率。

（5）集成了多种金融服务方式。现代呼叫中心将银行为客户提供的各种服务方式，如电话、计算机、SMS 等服务渠道进行集成，在方便银行对客户交易数据分析和管理的同时，也方便了客户，为客户提供了多渠道服务方式。

3. 分类。

（1）基于不同技术基础，可分为基于交换机的呼叫中心和基于板卡的呼叫中心。

基于交换机的呼叫中心主要由专业的电话交换机（PBX）、CTI 服务器、IVR 服务器等连接组成。其处理能力较大，功能齐全，性能稳定，适于构建规模超过 100 个坐席以上、较大的呼叫中心系统，但同时成本也较高，一般的企业无法承担。

基于板卡的呼叫中心由系统集成商按客户的具体需求，将不同厂家的板卡集成到一个系统中，以实现计算机通过语音处理板卡，完成对用户呼叫的控制。其成本低廉、设计灵活，但一般不具备强大的交换处理能力，功能专用，适用于中小企业。

(2) 根据设立的规模大小，可分为大型呼叫中心、中型呼叫中心和小型呼叫中心。

大型呼叫中心构建规模超过100名坐席代表，配置庞大且投资高。大型呼叫中心需要有足够容量的大型交换机、自动呼叫分配器、自动语音应答系统、CTI系统、呼叫管理系统、业务处理系统、统计分析系统、内部管理系统、业务代表坐席和终端、资料仓库或数据库、通信系统等。

中型呼叫中心构建规模在50～100名坐席代表之间。它省掉了大型交换机的投资，利用适度规模的PBX和CTI服务器与业务代表坐席直接相连，业务代表坐席同时与存储大量客户资料的应用服务器相连，可实时地在计算机屏幕上弹出接入电话的客户信息。中型呼叫中心结构相对简单、投资较少，易被中小企业接受。目前我国的一些公司呼叫系统多数为此种类型。

小型呼叫中心构建规模在50名坐席代表以下，其结构类似于中型，但硬件配置低于中型系统，主要适合于业务量不太大的中小型企业。这种结构要注意系统的可扩展性，否则，随着业务量的迅速增加，易造成投资的报废损失。

(3) 根据构建模式可分为外包型呼叫中心和独建型呼叫中心。

外包型呼叫中心是一个独立的呼叫中心运营商，运营规模较大，可以接受不同企业的业务委托并按照不同企业的需求开展呼叫服务。这样企业无须进行任何投资，只需将信息提供给呼叫中心运营商并付费即可实现专业服务，成本低廉。

独建型呼叫中心是由各个行业根据自己的行业特征和实际需要，自己购进设备、开发软件、培养人员创建的呼叫中心。呼叫中心属于企业的一个部门。独建呼叫中心具有较好的灵活性、主动性，有利于企业对客户信息进行归集整理和分析利用。

(4) 按功能可分为营销型呼叫中心、服务型呼叫中心和综合型呼叫中心。

营销型呼叫中心主要从事呼出业务，推销本企业产品，并将各类反馈信息详细地记录于计算机中。营销型呼叫中心可以为本企业创造直接经济效益，但要求坐席代表具有较高的专业水平和营销技巧。

服务型呼叫中心主要从事呼入业务，负责解答客户咨询，受理客户投诉，帮助客户解决疑难问题。服务型呼叫中心可以提供完善的售后服务，为企业树立良好的形象。

综合型呼叫中心，业务较为完整，呼入和呼出并存，在为客户提供最优售后服务的同时，积极寻找客户和维系客户，根据用户需求设计本企业呼叫中心业务，为用户提供大量、准确、及时的信息服务并收取相应费用。综合型呼叫中心可以提高企业整体经营水平、实现经济效益。

二、金融呼叫中心的发展历程

据有关资料，呼叫中心可以追溯到20世纪30年代民航业的热线电话。20世纪80

年代，欧美等国的电信、航空、金融等企业为密切与用户的联系，利用计算机、电话成立了呼叫中心（Call Center）。但当时的呼叫中心技术复杂、结构庞大、成本高昂。随着信息技术的高速发展，CTI 技术日渐成熟，呼叫中心成本迅速下降。20 世纪 90 年代，呼叫中心悄然兴起。如今呼叫中心已成为各行各业公司为客户提供服务的重要方式。其发展大约可分为四个阶段：

1. 人工应答阶段。电话服务时期。Call Center 主要有电话系统、公共电话交换网、业务系统、工作站、资料网组成。当客户需要帮助时，拨通特定点服务号码，通过交换机连接到坐席电话上，坐席代表除了接收和转接电话外，没有其他的辅助工具进行服务。

2. 人工应答兼语音自动阶段。Call Center 将电话与数据库结合起来，将用户的信息存入数据库，开始建立起交互式的语音应答系统（IVR），这个系统可以把大部分常见问题的应答交由机器来完成。当客户拨通电话后，可选择人工或自动语音服务，如果选择语音服务，客户可按语音提示操作，选择有关服务后，系统从后台业务主机取回相应资料并转换成语音播报给用户。该模式下不同客户遇到的都是同样的处理流程，难以满足客户“个性化”的服务需求。

3. 基于 CTI 技术的服务阶段。此服务阶段与前两个阶段的主要区别是 CTI 技术的应用。CTI 技术的应用使一种新型的客户服务中心应运而生。CTI 技术实现了语音与数据的同步。客户在自动语音应答系统的帮助下，选择自动或人工服务方式，在自动服务方式下，CTI 中间件与交换机之间通过数据线相连，完成接收与转换银行主机的数据工作，根据语音提示就可完成数据查询等服务；在人工服务方式下，当业务人员拿起电话时，就能在电脑屏幕上看到客户的背景资料和服务所需的信息，从而提供最友好、最专业的服务。

4. 网络多媒体服务阶段。Internet 的崛起以及话音、数据和视频传输网络三网合一的技术发展，给呼叫中心的应用带来了新的空间，呼叫中心的服务内容、服务方式、服务技术和服务领域发生了巨大的变化。用户可以通过电话机上的按键来操纵呼叫中心的计算机。第四代呼叫中心在接入方式上集成了因特网渠道，实现呼出和接入方式的多样化，使用户可以各种方便快捷的方式（电话、传真、计算机、WAP、手机短信、寻呼机、电子邮件等）与呼叫中心业务员进行交流和沟通。同时它也实现了多种沟通方式之间的格式转换，如文本到语音、语音到文本、E－mail 到语音、E－mail 到短信息等的自由转换。

随着全球网络技术的发展，现代呼叫中心应该是集现代各种计算机技术、网络技术、CTI 技术、多媒体技术为一体的综合呼叫中心。就目前情况来看，Web 呼叫中心、IP 呼叫中心、多媒体呼叫中心、虚拟呼叫中心将会成为现代化呼叫中心产业的主流产品。

三、金融呼叫中心的基本构成

一般情况下，呼叫中心是一系列产品和技术的集成。这里我们以基于交换机的典型呼叫中心系统来分析其基本构成。一个基于交换机的典型呼叫中心系统由自动排队机系统、计算机电话集成系统、交互式语音应答系统、数据库管理系统、来话呼叫管理系统、去话呼叫管理系统、人工坐席系统、呼叫管理系统、电话录音系统组成。

1. 自动排队机系统。自动排队机系统主要实现电话呼入、呼出功能，还需要提供自动呼叫分配系统 ACD。呼叫管理系统，用于管理所有话务，支持 IVR，提供 CTI Link 模块作为计算机/电话集成的接口。

自动呼叫分配（ACD）系统是现代呼叫中心有别于一般热线电话和自动应答系统的重要标志，其性能优劣直接影响到呼叫中心的效率和客户的满意度。在一个呼叫中心系统中，ACD 成批地处理来话呼叫，并将这些来话按规定自由传送给具有类似职责或技能的各组业务代表。不同品牌 ACD 设备之间的区别在于其条件呼叫路由选择、综合语音处理、报表和容量等方面的不同。

2. 计算机电话集成（CTI）系统。计算机电话集成系统是充分利用现代化计算机技术和通信技术，协调各种资源，包括接入资源、主机资源、网络资源、应用网关资源、路由资源等，实现合理利用的目的。在呼叫中心，CTI 是实现屏幕弹出功能、协调的语音和数据传送功能、个性化的呼叫路由功能、预览功能、预拨功能、“软电话”功能。

3. 交互式语音应答（ICR）系统。即自动语音应答系统，实际上是一个“自动业务代表”。通过 IVR，用户可以利用音频按键电话或语音录入信息从该系统中获得预先录制的数据或语音合成信息。先进的 IVR 系统甚至具备语音信箱、互联网和语音识别能力、TTS 文语转换、电子邮件转语音等功能。

4. 数据库管理系统。数据库应用服务器是呼叫中心的信息数据中心，主要是用来存放呼叫中心的各种配置统计数据、呼叫记录数据、话务员人事信息、客户信息和业务受理信息、业务查询信息等。呼叫中心的数据源包括已有的业务系统的历史和当前的数据内容，有些数据可定期从业务数据库复制到呼叫中心数据库，或经过应用网关从业务数据库中联机检索得到。

5. 来话呼叫管理（ICM）系统。来话呼叫管理系统是用于管理来话的呼叫、呼叫转移和话务流量的计算机管理系统。当呼叫进入呼叫中心后，ICM 借助 CTI 技术能有效地跟踪呼叫等待、接听、转接、会议、咨询等动作，以及与呼叫有关的呼叫数据传递，做到呼叫和数据同步，提供有用的呼叫用户信息，满足个性化的服务需求，节省时间和成本。

6. 去话呼叫管理（OCM）系统。去话呼叫管理系统负责去话呼叫并与用户建立联系，即所谓的主动呼出。去话呼叫分预览呼叫和预拨呼叫两种。预览呼叫是先激活业务代表的话机，拨打电话号码，业务代表负责接听呼叫处理音并与被呼叫用户通话；预拨呼叫是由计算机完成被呼叫用户的选择、拨号和无效拨号的处理，只有呼叫被应答时，计算机才将呼叫转接给业务代表。

7. 人工坐席系统。人工坐席是为客户提供服务的业务代表、电话耳机和计算机终端设备。人工坐席按功能可分为业务代表坐席、班长坐席、质检席和后台业务席。

8. 呼叫管理系统。呼叫管理系统实现对呼叫中心实时状态监控和呼叫统计。管理人员根据当前的系统实时监控状态显示掌握当前的系统工作状况，决策人员根据呼叫统计数据进行针对性的决策，以提高系统的运行效率和服务质量。

呼叫中心作为一种能充分利用现代计算机技术和通信技术的全新现代化服务模式，关键技术包括自动呼叫分配 ACD（Automatic Call Distribution）、交互式语音应答 IVR

(Interactive Voice Response)、用户交互管理 CCM (Consumer Contact Management)、计算机电话集成 CTI。

四、金融呼叫中心与 CRM

1. 客户的重要地位。金融业作为典型的服务性行业，客户是其利润来源的重要因素，如何与客户接触、主动争取客户，就成为现代营销的主题。从经历了产品营销、质量营销、服务营销和客户营销的营销发展历程来看，现阶段“个性客户”营销就是从传统的“交易”营销转向“关系”营销，如何管理好客户数据，挖掘客户的潜在需求成为了重点。

金融业客户关系管理 CRM (Customer Relationship Management) 是利用来自于 Call Center 的客户数据，有效管理客户，以实现 Call Center 有效管理和服务质量的提高。

CRM 和 Call Center 的出现体现了两个重要的管理趋势的转变。首先，企业从以产品为中心的模式向以客户为中心的模式的转移。其次，无论从全球的市场形势还是从我国的市场态势来看，客户越来越成熟，其期望值越来越高，研究客户需求、改善客户的服务水平就变得异常重要，因此，如何有效管理客户关系成为当前金融服务业的首要问题。

2. CRM 的概念。CRM 的概念是由国际著名咨询公司 Gartner Group 提出的，并在商业软件应用方面得到了极大的发展。CRM 是一种以客户为中心的经营策略，它以信息技术为手段，对相关业务功能进行重新设计，并对相关工作流量进行重组，以达到留住客户、吸引新客户、提高客户利润贡献的目的。我们可以这样理解 CRM：它是一门科学，是一种理念、软件和技术，也是应用系统，它侧重于对销售、营销、客户服务和支持相关的业务流程的自动化和优化。CRM 主要包括以下几个方面的内容：客户概况分析 (Profiling)（客户的层次、风险、爱好、习惯等）、客户忠诚度分析 (Persistency)、客户利润分析 (Profitability)、客户性能分析 (Performance)、客户未来分析 (Prospecting)、客户产品分析 (Product)、客户促销分析 (Promotion)。

3. CRM 的作用。CRM 主要有以下作用：

（1）体现了“以客户为中心”的管理策略。从实现的功能来看，CRM 可以完成客户和联系人管理、时间管理、潜在客户管理、营销与销售管理、客户服务、呼叫中心、合作伙伴关系管理、电子商务以及商业智能等各种与客户关系营销有关的内容。

（2）将管理理念、管理软件和技术有效集成。CRM 可以从两个方面来理解，从业务实现与管理层面来看，它是一种管理理念，也是实现从“产品中心”向“客户中心”的管理模式的重要支撑平台，是企业完成从“内视型”向“外视型”转变的支撑手段。从技术支撑层面来看，它是一套管理软件和技术，存在这样一个等式，即 CRM = 数据仓库 + 数据挖掘 + 销售自动化。利用 CRM，金融机构可以收集、追踪、分析每一位在线客户的信息，了解客户需求，及时与客户联络，挖掘客户潜在需求，预期客户需要，实现外部客户资源的循环优化管理，实现金融行业的增值服务。

（3）是连接公司和市场客户的重要枢纽。CRM 产生的渊源是一个前台系统，在价值链上包括营销、销售和售后服务三大领域。利用 CRM 系统，企业可以收集、追踪和分析每一个客户的信息，知道他们是谁、需要什么、还可能需要什么，极大地满足客户的个性化需求，实现客户循环的优质管理。

4. CRM 的发展。随着在线金融交易方式的盛行，CRM 发展成为 e－CRM。所谓 e－CRM就是基于 Internet 的客户关系管理系统，它的最大特点是进行数字化管理，利用网络技术达成公司在销售、市场与客户服务活动时间的协同关系，以实现并保持与客户的良好关系。它建立在 e 市场、e 销售和 e 服务的基础之上，要求拥有大量的电子化数据源。它主要包括四个方面的重要技术和内容：一是实时个性化，在线提供客户的服务形式、产品以及定价等都是根据客户的消费习惯和偏好等量身定做的；二是实时在线跟踪客户消息，依据所记录的客户历史信息，预测客户的潜在消费需求，及时调整在线服务与个性化服务战略；三是实时的交流方式，在线图表、声音、图像以及 E－mail 等的集成和应用；四是知识 e 化，通过在线论坛方式或 FAQs 方式管理并提供信息，以实现客户价值最大化。通过以上方式，e－CRM 可以有效解决大量在线客户造成的拥挤现象，完成各种在线金融服务渠道的集成。

五、金融呼叫中心对电子银行的贡献

当前，虽然电子银行业务呈现出多样化的服务方式，但是各自都还存在不少的问题。Call Center 是集成电子银行各项服务的最佳手段和工具，它与电子银行服务结合，在解决其他服务方式的不足方面具有一定的优势。

1. 网上银行服务的不足。

（1）在线客户服务不完善。客户在办理网上银行业务时会碰到各种各样的问题，尽管网上银行大多设置了实时在线帮助，但很多客户在遇到问题时仍希望能得到传统方式的人工服务。

（2）缺乏互动接触。根据调研数据，缺乏金融交易前的互动接触与导购活动将导致 70% 左右的客户放弃完成交易。尤其是网上购物，需要咨询的问题很多，而面对面或是语音对话的互动方式是打消客户疑虑的最有效手段。

2. 电话银行服务的不足。电话银行无法对客户信息进行管理分析、不能对客户进行个性化的服务、无法与客户主动联系、无法集成多种的联系渠道，系统的可伸缩性和可扩展性差，无法满足客户的多样化、个性化的需求。

3. 金融 Call Center 的优势与作用。金融 Call Center 利用其语音、图像、传真、邮件等多种方式的交互性，多渠道的集成性等特质很好地解决了网上银行系统与电话银行系统所存在的不足，同时，极大地扩展了客户服务的外延。它以客户需求为目标来建立银行的金融服务体系，最终形成“以客户为中心”的银行业务运营模式。

金融 Call Center 实质上实现了网上银行、电话银行、移动银行等多种虚拟银行业务在统一平台上的完全融合，这也是开展电子商务的一个重要环节。金融 Call Center 为银行客户的服务进行了时空延伸，也提供了多种服务的便捷渠道，使客户可以方便地在任何情况下与银行进行业务联系。

金融 Call Center 提供的服务包括查询类、咨询向导类、转账类、代缴类、挂失类、催缴类等银行传统业务，几乎包括了除现金外的绝大部分银行业务。银行还可以通过呼叫中心对客户进行客户管理，对客户资料进行深入、细致、准确的分析，了解客户行为，区别客户，针对性地进行市场营销工作。银行可以通过呼叫中心了解新的业务需求，分析调研，推出新业务，通过呼叫中心可以图文并茂地与客户进行沟通，加强业务推广的效果，并通过用户满意度的调查分析，评估业务，改进业务流程，提高服务质量。

金融 Call Center 通过先进的管理手段和管理工具进一步降低银行运营成本，使服务资源的利用达到最大化，树立现代银行品牌形象，提高行业竞争力。

第二节　电话银行

所谓电话银行系统（Telephone Banking System，TBS），是指采用先进的计算机技术、通信网络技术和语音转换技术，采用预先分配用户编号和个人密码控制，充分利用电话在时间上的及时性、空间上的无限性，为客户提供诸如查询、密码修改、挂失、转账等金融服务的一种新型银行服务系统。简单地说，电话银行就是通过电话办理银行业务。电话银行以其简便、快捷的方式，为客户提供了全方位、高效、安全的服务，极大地方便了客户。

一、电话银行的发展

在发达国家，当时随着电话的家庭普及性，最便于向消费者提供金融服务的想法起始于电话转账（Telephone Bill Payment，TBP），由此产生了电话银行系统。通过该系统，消费者可以通过给银行打电话来支付其账单。

虽然早在 20 世纪 70 年代，美国西雅图第一国民银行就推出了 TBP 服务，随后各商业银行开始向零售商提供此种服务，但是这种银行业务一直增长缓慢，直到 20 世纪 80 年代，电话转账服务才真正发展起来。20 世纪 90 年代以后，通信技术和信息技术的飞速发展推动了电话银行的应用和推广，电话银行发展迅猛。如中国香港的各大银行，中银集团、汇丰银行、渣打银行、东亚银行等几十家银行，在短期内纷纷推出电话银行服务或电话理财服务。

在国内，随着通信网络的迅速发展，为了拓展服务领域，各商业银行相继推出了一系列功能各异的电话银行系统，利用先进的交互语音应答设备，使客户可以利用家中、办公室或外地的电话机直接连通银行计算机系统，随时随地处理与银行之间的账务往来，即我们通常说的“电话理财”。

目前，国内各大商业银行和部分非银行金融机构都已建立电话银行系统，如工商银行（95588）、建设银行（95533）、中国银行（95566）、农业银行（95599）、交通银行（95559）、华夏银行（95577）、中信银行（95558 ）、上海浦东发展银行（95528）、广东发展银行（ 95508）、深发展（95501）、招商银行（95555）、兴业银行（95561）、光大银行（95595）、北京农商银行（96198）、宁波商业银行（96528）、邮政储蓄银行

（11185）、中国银联（95516）。

二、电话银行的系统构成

电话银行是利用计算机与电话集成系统（Computer Technology System，CTI），通过电话自动应答系统和人工服务等方式为客户提供金融服务的一种业务，它涉及多种技术和设备。通常，电话银行系统主要由三个部分构成：处理银行业务的计算机主机处理系统、前置机和城市公用电话网与客户电话，其结构如图 4－1 所示。电话银行系统中的银行业务处理系统与通常的电子银行业务处理系统并没有很大的变化，只是增加了一台语音机，完成数字和语音的转换。因此，电话银行系统中最关键的设备是前置机。

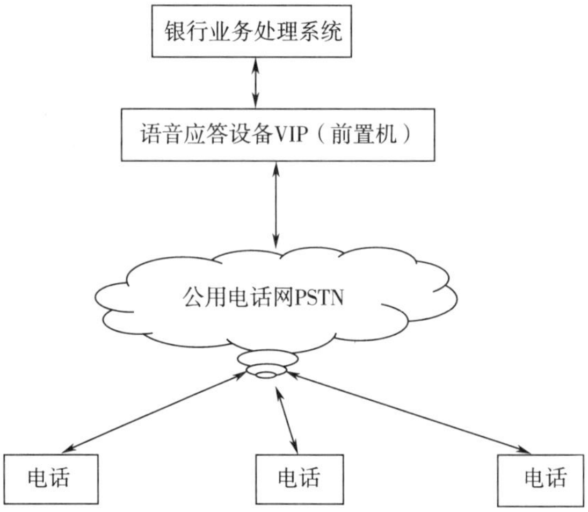

图 4－1　电话银行系统结构

TBS 前置机由计算机、以太网卡、语音卡和传真卡组成，主要完成电话用户的电话接入、主叫识别、按键识别、语音播放、传真处理等功能，目前，通常采用交互式应答设备（IVR）作前置机。IVR 作为银行主机和客户电话机之间的桥梁，一端接银行主机，另一端接电话线，客户利用按键/音频电话接通银行主机，即可实现数据查询和财务处理。

电话银行性能好坏的关键在于语音，而语音质量的好坏信赖 IVR，作为电话与计算机通信连接的中介，IVR 一方面扮演着“话务生”的角色，接受客户通过电话键入的各种请求，另一方面把客户程序的执行结果以人类语音的方式反馈给客户。客户用电话接通电话银行后，IVR 用语音引导服务，然后自动到银行主机系统数据库中查寻相关数据信息，并将该数据信息转换成人的声音传递给客户，或依据客户按键输入的指令输入主机，进行指定的作业。另外，电话终端上要求的各种银行服务直接由银行主机系统完成，无须银行柜员操作，提高了效率，保障了安全。

三、电话银行的功能

实际上，各商业银行都是根据客户的需求和自身特色设计电话银行的服务内容，但总的来看，电话银行具有的基本功能包括：

(1) 对私业务。包括账户余额发生额查询、存款转账、公积金购房、用户修改密码、缴付水电煤气费用、挂失止付、利率和汇率查询等。

(2) 对公业务。包括公司账户余额发生额查询、密码修改、公司账户转账、申请支票簿、支票挂失/即时停发支票、支票往来记录查询、股票外币的投资、传真公司账户往来记录结单等。

(3) 银行卡业务。包括银行卡授权、银行卡余额查询、银行卡紧急挂失、转账、商户交易账目查询、黑名单查询、申请月结单等。

(4) 投资理财业务。包括股票行情查询、股票买卖、股票账户查询、外汇利率查询、黄金买卖、债券等业务。

以上业务全部自动进行，无须银行工作人员介入。如果客户希望得到一份电话查询数据的记录，可将该记录按指定传真号码送到客户的传真机。

近几年国内各大银行的电话银行服务已成为人们投资理财的最新潮流，以电话为介质开发的电话银行综合服务系统，集成了银行卡、储蓄、公司存款和商户四大模块。电话银行的客户只要拨通专线电话，就可以在电话语音的引导下，通过“对话”方式获取所需信息，完成所需金融服务，具有方便快捷、灵活高效、安全的优点。

四、电话银行呼叫中心

电话银行的发展经历人工服务、自动语音服务与电话银行呼叫中心服务三个阶段。现在通常所指的电话银行就是电话银行呼叫中心，它是金融呼叫中心（Call Center）的核心内容之一，代表当今电话银行发展的最高水平。

传统的电话银行体系中，用户只能通过电话或传真与电话银行系统进行通信，获得语音或传真资料。当数据量较小、用户群比较单一时，还能基本满足用户的需要。但是，这种单一、枯燥、小数据量的模式很难满足信息时代人们对信息的需要。银行呼叫中心应运而生，它不仅继承传统电话银行体系的所有功能，而且具有数据传输、人工坐席甚至网上银行等功能，使得银行用户无论身在何处，只要利用旁边的电话机、传真机、计算机，都可以轻而易举地享受银行提供的优质服务。

电话银行呼叫中心是呼叫中心的重要应用之一。它利用 CTI 技术，允许用户通过电话拨入、传真、计算机拨号连接和 Internet 网址访问等多种方式，访问电话银行系统数据库，再根据语音或文字提示，得到各种信息咨询服务或完成金融交易。相比较，传统电话银行存在着适用人群单一、维护难、扩容难、缺少现代化服务、管理复杂、开放性差和服务界面单一等问题，而电话银行呼叫中心却有着适用人群广泛、维护方便、可扩充性好、开放性好、服务界面多样化和易于管理等诸多优势。它与传统电话银行的区别主要在于：人工坐席及其 WIN POP 功能、开放的再开发界面、动态传真回复、数据的传输、证券转账、转账业务、银证转账、信用卡与储蓄间转账、电话会议、自动催缴、网上银行、Web 网页发送服务、人工坐席及信用卡部的录音监听、语音信箱、外汇交易。

五、典型电话银行系统案例

目前，国内各商业银行都建立有自己的电话银行系统，这里仅以中国建设银行电话银行服务系统（95533）为例进行介绍。

95533 电话银行是中国建设银行集电话自动语音和人工坐席等服务方式于一体的全国统一客户服务号码，客户可以随时随地拨打 95533 享受建设银行专业的、安全的、个性化的金融服务。95533 电话银行分为个人电话银行和企业电话银行两部分。

1. 个人电话银行服务的功能和使用流程。个人电话银行分有普通客户和高级客户两类。

（1）个人电话银行服务的功能。

普通客户的服务功能：

◆ 查询：账户余额查询、明细查询、积分查询、公积金查询、利率查询、汇率查询、人民币牌价查询、新业务动态。

◆ 缴费、充值、支付：缴费固话及手机、水费、电费、煤气费等，与电话支付平台合作的电话银行支付等。

◆ 转账：龙卡通、理财卡账户内资金定活互转。

◆ 挂失：账户自助语音挂失。

◆ 传真：传真查询到的账户余额、明细。

◆ 其他功能：7×24 小时人工服务、语音人工双语服务（英语）、转接双币种信用卡客户服务中心。

高级客户的服务功能：

◆ 查询：账户余额查询、明细查询、积分查询、公积金查询、利率查询、汇率查询、人民币牌价查询、新业务动态。

◆ 缴费、充值、支付：缴费固话及手机、水费、电费、煤气费等，与电话支付平台合作的电话银行支付等。

◆ 转账：签约账户向本人名下其他签约账户或约定账户转账、龙卡通、理财卡账户内资金定活互转。

◆ 投资理财：第三方存管（银证转账、查询）、基金交易（查询、买卖）、记账式国债（查询、买卖）、外汇买卖、外汇期权、银采通。

◆ 挂失：账户自助语音挂失、证券卡自助语音挂失。

◆ 传真：传真查询到的账户余额、明细。

◆ 其他功能：短信服务自助定制、7×24 小时人工服务、语音人工双语服务（英语）、转接双币种信用卡客户服务中心。

（2）开通和注销。普通客户只需持有建行的储蓄类账户（活期或定期一本通、龙卡通、理财卡、准贷记卡）并且在自助语音系统进行过身份验证，就可使用电话银行普通客户的所有功能；高级客户需本人持建行的储蓄类账户和身份证至建行柜台办理电话银行签约，如需向他人账户转账，需在柜台将接收账户设置为本人约定账户，其他功能只进行签约即可，均不用另行开通。

普通客户的开户流程如图 4－2 所示。

普通客户升级成为高级客户流程，如图 4－3 所示。

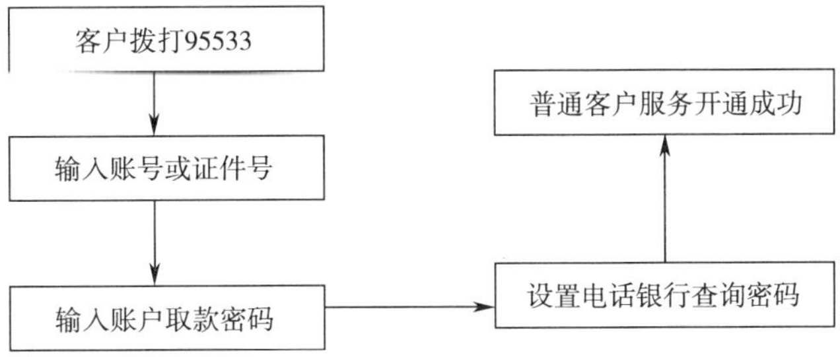

图 4－2　普通客户开通电话银行流程图

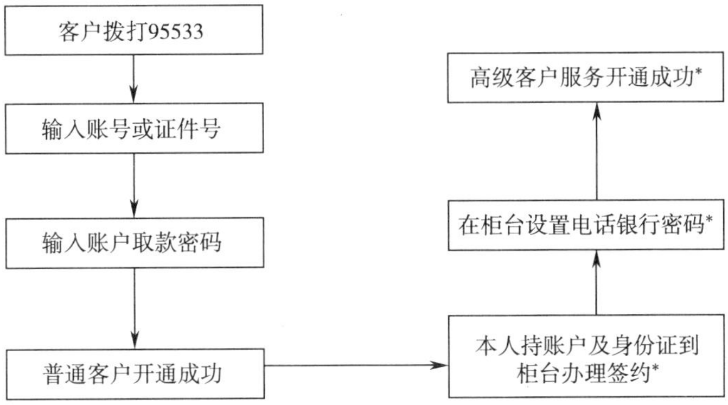

注：图中标有“＊”的是直接成为高级客户的开通流程。

图 4－3　普通客户升级高级客户流程

个人客户如需注销电话银行服务，可本人持账户及证件至任意建行柜台办理电话银行服务注销。

（3）电话银行转账流程。电话银行转账功能面向完成柜台签约操作的电话银行高级客户。高级客户通过电话银行可以实现本人名下的建行签约账户向其他账户的转账，也可以实现限额内由本人签约账户向约定的他人任意建行账户转账。支持理财卡、活期类账户、定期类账户、准贷记卡、储蓄卡等账户之间的资金划账业务。

① 一般账户转账流程如图 4－4 所示。

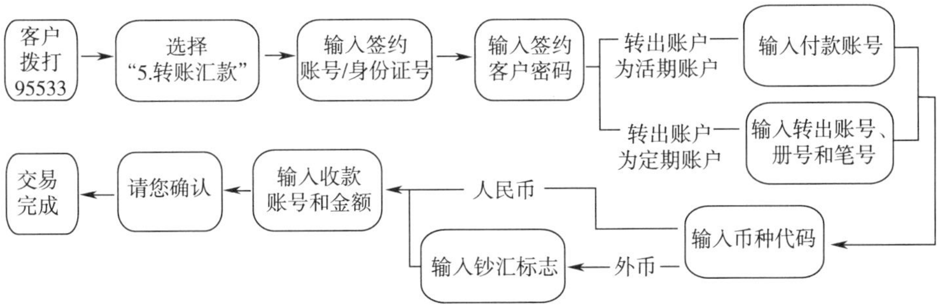

图 4－4　一般账户转账流程

② 理财卡账户卡内互转流程如图 4 –5 所示。

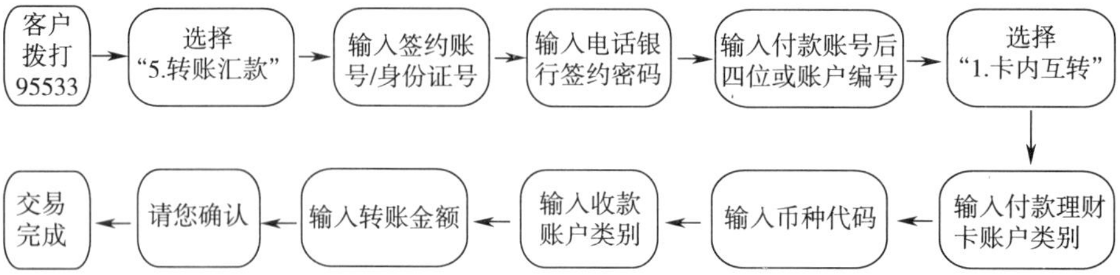

图 4 –5　理财卡账户卡内互转流程

③ 理财卡向其他账户转账流程如图 4 –6 所示。

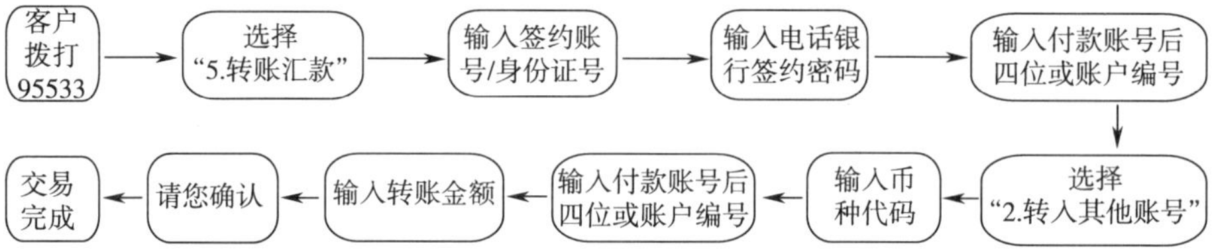

图 4 –6　理财卡向其他账户转账流程

（4）电话银行信用卡还款流程。电话银行信用卡还款功能面向电话银行签约客户和非签约客户，客户可通过 95533 自助语音服务系统或人工辅助服务系统为本人名下信用卡的人民币账户还款。其操作流程如图 4 –7 所示。

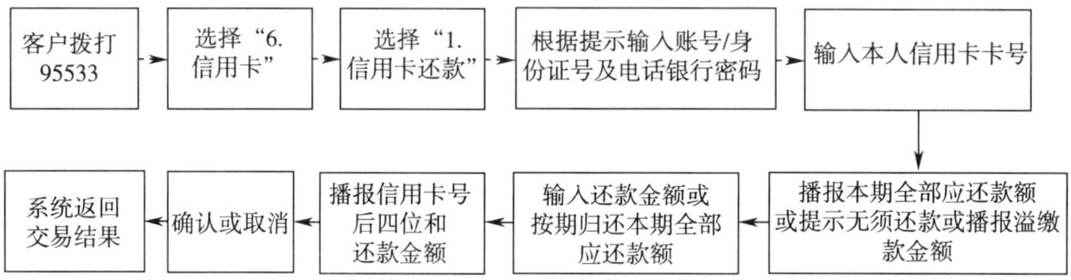

图 4 –7　电话银行信用卡还款流程

2. 电话银行企业服务的功能和使用流程。

（1）电话银行企业服务的功能。95533 电话银行对公客户服务是为企业、机构和政府等对公客户提供的自动式电子银行产品，对公客户的财务人员可通过电话银行 7 × 24 小时实时了解本单位财务信息、传真对公账户的余额、明细，为对公客户提供高效、快捷、安全的财务信息理财渠道。

（2）开通与注销。对公客户只要在建行有结算类账户，即可申请电话银行对公客户服务。其开通流程：客户到其任意对公账户开户行填写中国建设银行股份有限公司95533对公客户服务申请表，并加盖单位公章，办理电话银行客户签约；客户到其对公账户开户行办理电话银行账户签约，经办人员将操作员号及初始密码打印在对公电话银行签约回执上，客户以初始登录密码登录95533电话银行系统，修改密码，进行交易。

对公电话银行注销分有账户注销和服务注销两部分。电话银行对公账户注销：客户需要到其账户开户银行办理对公电话银行账户注销业务，如需注销在不同机构开立的账户，需要到该账户的开户行办理账户注销手续。电话银行对公客户服务注销：客户需要到其对公电话银行签约行办理对公电话银行客户注销，客户注销将自动删除该电话银行客户号下的全部客户、账户签约信息。

六、农村合作金融机构电话银行系统

这里我们仍以北京农商银行和江苏省农信社联合社为例介绍农村合作金融机构电话银行系统的发展情况。

（一）北京农商银行电话银行系统

北京农商银行96198电话银行系统于2004年4月投入运行，目前，客户服务人员已达百余人，接听率达到92%以上。个人电话银行功能主要有账户查询、转账、汇款、缴费、账户挂失、业务咨询、投诉等；企业电话银行主要功能有账户查询、业务咨询等。2007年9月，在提供电话自助服务、人工服务、传真服务的基础上，北京农商银行又推出了“在线客服”，客户可以文字的方式直接向客服中心人员进行各类业务交流沟通。2008年5月29日，北京农商银行电话银行人工服务又开通了英文服务。2008年7月，经过升级改造后的新一代电话银行系统投产，新系统将人工服务放到了首位，针对郊区客户较多的特点，重点突出了电话银行人工代客交易功能，实现了“只要会打电话和输密码的客户，就会使用电话银行办业务”的便捷目标，降低了客户使用电话银行的门槛和难度。

1. 北京农商银行电话银行主要功能如图4－8所示。

2. 申办。

（1）个人客户申办流程。非注册客户：客户本人在北京农商银行开立凤凰卡（折）时，北京农商银行已自动为其开通电话银行服务。注册客户：客户需携带本人有效身份证件和所需注册的卡（折）到北京农商银行任意网点，填写北京农商银行电子银行个人客户注册申请表，开通电话银行服务。

（2）企业客户申办流程。在北京农商银行开立存款账户的企事业单位须到其开户网点申请开通企业电话银行服务。企业经办人员需携带本人有效身份证件，在开户网点柜台填写北京农商银行电子银行企业客户注册申请表，并加盖企业银行预留印鉴，签订北京农商银行电子银行企业客户服务协议，协议上加盖企业公章并由企业法定代表人签字（或盖章），在柜台上开通支付服务密码，即可享受企业电话银行服务。

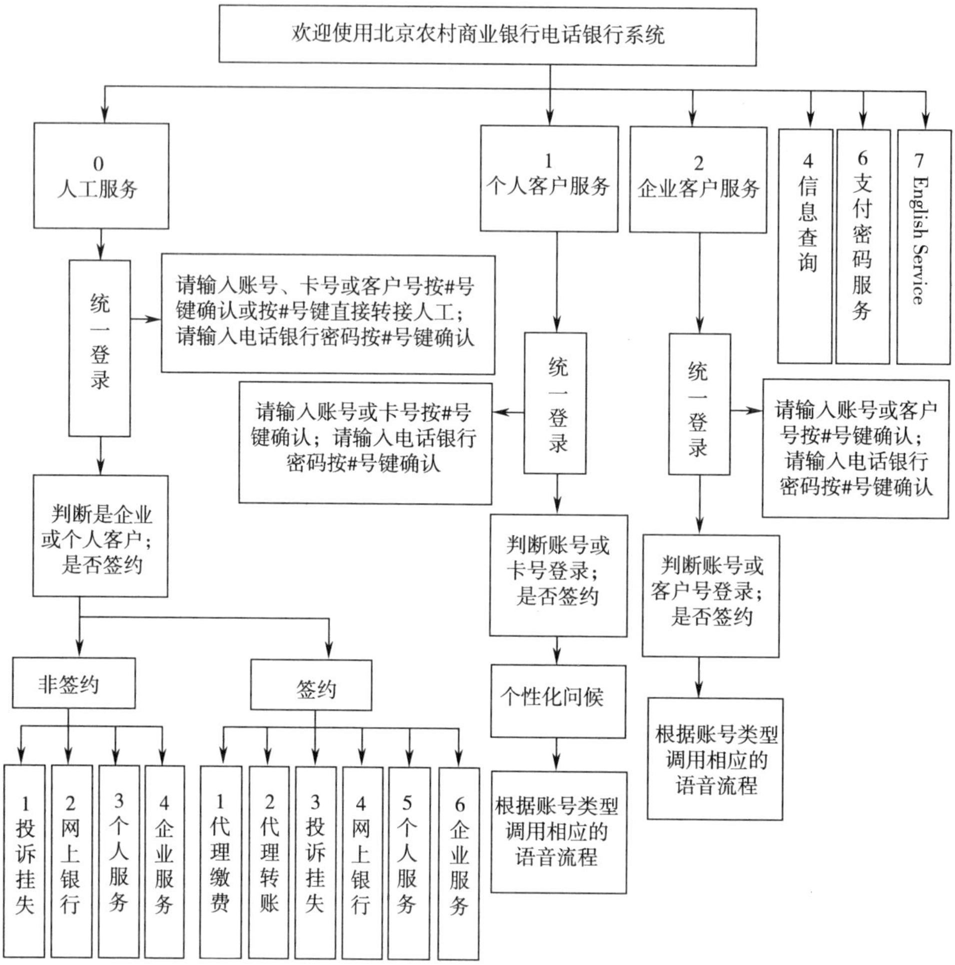

图 4-8　电话银行主要功能图

3. 主要业务流程。

（1）电话银行信息查询流程图（见图 4-9）。

（2）凤凰卡服务签约客户流程图（见图 4-10）。

（3）凤凰卡服务非签约客户流程图（见图 4-11）。

（4）企业客户服务流程图（客户号和账号）[见图 4-12（1）、图 4-12（2）]。

（5）一本通服务流程图（非签约和签约）[见图 4-13（1）、图 4-13（2）]。

（6）支付密码业务流程图（见图 4-14）。

北京农商银行采用目前国际上最先进的互联网视频技术和安全身份认证机制，与新一代电话银行系统的代客交易系统相结合的又一特色创新产品——“金凤凰视频银行”于 2008 年 9 月 25 日亮相中国国际金融服务展，引起了热切关注。“金凤凰视频银行”属国内首创，是将网上银行和客服中心电话银行功能相结合，通过视频或文本聊天形式进行在线实时操作辅导、代客缴费汇款等服务，为客户提供更为简便和人性化的全新服务模式，从真正意义上实现了网上银行、电话银行、视频银行等电子渠道的互联互通。

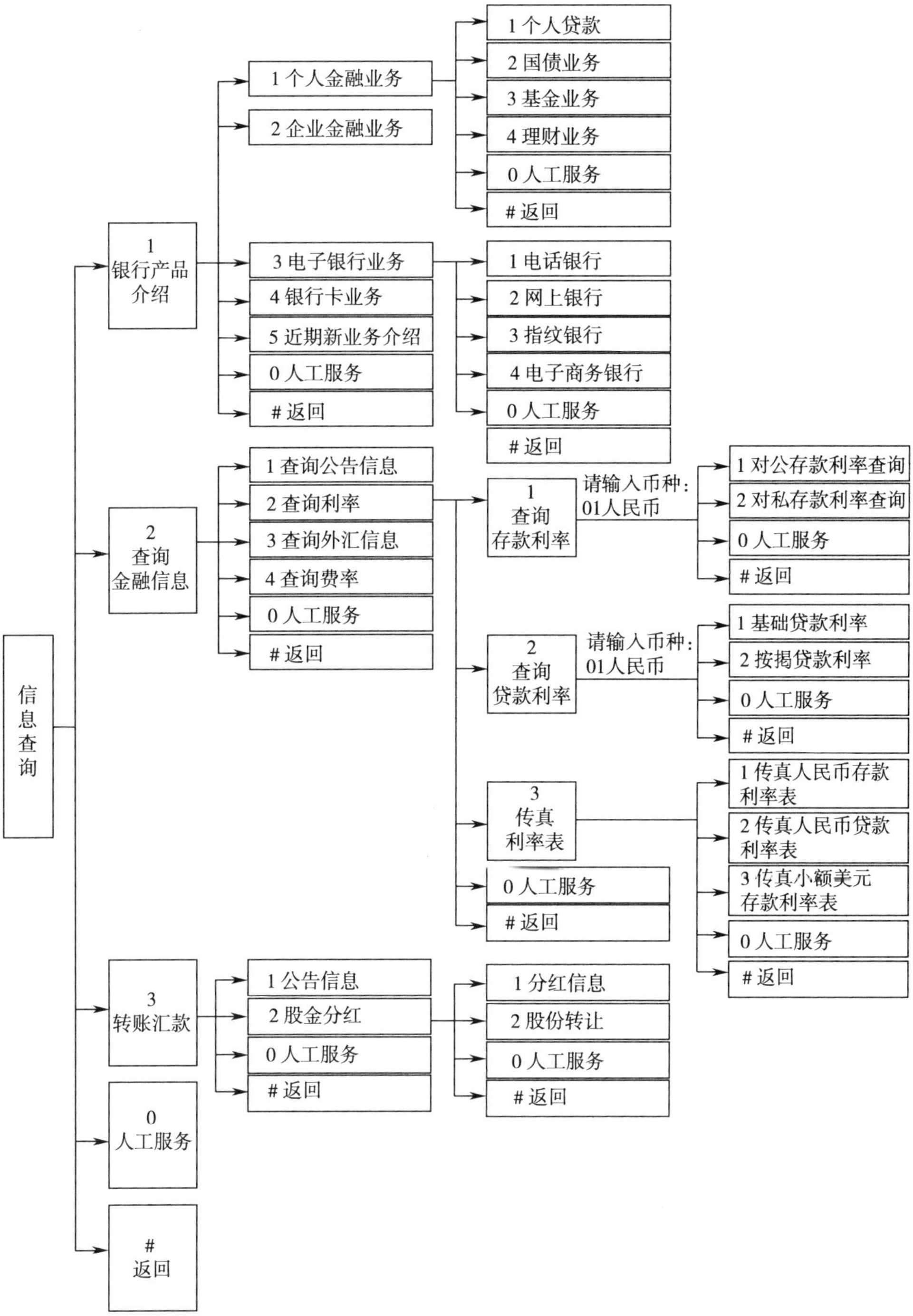

图 4-9　电话银行信息查询流程图

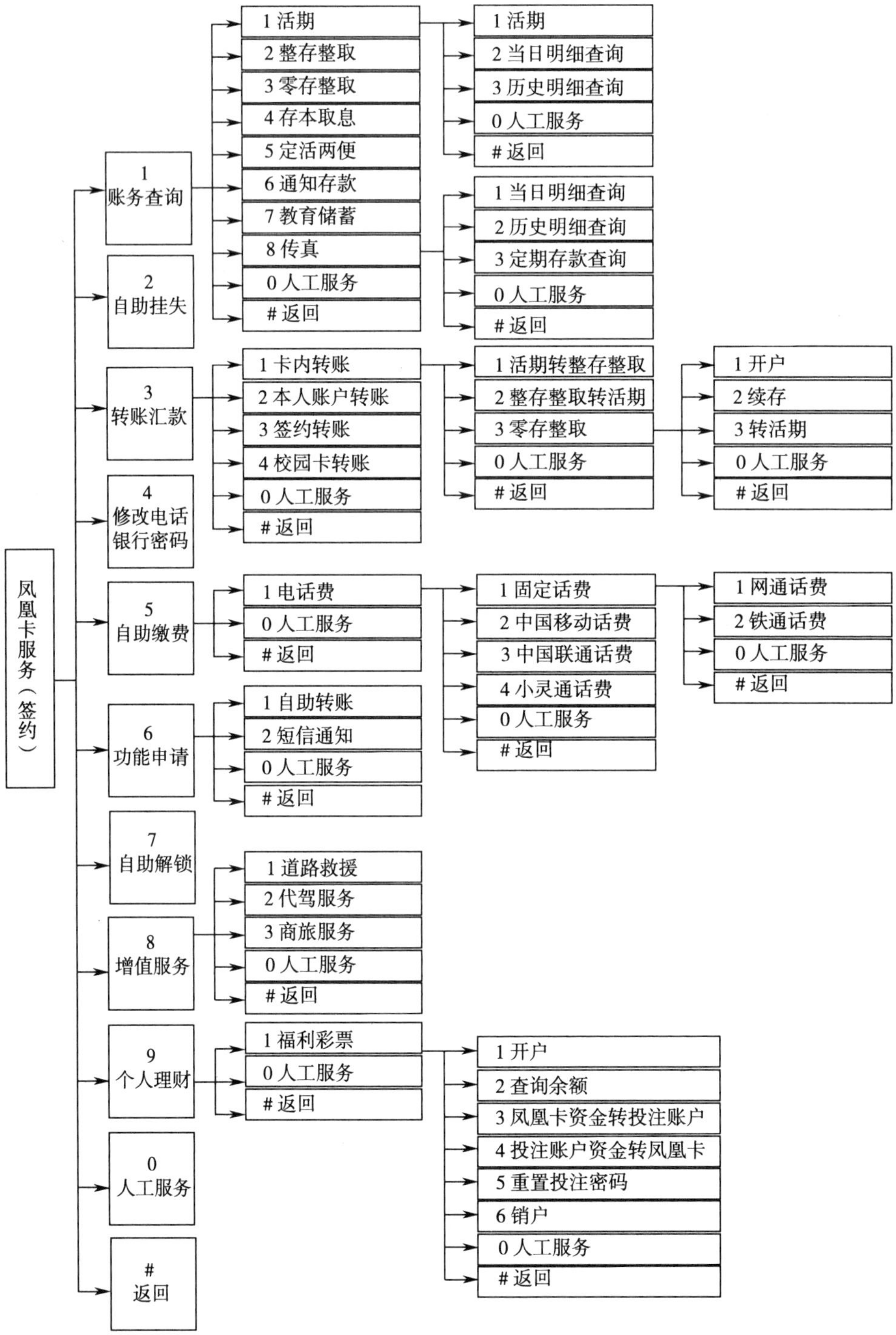

图 4－10　凤凰卡服务签约客户流程图

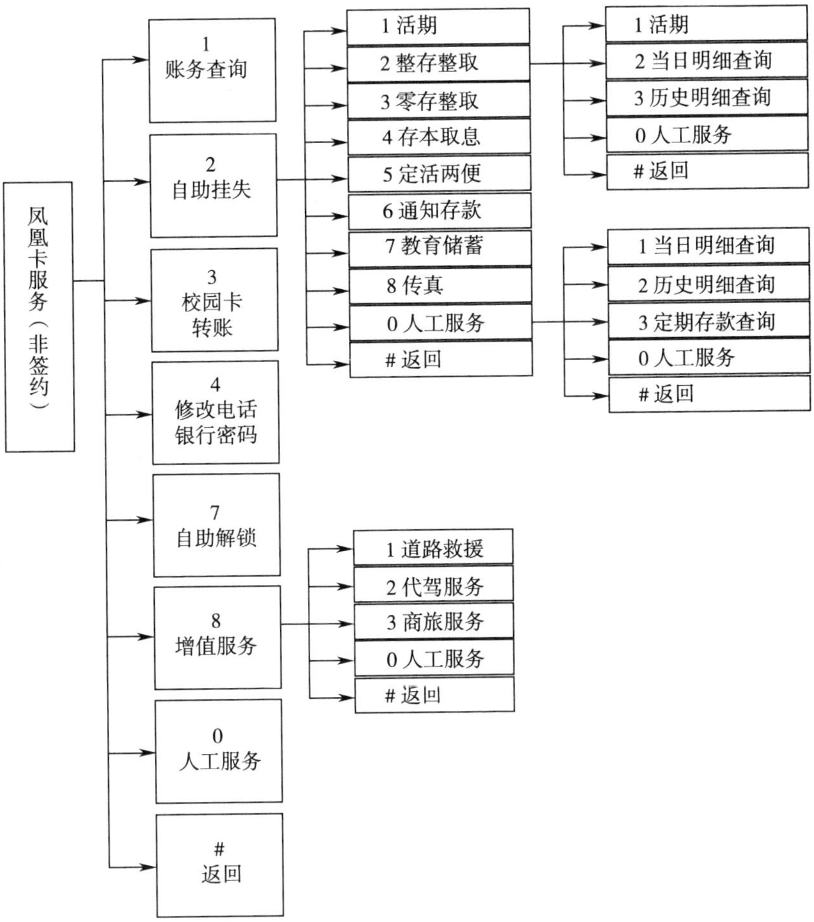

图 4－11　凤凰卡服务非签约客户流程图

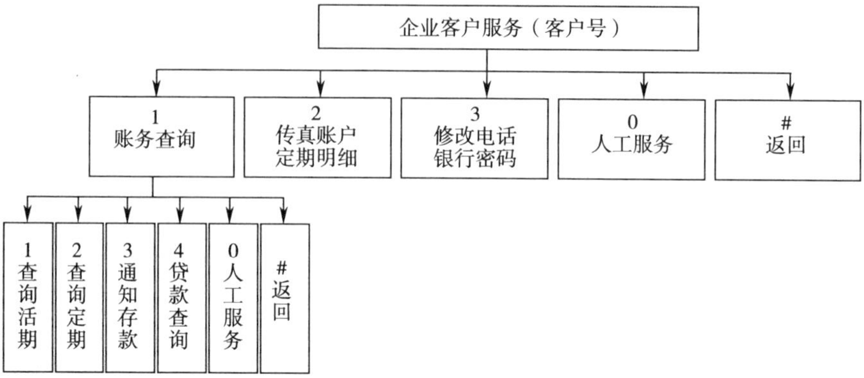

图 4－12（1） 企业客户服务流程图——企业客户服务（客户号）

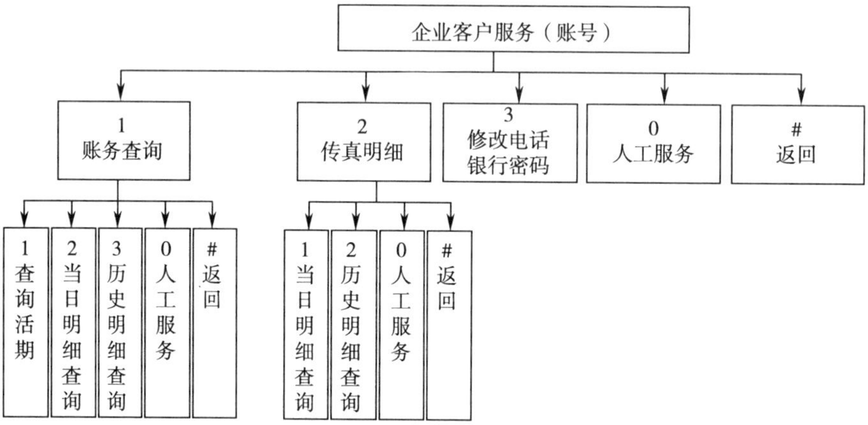

图 4－12（2） 企业客户服务流程图——企业客户服务（账号）

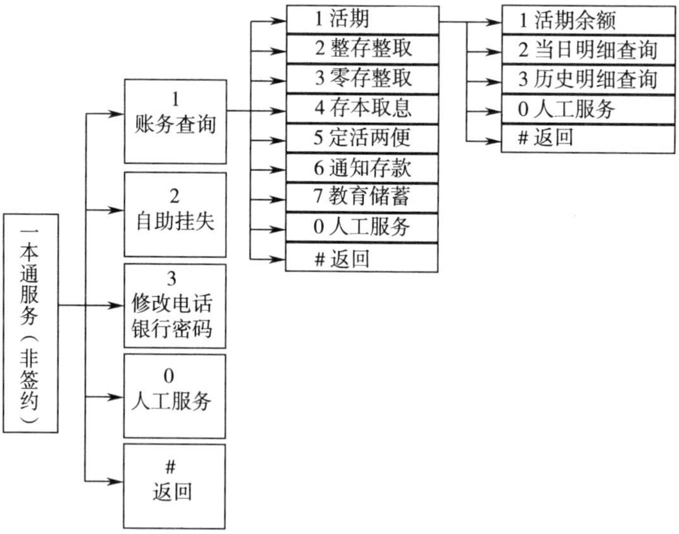

图 4－13（1） 一本通服务流程图（非签约）

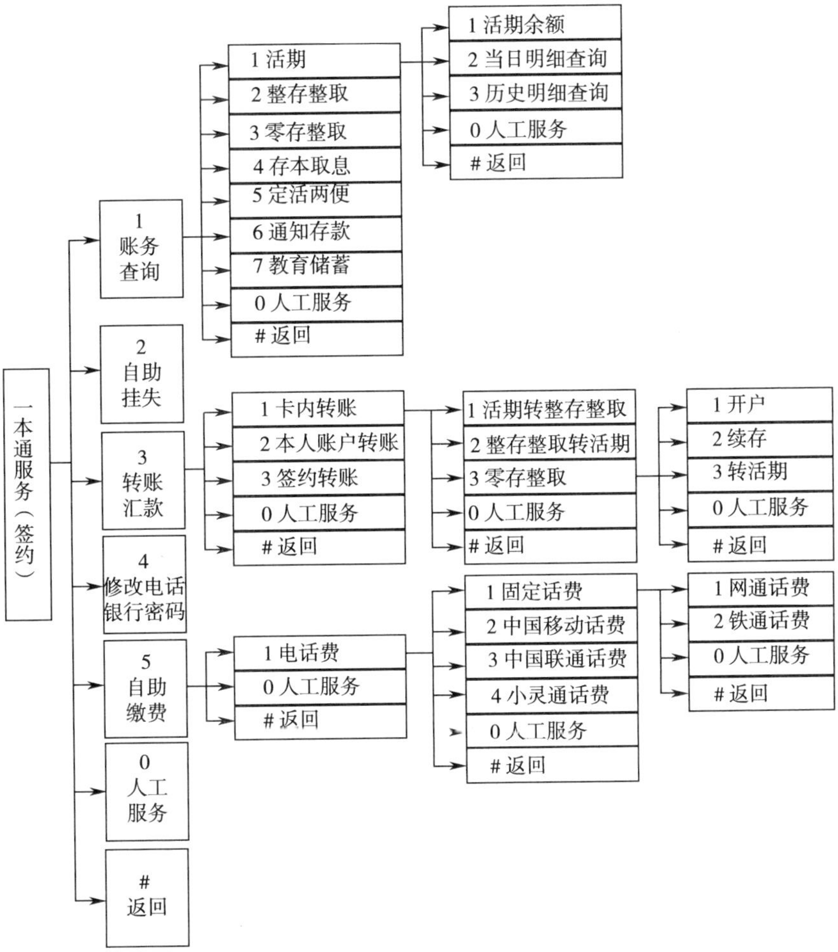

图 4－13（2）　一本通服务流程图（签约）

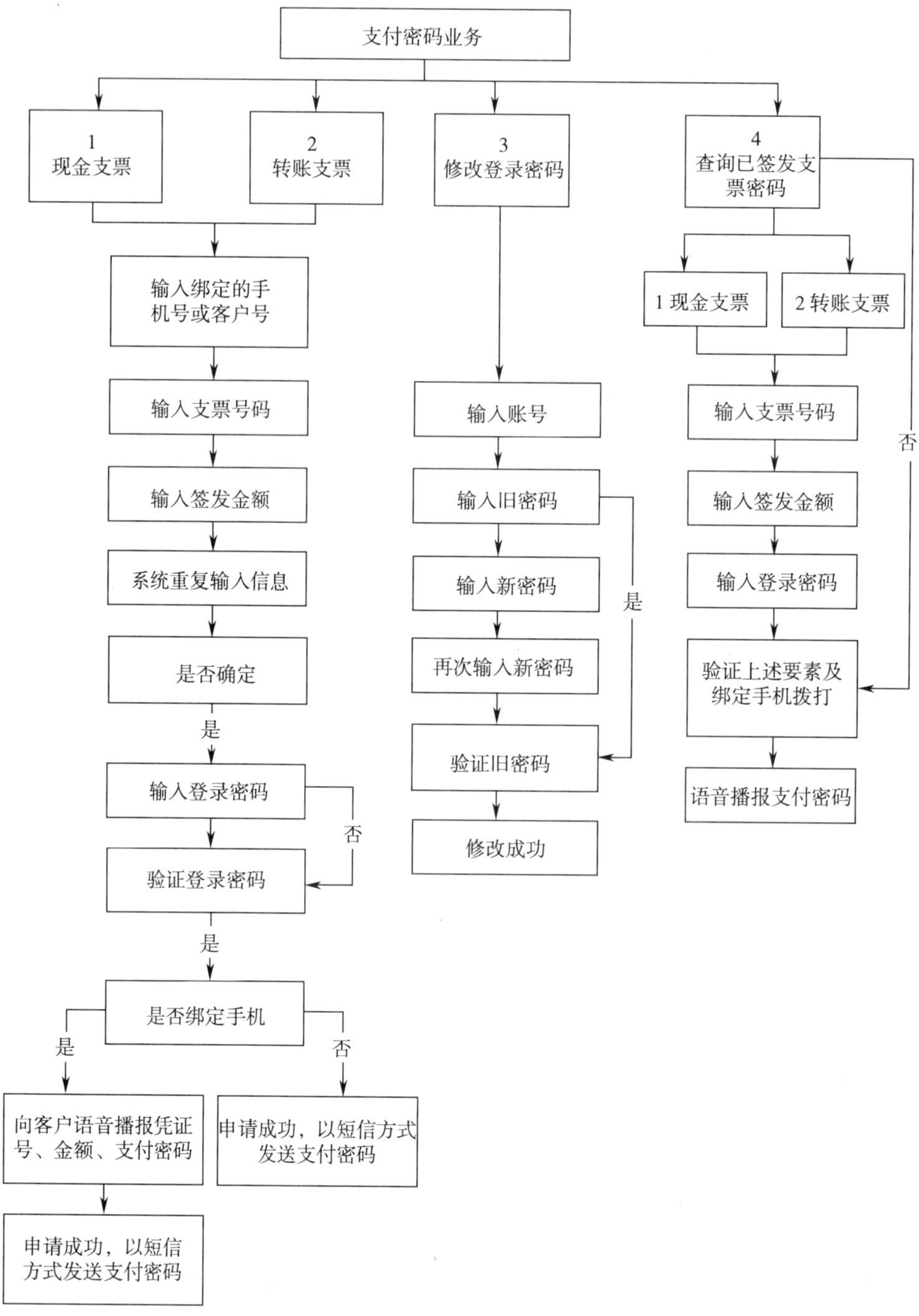

图 4－14　支付密码业务流程图

（二）江苏省农信社联合社电话银行系统

1. 贷记卡客服。江苏农信贷记卡客服中心 400－828－8828，通过自助语音和人工服务，客户在身份验证（身份证号码或卡号验证）后即可享受 7×24 小时服务。主要实现卡激活（含查询密码申请）及密码管理、挂失及解挂、补卡、补寄密函、补印账单、销户申请、临时额度调整、申请进度查询、账单交易查询、自动还款设置、积分管理、短信服务通知设置以及热点活动及介绍等功能。

2. 短信银行功能。账户余额变动实时通知（存折、借记卡）；账户余额查询；客户余额对账单发送，按月发送账户余额；账户余额预警（账户余额低于设置金额时，系统自动发送通知，告知客户其特定账户余额不足，如自动还款账户和代收付账户等）；贷款到期通知、贷款逾期通知、存款到期通知等；公共信息发送功能：向建立的客户群体或某客户发送营销信息、节日祝贺信息或生日祝贺信息。

3. 96008 综合银行系统。用户在省内拨打 96008 电话就可以登录江苏省农信社联合社电话银行系统，主要实现账户余额查询、交易明细查询、账户挂失、电话银行密码修改和转账功能。其中转账功能需要客户签约，设置收付款账号对照表，保证客户资金的安全。

第三节 手机银行

一、手机银行概述

1. 概念。手机银行是继 ATM、电话银行、网上银行之后的银行电子渠道的延伸，它是世界范围内商业银行应对信息化大潮，本着随时随地服务于客户的宗旨，创新出的又一项崭新的银行业务产品。手机银行（Mobile Banking Service），又称为移动银行，是利用移动通信网络及终端办理相关银行业务的简称。作为一种结合了货币电子化与移动通信的崭新服务，手机银行不仅可以使人们在任何时间、任何地点处理多种金融业务，而且极大地丰富了银行服务的内涵，使银行能以便利、高效、安全的方式为客户提供传统和创新的服务，而移动终端所独具的贴身特性，使手机银行这个“贴身金融管家”随着手机技术的完善和手机使用的普及有着越来越广泛的银行业务发展前景。

手机银行并非电话银行。电话银行是基于语音的银行服务，而手机银行是基于短信的银行服务。目前通过电话银行进行的业务都可以通过手机银行实现，手机银行还可以完成电话银行无法实现的二次交易。比如，银行可以代用户缴付电话、水、电等费用，但在划转前一般要经过用户确认。由于手机银行采用短信息方式，用户随时开机都可以收到银行发送的信息，从而可在任何时间与地点对划转进行确认。

手机银行与网上银行相比，优点也比较突出。首先，手机银行有庞大的潜在用户群；其次，手机银行须同时经过 SIM 卡和账户双重密码确认之后方可操作，安全性较好。而 WAP 是一个开放的网络，很难保证在信息传递过程中不受攻击。另外，手机银行实时性较好，折返时间几乎可以忽略不计，而 WAP 进行相同的业务需要一直在线，还将取决于网络拥挤程度与信号强度等许多不确定因素。

2. 分类。

(1) 根据业务功能的不同，可分为简单信息型和复杂信息型。

简单信息型：主要提供以金融信息通知、账户信息查询为代表的服务功能，对手机银行的安全性能要求较低、手机型号限制较少、目标客户范围广泛、市场拓展相对容易。

复杂交易型：主要提供在高安全技术保障下，银行客户能够利用手机进行银行账户的资金交易，服务功能丰富、安全性能好、客户与银行交互较多、对手机型号和客户有较多限制。

(2) 根据所采用的技术方式不同，可分为短信息服务型和无线应用协议型。

短信息服务型：此类的手机银行由手机、GSM 短信中心和银行系统构成。手机与 GSM 短信中心间通过 GSM 无线网络连接，而 GSM 短信中心与银行系统之间的通信可通过有线网络完成。技术方式主要包括普通短消息方式、STK 卡方式和 USSD 方式等。

无线应用协议型：此类手机银行产品的主要特征则是执行无限应用协议，是目前欧美市场上公认的主流产品。无线应用协议型手机银行技术实现方式多种多样，主要包括 WAP 方式、KJAVA 方式和 BREW 方式等，安全性能高，银行提供的服务较好。

(3) 根据手机银行市场推广主体的不同，可分为银行的手机银行、移动运营商的手机银行、手机制造商的手机银行。

银行的手机银行：以银行品牌推出为主，为银行客户提供新的服务渠道。由银行进行系统建设、制定业务标准，移动、联通作为运营商提供接入服务，在市场营销、客户推广、服务功能及操作方式上都以银行为主。

移动运营商的手机银行：以移动运营商品牌推出为主，为手机客户提供新的服务种类。由运营商制定标准、银行作为服务提供方接入，市场营销、推广、操作方式等均以移动运营商为主。

手机制造商的手机银行：手机制造商在激烈的市场竞争中寻求业务亮点，看好手机银行的未来发展，与商业银行联手，在新推出型号的手机芯片中，固化菜单中加入手机银行功能。

3. 手机银行的相关概念解释。

(1) GSM。GSM 是全球移动通信系统（Globe System for Mobile Communications）的英文缩写。由欧洲电信标准化协会提出，后来成为全球性标准的蜂窝无线电通信系统。主要有 GSM、DCS1800、PCS1900 三种系统。GSM 是当前应用最为广泛的移动电话标准。

(2) CDMA。CDMA（注：这里指 3G 的 CDMA）是码分多址的缩写，是目前公认的 3G 主流技术。目前存在 3 种 3G 的主流 CDMA 标准，分别是 WCDMA、CDMA2000 和 TD - SCDMA。前两者分别由欧洲和美国提出，TD - SCDMA 由中国（大唐电信）提出，已被 ITU 和 3GPP 接受。其中，WCDMA、CDMA2000 是 FDD 模式，而 TD - SCDMA 是 TDD 模式（注：FDD 一频分双工，需用两个频段进行收发；TDD 一时分双工，采用同一个频段，但以不同的时隙进行）。

(3) GPRS。GPRS 是通用分组无线业务（General Packet Radio Service）的英文缩

写，是一种基于 GSM 系统的无线分组技术，是 2.5G 的主流技术，理论上最高数据传输速率为 171.2kb/s。GPRS 利用“包交换”，就是将传送数据封装成许多独立的封包，再将这些封包一个一个传送出去。GPRS 采用分组交换技术，可以让多个用户共享某些固定的信道资源。

（4）WAP。WAP 是无线应用协议（Wireless Application Protocal）的英文缩写。它是无线互联网上的一系列协议的组合，面向移动电话等小型、窄带的移动设备。WAP 能够运行于各种无线网络之上，如 GSM、GPRS、CDMA 等。

（5）KJAVA。KJAVA 的名称来源于 KVM 虚拟机（K Virtual Machine），特指为面向基于 KVM，针对手机等资源受限设备的 JAVA 平台解决方案。由于移动互联网业务现阶段更多地集中于移动电话上的应用，因此，其上的 JAVA 应用称为 KJAVA 更确切。KJAVA 具有平台开放和易于动态下载的特性，它使第三方开发者可以为掌上设备开发 KJAVA 应用程序。

（6）USSD。USSD（Unstructured Supplementary Service Data）即非结构化补充数据业务，是一种基于 GSM 网络的新型交互式数据业务，它是在 GSM 的短信息系统技术基础上推出的新业务。USSD 系统与短信息（SMS）平台、WAP 平台的应用范围相似，但与 SMS、WAP 还有一定差距。

（7）BREW。BREW（Binary Run Environment Wireless）无线二进制运行环境，它是由子程序和可变的环境组成的一套能提供其他程序一般的使用功能和数据。BREW 能提供非常丰富的应用环境，在无线设备中，这个环境能从所有的复杂的内在事务中来保护应用软件。

二、手机银行的功能

在银行服务的激烈竞争中，各个商业银行不断地开发新的金融产品，手机银行的业务范围和服务功能被扩大更新，客户可根据实际需要方便灵活地使用各种不同的服务功能。手机银行的业务功能分为对内、对外两大类，对外可为各种不同类型的手机用户提供信息通知、手机银行交易、手机支付等金融理财服务或增值服务，对内可为银行实现签约客户资料管理、商户管理、运营监控、接口数据转换、交易清分、计费及业务统计分析等后台管理功能。

1. 银行基本业务。此类功能是将银行网点柜台的非现金业务中，挑选出适合的功能移植到手机银行上，它与电话银行、网上银行的业务功能大致相同，是对业务渠道的补充，是手机银行最为基本的功能。主要提供三类基本业务服务：账户查询功能、账户交易功能、账户管理功能。

（1）账户查询功能。个人客户可通过手机银行进行账户余额查询、账户明细查询、到期账户查询、消费积分查询、公积金查询。企业客户可以进行账户余额查询、账户历史明细查询、当日明细查询等功能。

（2）账户交易功能。

◆ 账户间转账。客户可以通过手机银行从个人名下账户向其他账户进行资金划拨，服务功能主要包括活期账户转账（卡间转账、卡内转账）、活期账户转定期、定期账户转活期。由于STK、WAP、KJAVA等方式的安全系数较高，此类手机银行可进行小额的资金定向外转业务，仅适用高级客户，同时转出账户为与银行事先约定的签约账户。

◆ 电子汇款。客户可通过手机银行从签约账户汇款到异地银行客户汇入账户，服务功能主要包括电子汇款、汇款查询。汇款成功后，客户可选择短信通知收款人。

◆ 移动缴费。缴费功能是为银行客户提供的一种全新的电子化缴费渠道。客户需先申请缴费项目，到缴费期时，系统主动通过手机短信给客户发送缴费通知，待客户确认后再向银行核心业务系统发出扣费请求，完成缴费。如果账户余额不足则发欠费通知。通常的缴费项目有水电费、煤气费、电话（手机）费、物业管理费等。

◆ 外汇买卖。客户可通过手机银行实现的功能有实时交易、委托挂单、委托撤单、止损挂单、双向挂单、查询当日成交明细、查询历史成交明细、查询委托结果、即时外汇买卖、查询外汇汇率、查询外汇走势图等。

◆ 银证转账。客户可通过手机银行实现的功能有银行账户转保证金户、保证金户转银行账户、查询保证金户等。

◆ 银证通。客户可通过手机银行实现的功能有委托成交、委托撤单、资金查询、股票余额查询、行情查询、查询委托明细、查询成交明细、查询交割明细、配号查询等。

◆ 基金债券业务。客户可通过手机银行实现的功能有基金认购、基金申购、基金赎回、查询资金账户、查询基金账户、查询当日明细、查询历史明细、查询配号、查询基金价格、债权认购、债券买入、债券卖出、查询债券交易牌价、查询债券交易代码、查询债券现价收益率、查询债券账户余额、查询资金账户余额、查询当日明细、查询历史明细、债券账户挂失等。

（3）账户管理功能。

◆ 账户临时挂失。

◆ 密码修改。

◆ 不确定交易查询。客户可通过手机银行查询在手机银行交易过程中发生异常情况，如通信堵塞、信息传输故障等不确定交易查询。

2. 短信通知类。短信通知类功能是手机银行自身独特的功能，有着其他银行服务渠道无法比拟的优势，是手机银行最吸引客户的功能。提供的短信息主要有四类：账户信息通知、银行信息通知、客户关怀和催收催缴。

（1）账户信息通知。账户信息通知主要是在客户银行账户发生变动的情况下进行的信息通知。

◆ 指定账户变更情况的通知。客户在银行指定一个或多个账户，当账户资金余额或账户状态发生改变时，银行系统将变动情况发送到手机银行，手机银行短信通知客户。

◆ 特定账务变更情况通知。客户在银行指定自己的一个或多个账户，同时指定这些账户的变更情况，或者由银行定义几种特定的账户变更情况，双方签订协议。当出现协议规定的变更时，银行系统将变更信息发送手机银行，手机银行短信通知客户。

◆ 定期账户到期通知。

◆ 贷款到期通知。客户在银行的贷款到期前，银行系统将其到期信息以及该客户需要还贷的详细信息（贷款本金、利息、还款时间、还款方式）下发手机银行，手机银行以短信方式通知客户。

◆ 缴费扣款不成功通知。客户和银行签订了缴费自动扣款业务协议，在银行系统自动扣缴过程中，如扣款不成功，银行系统则将扣款不成功原因、催缴信息等下发手机银行，手机银行短信通知客户。

◆ 定期对账服务。银行将客户一段时间内的对账单发送到手机银行，手机银行将对账单以短信方式通知客户。

（2）银行信息通知。

◆ 产品推介。当银行有新产品或新服务出台时，银行系统将该新产品或新服务的介绍信息下发手机银行，手机银行短信通知客户。

◆ 发布定制金融信息。客户与银行签约定制汇率、利率、证券指数、期权指数等信息的协议，银行根据协议定期将客户在银行定制的有关金融信息详细下发给手机银行，手机银行以短信通知客户。

（3）客户关怀。

◆ VIP 客户生日祝福。银行系统检测到当日是某 VIP 客户的生日时，便将该客户相关信息下发手机银行，手机银行生成该客户的生日祝福以短信方式发送给该 VIP 客户。

◆ 销户挽留。当客户在银行的账户发生非正常到期的销户或是取消手机银行服务时，银行系统在销户同时，将客户信息下发到手机银行，手机银行将生成感谢支持的信息，并对客户进行服务满意度调查，了解客户离开的真正原因，进而对客户开展客户挽留。

（4）催收催缴。客户的信用卡透支或各种贷款逾期不还达到规定天数以上时，就形成了不良资产，对于这些客户银行要在不同阶段采取各种不同的方式进行催收催缴，手机银行的短信通知方式是银行进行第一次催收催缴主要选用的方式。

3. 手机支付功能。手机支付业务是由银行、移动通信运营商和移动应用服务提供商共同推出的、构建在手机银行系统上的一个增值业务，是手机银行的一大特色。目前，比较适合于手机支付应用的主要有以下几个方面：商品零售业的支付、彩票购买、社会公共事业收费、交通运输及管理部门收费。

（1）面向客户。

◆ 手机钱包。又称为“小额支付”，即特约商户的小额交易支付或缴费支付业务。

◆ 支票保付业务。银行客户签出个人支票，签出支票客户通过手机向手机银行提交“个人支票保付”交易，签出支票客户通过手机将支票金额和接受支票人的手机号码上传手机银行，手机银行将其上传银行系统，由银行系统进行处理并将处理结果下发手机银行，手机银行短信通知客户。

◆ 被动支付确认业务。银行客户进行消费时用其在银行指定的账户对该次消费进行支付，商户向银行发出对该账户的扣款请求，在银行扣款前，手机银行会将该次扣款详细信息通知客户并要求客户确认，客户确认后才能进行扣款。

（2）面向商户。

◆ 支付指令的接收。手机用户在商场、网站、饭店等处购物或消费时，由商户通过POS机、计算机终端等向手机银行平台发送用户的支付信息，手机银行以短信通知客户，客户确认支付。

◆ 支付指令的反馈。手机银行平台将商户发送并由手机用户确认的支付信息进行接口数据转换，经过处理转接提交到银行核心业务系统处理，再将处理结果通过网银中心发送到手机银行并反馈给客户。

4. 手机银行内部管理功能。

◆ 签约客户资料管理。手机银行平台一方面通过银行网点柜台、网络银行等前台服务窗口接受客户的申请建立起签约客户资料库；另一方面通过后台对签约客户资料库的数据进行增加、修改、删除等操作。

◆ 商户管理。对在手机银行中提供移动缴费、移动支付的商户进行集中管理及业务量统计功能，包括对商户资料的注册、资料修改、撤销及业务量统计。

◆ 运营监控。手机银行平台实时监控整个系统交易环节的通信及交易状况，并对监控数据进行分析。

◆ 交易清分。提供日终交易对账功能，即手机银行平台与商业银行各一级分行前置系统、跨地域商户的日终交易对账，以及商业银行各一级分行前置系统与本分行核心业务处理系统对账及商户与银行间的交易对账。

◆ 计费功能。分别面向手机用户端、商户端和合作伙伴的数据流量（或交易数据）统计、缴费处理进行参数化管理。

◆ 业务查询、统计和报表分析。对通过手机银行发生的各种交易进行实时的记录，按不同条件进行查询、统计并进行报表分析。

◆ 系统维护。对手机银行平台提供必要的系统参数设置、数据备份及操作管理权限设置功能，使系统能随业务的发展进行适度的调节和功能扩充。

◆ 短信发布中心。对手机用户定制的短信息推送服务的运营进行整体监控管理。

◆ 用户管理。手机银行平台提供面向银行分支机构的用户管理，功能分为业务申请注册和服务功能设置。

三、典型手机银行系统案例

目前，我国各大商业银行都建立有自己的手机银行系统，虽各有特色，但基本服务功能类似。这里仍以中国建设银行手机银行系统为例进行介绍。

（一）建行手机银行服务

建行手机银行是中国建设银行携手移动运营商推出的，基于移动通信数据业务平台的新一代银行服务。客户只需将手机号码与建行账户绑定，就可使手机成为一个掌上的银行柜台，随时随地享受中国建设银行的优质服务。

1. 功能和服务。建行手机银行为客户提供了六大类近百种丰富便利的金融服务。

◆ 查询服务：公积金、余额、明细、来账、积分、交易日志等的查询，客户可以了解所有资金情况。

◆ 转账汇款：活期、定期账户转账；手机到手机转账、约定账户转账、向企业转账、异地汇款、跨行转账。

◆ 缴费支付：缴纳手机费、市话费等，Q 币充值、网上购物、电子客票支付等。

◆ 信用卡服务：查询信用卡账单信息、信用额度、消费积分等信息，信用卡还款等。

◆ 投资理财：股市、基金、外汇的行情咨询、买进卖出，银证转账、银行存管等。

◆ 手机商城：提供电子机票、福利彩票等商品的手机购物。

2. 建行手机银行的用途。

（1）手机到手机转账。

◆ 功能介绍。用手机到手机转账，客户无须知道收款方的银行账号，只需简单地输入收款方手机号码和转账金额，即可实现建行同城和异地账户之间的转账。它采用手机号码与银行账户绑定的方式，实现手机客户之间资金的高效划转。

◆ 适用群体。适合追求转账效率或在不知道对方银行账号的情况下进行资金划转的人群。

◆ 使用条件。转账双方开通了手机银行服务，且付款账户已经到建行网点签约成手机银行的签约账户，即可使用该功能。

◆ 使用方法。进入手机银行“手机到手机转账”功能菜单，客户可选择已经签约的活期账户作为转出账户，输入收款方的手机号码及转账金额，并确认系统反馈的含有收款人姓名的转账信息后，即可完成向他人的转账（含汇款），还可免费发送短信通知对方。

（2）手机跨行转账。

◆ 功能介绍。建行手机银行提供向全国范围内其他商业银行个人账户转账的便利服务，还提供历史收款账户保存、收款网点名称的关键字查询，以及免费发送短信通知收款方等辅助功能。

◆ 适用群体。适合追求转账效率、节约转账手续费并有向他行账户转账需求的人群。

◆ 使用条件。付款账户已经到建行网点签约成为手机银行的签约账户，即可使用该功能。

◆ 使用方法。进入手机银行“手机跨行转账”功能菜单，客户可选择已经签约的活期账户作为转出账户，输入收款方的收款行名称、收款网点名称、收款账户及收款转账金额，并确认由系统反馈的含有收款方姓名的转账信息后，即可完成向他人的跨行转账，还可免费发送短信通知对方。

（3）手机基金投资。

◆ 功能介绍。客户可以通过手机银行查询各个基金的实时行情，还可掌握历史交易、余额、委托、成交、持仓、对账等信息，并可快速便利地进行基金申购、认购、赎回、转换、撤单和修改分红方式。

◆ 适用群体。适合密切关注基金行情、追求基金买卖效率的人群。

◆ 使用条件。已经到建行柜台开立了基金账户，并且是建行手机银行客户。

◆ 使用方式。进入手机银行“投资理财”下的“基金投资”功能菜单，客户可根据自己的需要选择相应的功能进行交易查询或买卖基金。

(4) 手机Q币充值。

◆ 功能介绍。通过建行手机银行，可为本人或其他任意QQ号码进行充值。

◆ 适用群体。适合时尚新潮的QQ玩家和追求Q币充值效率的人群。

◆ 使用条件。所有建行手机银行客户均可以用。

◆ 使用方法。进入手机银行“本地服务”下的“Q币充值”功能菜单，选择充值账户，输入需要充值的QQ号码及充值金额，可为本人或其他任意QQ号码充值。

(5) 手机来账查询。

◆ 功能介绍。通过建行手机银行，可查询到手机银行各账户下转入款项的来账信息，包括时间、付款人姓名、账号和转账金额等。

◆ 适用群体。适合希望掌握账户资金的来源及有对账需求的人群。

◆ 使用条件。所有建行手机银行客户均可使用。

◆ 使用方法。进入手机银行“查询服务”下的“来账查询”功能菜单，即可查询来账信息。

3. 建行手机银行的开通和注销。

(1) 开通条件。开通手机银行的客户必须拥有建行账户、有效身份证件和一部支持上网功能的手机，且须为中国移动用户或中国联通CDMA用户，开通渠道有四种：

◆ 手机渠道：可通过手机登录建行手机银行，选择“开通向导”后按照提示信息自助开通。

◆ 网站渠道：可登录建行国际互联网主页www.ccb.com，点击页面左上角手机银行服务栏目中的“开通”按钮，按提示信息自助开通。

◆ 网银渠道：建行网上银行客户可以登录网银，点击右侧“渠道互动签约与维护”链接，按提示信息自助开通。

◆ 网点开通渠道：客户可以到任一家建行营业网点开通手机银行服务，须提供客户本人的有效身份证件和建行账户介质。

手机银行最多可支持十个账户，多个账户可同时开通。

(2) 注销服务。注销手机银行的方式有三种：

◆ 可通过任何一部可上网的手机登录建行手机银行进行注销。

◆ 登录建行国际互联网站（www.ccb.com），点击页面左上角手机银行服务栏目中的“注销”按钮后进行注销。

◆ 到建行网点注销手机银行服务。

（二）建行手机短信金融服务

手机短信金融服务是指基于中文短消息技术，通过建设银行短信平台，并依托建行业务系统，以手机短信的方式为客户提供的建行相关金融信息通知的服务。

1. 服务功能。建行提供以下十二类手机短信金融服务：

◆ 个人账户余额变动通知，包括：来账信息通知，如个人工资到账、汇款到账等信息的通知；交易信息通知，如一定限额的消费、取款、转账、约定的大额交易、特殊交易、扣款等信息的通知。

◆ 个人存款到期通知，如定期存款、凭证式国债到期，零存整取账户按时续存等信息的通知。

◆ 个人贷款催收通知，如贷款到期、贷款逾期、还款催收等信息的通知。

◆ 银行卡信息通知，如银行卡交易信息、到期换卡及卡透支、催收等通知。个人账户信息查询，如公积金余额，账户余额、账户明细、消费积分的查询。

◆ 风险预警类通知，如账户挂失、止付、解挂、解冻的通知，网银登录预警等。

◆ 金融投资类信息通知和查询，如利率、汇率、股市行情、基金净值等信息的通知和查询。

◆ 缴费支付，如交通罚没款、手机充值、公用事业费的查询和缴付，充值卡、游戏点卡等商品的支付，彩票投注等。

◆ 还款信息，如贷记卡还款、个人贷款还款等。

◆ 对公短信金融服务，包括：对公短信对账，如逐笔对账、定期批量对账；对公账户资金变动通知；对公账户查询，如账户余额、账户明细的查询；对公账户信息提醒，如月末对账提醒、定期存款到期提醒、贷款到期提醒等。

◆ 银行的营销宣传和产品宣传、产品推介，如新的基金、新的存贷款品种、新的服务的短信通知。

◆ 银行与客户关系的维系，如节日问候、对 VIP 客户的生日祝福、友情提醒等。

目前建行短信金融服务业务分别由总行、分行提供。总行提供基于理财卡、贷记卡的账户变动通知服务和基于电子渠道的通知提醒服务，分行提供基于储蓄卡的账户变动通知服务和分行特色服务（总行短信金融服务号码：中国移动、中国联通为 95533，分行短信金融服务号码和具体服务内容，请咨询当地分行）。

2. 开通和注销。目前，建行提供的短信金融服务中，账户变动通知服务和查询、缴费支付类服务需在使用前开通，持有建行存折账户（活期一本通、定期一本通）、龙卡（理财卡、龙卡通、信用卡、公积金）、个人贷款账户和对公账户的客户，且能正常接收短信的手机用户都可以申请开通建行手机短信金融服务。符合上述条件的客户都可以通过建行营业网点、电话银行、手机银行等途径申请开通或注销短信金融服务。

客户申请和办理手机短信金融服务分为两种方式：

（1）客户主动发起的方式。

◆ 通过柜台开通：客户持账户介质到银行网点申请，填写申请表格，阅读并签署相关服务协议；选择手机短信金融服务品种；客户提交签约申请表，银行验证客户申请资料的真实性；为客户实时开通相关服务。

◆ 通过电话银行开通：客户拨打95533，按照系统提示，选择短信服务，语音提示客户阅读并接受相关服务协议；选择手机短信金融服务品种；银行验证客户资料的真实性；为客户实时开通相关服务。

◆ 通过手机银行开通：客户登录手机银行，选择“本地服务”中的短信服务，系统提示客户阅读并接受相关服务协议；选择手机短信金融服务品种；银行验证客户资料的真实性；为客户实时开通相关服务。

（2）银行主动发起的方式。银行业务管理部门从银行业务系统中主动提取目标客户的有效资料，通过手机短信方式向客户推荐手机短信金融服务和相关服务协议，并提醒客户是否开通；客户阅读并接受相关服务协议，并按照提示选择服务品种；银行为客户实时开通相关服务。

客户可以通过建行营业网点、手机短信、手机银行、电话银行等渠道注销手机短信金融服务。

四、农村合作金融机构手机银行系统——北京农商银行短信通知系统

金凤凰短信通知服务是北京农商银行为个人持卡客户及企业客户提供的一项增值服务，方便客户随时随地了解账户资金变动、账户余额、贷款到期日及新业务等情况。

1. 主要功能。

◆ 账户余额增减变动通知。当客户活期账户余额发生变动时，系统自动将发生额及账户余额信息通知客户（注：客户若选择拨打电话自助开通的方式，其服务功能仅限于账户余额增减变动通知）。

◆ 刷卡消费通知（仅限于个人客户）。当凤凰卡持卡人由于刷卡消费，引起账户余额变动时，系统自动将消费金额及账户余额信息通知客户。

◆ ATM取款通知（仅限于个人客户）。当凤凰卡持卡人通过ATM取款，引起账户余额发生变动时，系统自动将ATM取款金额、手续费（跨行机具取款时）及账户余额信息通知客户。

◆ 零存整取漏存通知（仅限于个人客户）。在客户绑定的零存整取账户发生漏存的次日向客户发送提醒信息。

◆ 代理业务通知（仅限于个人客户）。在客户绑定的账户发生代收代扣业务的同时实时向客户发送相关通知信息。通知内容包括：发生日期、代理业务种类、变动金额、账户余额等要素。

◆ 贷款到期通知。在客户贷款到期的前三日向客户发送提醒信息。

◆ 主动余额查询和主动明细查询。客户通过手机发送相关信息实现账户的实时余额查询和明细查询。

◆ 单笔转账超限额短信通知。客户进行网银单笔转账交易时，若转账额度超过设置的“单笔转账交易短信授权额度”，系统自动发送短信至绑定手机，由客户对该笔转账进行授权，在短信授权成功后方能转出款项。

◆ 密码锁定短信通知。短信平台自动为网银登录密码连续输入错误且密码被锁定的

客户发送安全提示短信至预留手机号，提示客户注意账户安全。

◆ 交易授权自动通知。当网银交易需要多级授权时，系统会自动给授权人手机发送短信，通知授权人及时进行交易授权。

◆ 收款方短信通知。客户在办理网上银行转账业务的同时，可选择向收款方指定人员的手机发送短信提示，客户主动发送的短信通知每条收费 0.2 元。

◆ 新业务通知。北京农商银行发布的新业务宣传、营销活动通知及各种提示、提醒信息等。

2. 申办流程。

（1）个人客户三种开通方式。

◆ 持本人有效身份证件、农商银行银行卡到农商银行任一网点填写北京农商银行个人客户短信通知服务开通（变更、撤销）申请书，即可立即开通。

◆ 持本人有效身份证件、农商银行银行卡到农商银行任一网点注册开通电话银行业务，拨打电话银行 96198 根据语音提示自助开通。

◆ 使用农商银行网上银行客户服务功能下的短信通知业务自助进行短信通知业务的开通申请。

（2）企业客户开通方式：企业客户须凭加盖有银行预留印鉴的短信通知服务申请书、单位介绍信及经办人有效身份证件到开户网点柜台办理短信通知服务的申请、变更及撤销。

（3）不同客户及方式具体申办流程。

◆ 个人客户（柜面）（见图 4－15）。

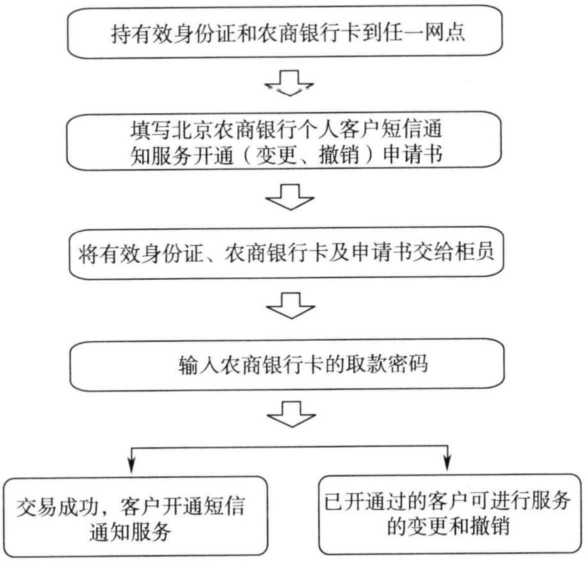

图 4－15 个人客户申办流程（柜面）

◆ 个人客户（网银端）（见图 4－16）。

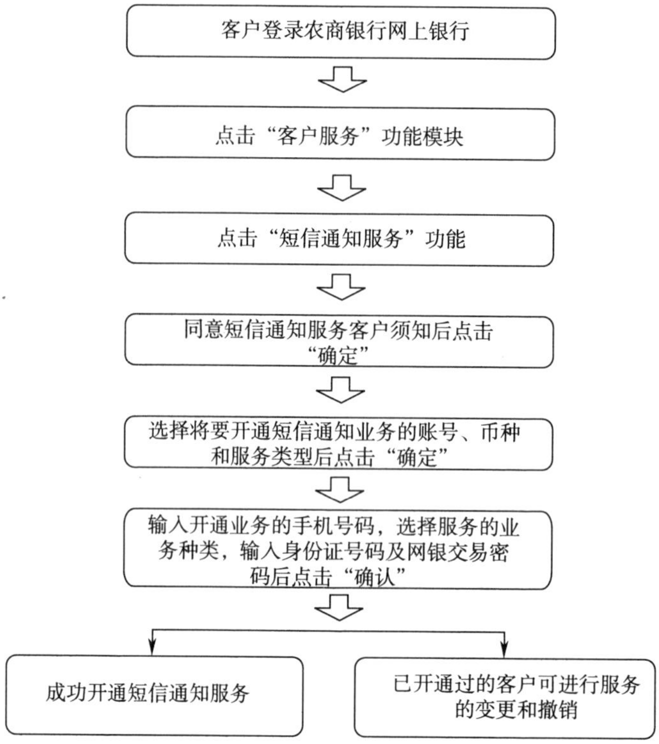

图 4－16　个人客户申办流程（网银端）

◆ 个人电话银行注册客户（电话银行）（见图 4－17）。

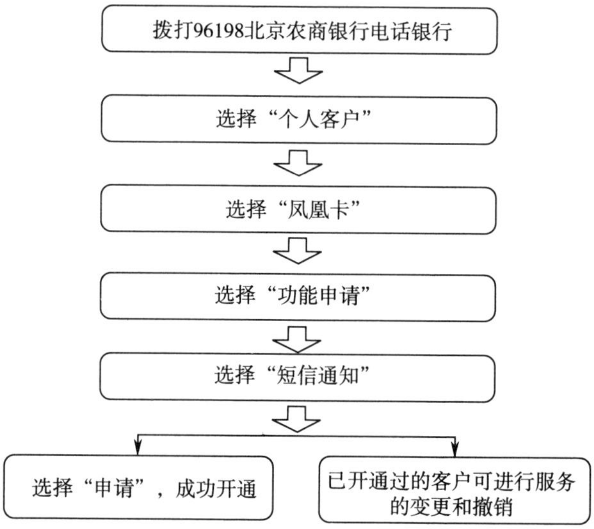

图 4－17　个人电话银行注册客户申办流程（电话银行）

◆ 企业客户（柜面）（见图4－18）。

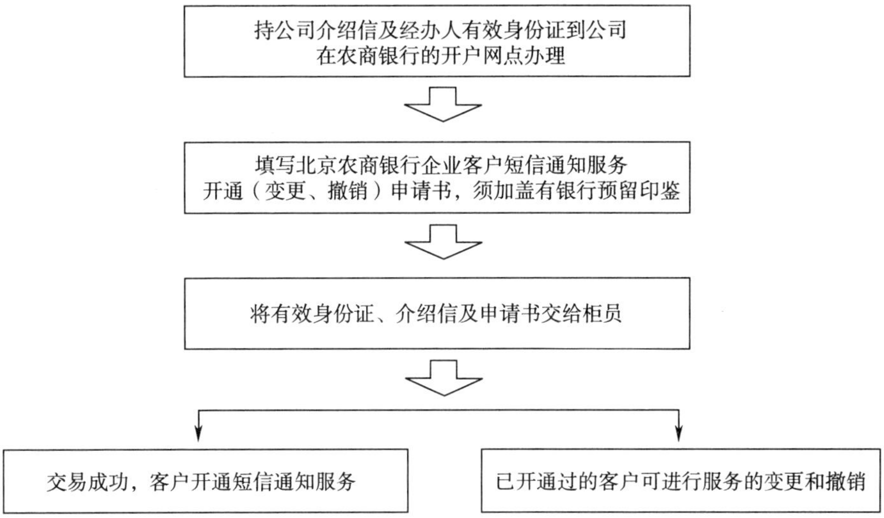

图4－18 企业客户申办流程（柜面）

本章小结

呼叫中心是基于CTI技术，集成融合通信、计算机和多媒体技术，向客户提供标准化、个性化、实时服务的综合信息服务系统。呼叫中心是金融业由产品中心向客户中心经营模式转变的标志，不但弥补了网上银行、电话银行等其他服务方式的不足，还实现了网上银行、电话银行、移动银行等多种虚拟银行业务在同一平台上的完全融合。

电话银行起始于电话转账，是指利用计算机、通信和语音转换技术，充分发挥电话的便利性向客户提供服务的一种新型银行服务系统。它由处理银行业务的计算机主机处理系统、前置机和城市公用电话网与客户电话构成，提供对私、对公、投资理财和银行卡服务功能。

手机银行，又称移动银行，是指利用移动通信网络及终端办理相关业务的银行系统。手机银行是基于短信服务的银行服务方式，既能向客户提供传统的查询、转账、理财等银行业务，又能提供手机支付、手机银行内部管理功能，还能充分发挥手机的实时性、便利性进行短信通知、短信关怀。

【关键词】

呼叫中心　电话银行　手机银行　基本功能　基本流程

【重要概念】

呼叫中心　客户关系管理CRM　e－CRM　电话银行系统　手机银行

【复习思考题】

1. 呼叫中心的分类标准有哪些，各分为哪些种类？
2. 按构建模式呼叫中心可以分为几种？各有何特点？结合你单位情况，你觉得建立什么样的呼叫中心比较合适？
3. 一个基于交换机的典型呼叫中心系统的基本构成是什么？
4. 试述客户关系管理（CRM）的内容和作用。
5. 试述电话银行系统的基本构成和基本功能。
6. 手机银行的基本功能有哪些？

【参考文献】

［1］辛树森．电子银行．北京：中国金融出版社，2007.
［2］帅青红．电子支付结算系统．成都：西南财经大学出版社，2006.
［3］张衢．商业银行电子银行业务．北京：中国金融出版社，2007.

第五章　电子支付系统

【本章概要】

电子支付系统是指采用数字化、电子化形式进行电子货币数据交换和结算的网络银行业务系统，它是实现网上支付的基础，其发展是与电子银行业务的发展密切相关的。本章主要向读者介绍了电子支付系统相关的主要概念及分类、电子支付系统的一般模式等内容，重点阐述了 ATM 系统和 POS 系统的网络结构及交易流程、第三方支付系统等。

【要点提示】

1. 电子支付的概念及特点、电子支付系统分类及一般模式；
2. ATM 系统的网络结构和交易处理流程；
3. POS 系统的工作方式、网络结构和交易处理流程；
4. 国内外电子汇兑系统的种类及模式；
5. 第三方支付系统。

【本章架构图】

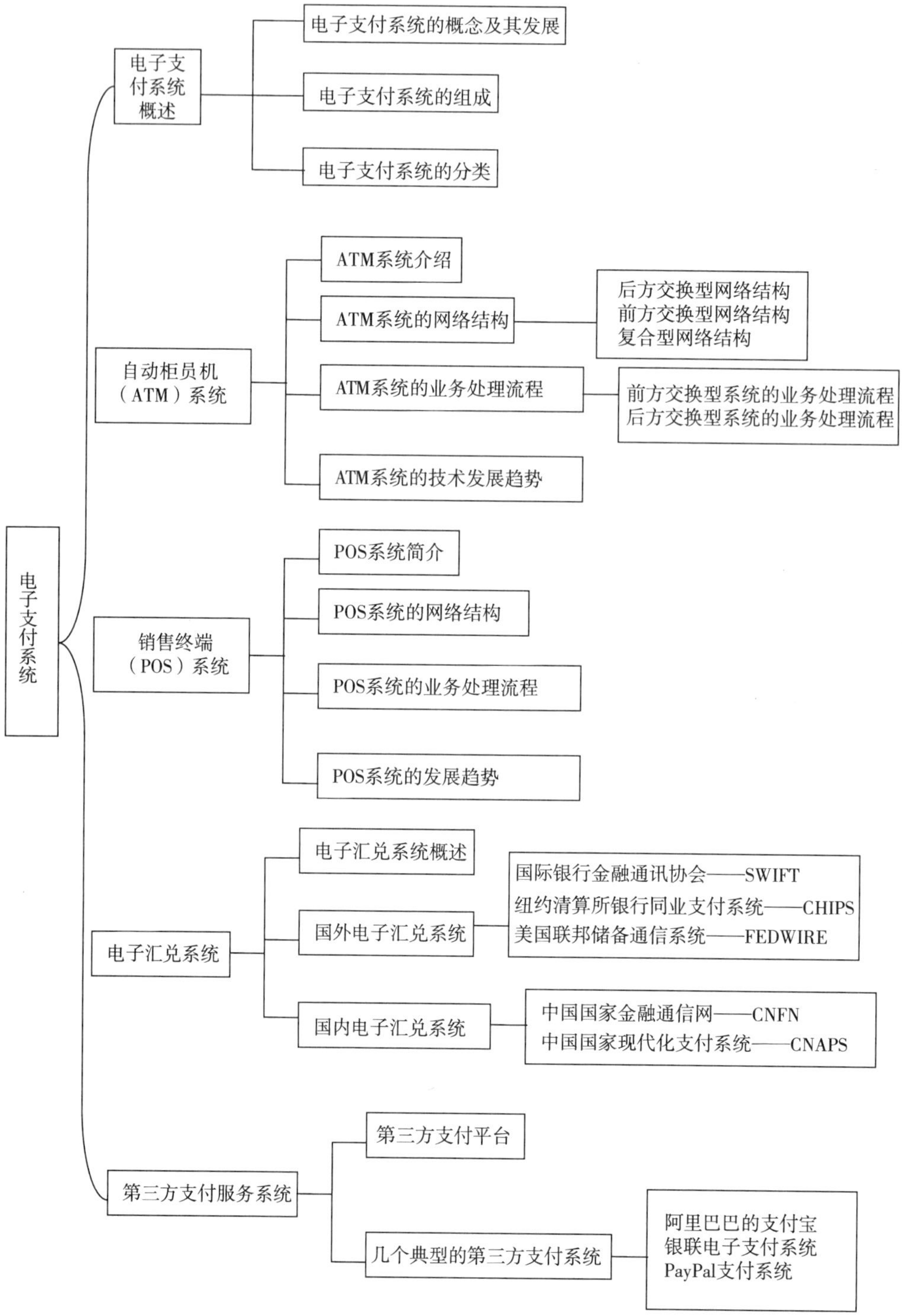
电子支付系统
电子支付系统概述
电子支付系统的概念及其发展
电子支付系统的组成
电子支付系统的分类
自动柜员机（ATM）系统
ATM系统介绍
ATM系统的网络结构
后方交换型网络结构
前方交换型网络结构
复合型网络结构
ATM系统的业务处理流程
前方交换型系统的业务处理流程
后方交换型系统的业务处理流程
ATM系统的技术发展趋势
销售终端（POS）系统
POS系统简介
POS系统的网络结构
POS系统的业务处理流程
POS系统的发展趋势
电子汇兑系统
电子汇兑系统概述
国外电子汇兑系统
国际银行金融通讯协会——SWIFT
纽约清算所银行同业支付系统——CHIPS
美国联邦储备通信系统——FEDWIRE
国内电子汇兑系统
中国国家金融通信网——CNFN
中国国家现代化支付系统——CNAPS
第三方支付服务系统
第三方支付平台
几个典型的第三方支付系统
阿里巴巴的支付宝
银联电子支付系统
PayPal支付系统

第一节 电子支付系统概述

一、电子支付系统的概念及其发展

支付系统就是指金融业为了解决经济行为人之间的商品交换和劳务关系所引起的债权、债务的清算和结算所提供的一系列金融服务。支付系统由经济行为人、商业银行和中央银行共同构成，它们各自担当不同的角色。经济行为人之间由于交易而产生支付义务，这种支付义务必须依靠银行为其提供银行间的清算服务，所以中央银行是清算的终结机构。因此，支付体系通常由两个层次构成，底层是由客户和银行等金融机构的支付与结算活动构成；高层是由面向往来银行和金融机构、中央银行与商业银行之间的支付与清算活动构成。这两个层次将金融交易中的双方与银行等金融机构紧密联系起来，共同构成一个复杂的支付体系。自从纸币和票据出现以来，这两个层次的资金支付活动就一直存在，但是由于纸质票据的流通缓慢和数据处理的繁重阻碍了资金流通，所以没有形成现代意义上的支付体系。随着银行卡的出现、计算机技术的发展、各种电子资金转账（Electronic Fund Transfer，EFT）的建立和推广，促使纸币发展为电子货币，通过资金流和信息流将资金支付活动的双方有机地联系起来，形成各种电子支付系统，也就是说电子支付系统是指采用数字化、电子化形式进行电子货币数据交换和结算的网络银行业务系统，它是实现网上支付的基础。

电子支付系统的发展是与电子银行业务的发展密切相关的。从历史的角度来看，电子支付系统经历了以下几个发展阶段：

（1）银行内部电子管理系统与其他金融机构的电子系统连接起来，如利用计算机处理银行之间的货币汇划、结算等业务；

（2）银行计算机与其他机构的计算机之间资金的汇划，如代发工资等；

（3）通过网络终端向客户提供各项自助银行服务，如 ATM 系统；

（4）利用网络技术为普通大众在商户消费时提供自动的扣款服务，如 POS 系统；

（5）网上支付方式的发展，电子货币可随时随地通过 Internet 直接转账、结算，形成电子商务环境。

目前，EFT 系统是银行同客户进行数据通信的一种有力工具，通过它银行可以把支付系统延伸到社会的各个角落。例如，零售商店、超级市场、企事业单位乃至家庭。从而为客户进行支付账单、申请贷款、转账、咨询、缴纳税金等金融活动提供方便快捷的服务。

尤其是在网络时代，EFT 系统的应用已经发展成一个集 Internet、Extranet 和 Intranet 广泛的电子支付网络系统，如图 5－1 所示。

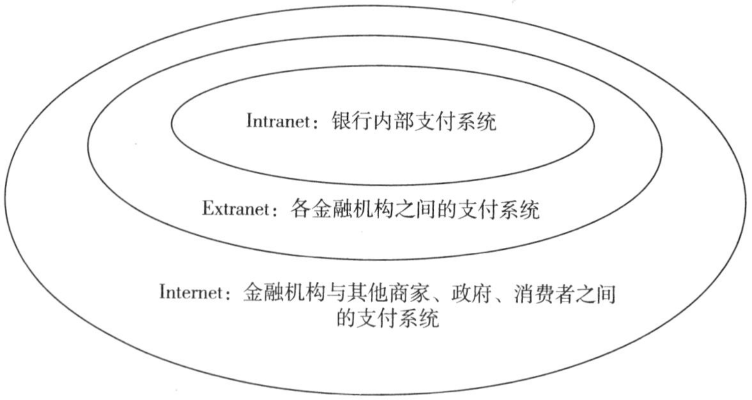

图5－1　现代支付网络体系的构成图

二、电子支付系统的组成

（一）电子支付系统的层次

一个国家的电子支付系统一般由支付服务系统、支付清算系统和支付信息管理系统三个层次组成。

1. 支付服务系统。支付服务系统主要指完成银行与客户之间的支付与结算的系统。它一般在银行的柜台上完成，是银行为客户提供金融服务的窗口，账户多、业务量大、涉及客户与银行双方的权益，是支付系统的基础，也是金融信息系统的源点。根据我国金融电子化二十多年的实践结果，支付服务系统在我国具体包括公司业务系统、储蓄业务系统和新型电子化服务三类系统。

2. 支付清算系统。支付清算系统，这是一种跨行业务与资金清算系统。支付清算系统是国民经济资金运动的大动脉，社会经济活动大多要通过清算系统才能最终完成。该系统一般由政府授权的中央银行组织建设、运营和管理，各家商业银行和金融机构共同参加。这类系统几乎涉及一个地区或国家的所有银行或金融机构，系统庞大而复杂。

3. 支付信息管理系统。支付信息管理系统，也就是通常所说的广义的金融管理信息系统，它是连接金融综合业务处理系统，对各子系统所产生的基础数据进行采集、加工、分析和处理，为管理者提供及时、准确、全面的信息及信息分析工具的核心系统。它的建设和完善对提高金融业的经营管理水平具有重要作用，是防范和化解金融风险的必由之路，也是金融现代化的重要标志。

通过上述三种支付系统，可以完成金融支付体系的所有支付活动。在金融实际业务中，支付服务系统主要完成客户与商业银行之间的资金支付与结算活动；支付清算系统主要完成中央银行与商业银行之间的资金支付与清算活动；而支付信息管理系统体现的是金融系统的增值服务与监管方面的内容，它是建立在支付服务系统与支付清算服务系统基础之上的。

（二）客户和银行之间的电子支付系统

在该层次，银行要完成支付与结算活动，必须以客户为中心，提供完善的电子自助服务，它通常包括 ATM、Home Bank 等银行卡授权支付系统，自动清算所（ACH）等支票支付结算系统，POS 等商业支付系统、企业银行系统以及近几年发展起来的网上支付系统等。

1. ATM 系统。ATM 系统利用银行卡在自动取款机或自动柜员机上，执行存取款和转账等金融交易的自助银行系统。

2. 家庭银行（Home Bank，HB）系统。家庭银行系统是消费者在家中通过电话、计算机、电视机屏幕等设施和相应的软件系统所进行的现金管理、资金划拨及支付账单等服务的系统。通常它使用银行卡账户进行支付。

3. POS 系统。持卡人在银行特约商户消费后，通过位于商业网点的 POS 终端和专用网或公共数据通信网，与银行主机相连完成电子转账工作。整个过程包含了商品交易、资金支付、转账和清算等内容。

4. 自动清算所（ACH）。自动清算所用于金融机构的支付跨行处理系统，特别是高价位、周期性的小额支付。如工资、抵押、汽车贷款、社会保险等的支付，有信用交易和借贷交易两种形式。

5. 企业银行系统（CB）。企业银行系统服务对象是大中型公司或政府机构在内的具有法人身份的电子银行系统，它与电子汇兑系统相结合，为企业提供诸如资金管理、财务管理、商务管理、投资功能业务等金融交易和信息增值服务内容。

6. 网上支付系统。网上支付系统是由万维网与电子银行专用网等构成的开放式支付系统，网上支付是电子商务发展的核心。它根据不同的网络货币产生了三种支付系统，即网上支票支付系统、网上信用卡支付系统以及网上现金支付系统。

（三）金融机构之间的电子支付清算系统

这是电子支付体系的高层，也是银行完成客户服务活动的基础。它完成往来银行与金融机构之间、中央银行与商业银行之间的支付与结算活动。该层支付体系主要由自动清算所、电子汇兑系统以及外汇交易结算系统等构成。下面介绍几种主要的电子支付系统。

1. 国际环球同业财务电信系统（SWIFT）。国际环球同业财务电信系统是一种电子汇兑系统，一个全球金融机构间支付及其他财务信息交换的网络，也是银行间的国际结算系统。它在全球范围内，把金融成员机构串联起来，传送与汇兑相关的各种金融信息，并支持外汇交易、金融市场、证券和贸易等金融活动的各种需要。成员机构收到信息后，将信号转送到相关的资金调拨或清算系统内，最终完成各种资金转账处理。

2. 纽约清算所银行同业支付系统（CHIPS）。纽约清算所银行同业支付系统是世界性的资金调拨系统，完成世界 90% 的外汇交易，主要用于与外汇交易有关的美元、欧元的支付，是国际贸易资金清算的桥梁。

3. 联邦储备通信系统（FEDWIRE）。联邦储备通信系统，这是美国第一条支付网络，隶属于美联储体系，是美国国家级的支付系统，它实时处理大额资金的划拨业务，并逐笔清算资金。

4. 证券清算与结算支付系统。证券清算与结算支付系统完成证券经营机构、银行与交易所等之间的清算和结算工作。如美国国家证券结算公司（NSCC），为美国八大证券交易所服务的清算系统，负责美国98%的债券与股票清算和结算工作，其中FEDWIRE负责其债券交易活动。

5. 期货的清算与结算支付系统。该系统的参与者包括交易所、清算组织、清算成员和结算银行。如美国芝加哥商品交易所（CME）等。

6. 外汇交易结算系统。一般而言，大的金融机构将为进行国际贸易的客户提供外汇贸易，常用的双边清算系统有SWIFT提供的ACCORD服务系统，由英国12家银行建设的清算系统FXNTTL，另外常用的多边清算系统如设在英国伦敦的ECHO系统等。

我国的电子支付系统主要包括同城清算所、电子联行系统、电子资金汇兑系统、银行卡支付系统、网上支付系统、邮政储蓄汇兑系统、中国国家支付系统等。

三、电子支付系统的分类

电子支付系统可以分为三类：大额支付系统、脱机小额支付系统、联机大额支付系统。各类系统的主要特点概述如下：

1. 大额支付系统。它主要处理银行间大额资金转账，通常支付的发起方和接收方都是商业银行或在中央银行开设账户的金融机构。大额支付系统是一个国家支付体系的核心应用系统。现在的趋势是，大额系统通常由中央银行运行，处理贷记转账，当然也有由私营部门运行的大额支付系统，这类系统对支付交易虽然可作实时处理，但要在日终进行净额资金清算。大额系统处理的支付业务量很少（1%～10%），但资金额超过90%，因此大额支付系统中的风险管理特别重要。

2. 脱机小额支付系统。它亦称批量电子支付系统，主要指ACH（自动清算所），主要处理预先授权的定期贷记（如发放工资）或定期借记（如公共设施缴费）。支付数据以数据通信方式提交清算所。

3. 联机大额支付系统指POS和ATM系统。其支付工具为银行卡（信用卡、借记卡或ATM卡等），主要特点是金额小、业务量大，交易资金采用净额结算（但POS和ATM中需要对支付实时授信）。

第二节　自动柜员机（ATM）系统

一、ATM系统介绍

（一）ATM系统的概念

在1967年6月27日，英国人约翰·谢珀德·巴伦（John Shepherd Barron）发明的第一部电脑自动提款机，安装于英国伦敦北部的柏克莱银行Enfield分行。1995年，上海金卡工程ATM在中国开通。自动柜员机，即ATM，是指银行在不同地点设置一种小型机器，利用一张信用卡大小的胶卡上的磁带记录客户的基本户口资料（通常就是银行卡），让客户可以通过机器进行提款、存款、转账等银行柜台服务，大多数客户都把这种自助机器称为提款机。ATM（Automatic Teller Machine）系统，即自动柜员机系统，是利用银行发行的银行卡，在自动柜员机（ATM）上，执行存款、取款和转账等功能的一种自助银行系统。系统中的 ATM 是无人管理的自动、自助的出纳装置。持卡人可在 ATM 上自行完成存取款、转账等金融交易。ATM 既可安装于银行内，也可安装于购物中心、机场、企事业单位和其他公共场所。通过 ATM 系统，银行可把自己对客户的服务扩大到银行柜台以外的地方，因此 ATM 系统是银行柜台存取款系统的延伸，并可以全天候地服务，深受广大客户的喜爱。ATM 系统是电子资金转账（EFT）系统中最早应用成功的项目，自 1969 年推出 ATM 系统 40 多年来，全球的 ATM 始终处于高速发展的状态。ATM 系统在发展过程中，经历了从专用系统到共享系统的阶段。专用系统是由一个金融机构独自购置网络中的 ATM、其他硬件和所需软件，并独自发行其银行卡的系统，它的对象是本行客户。在 ATM 系统发展早期，一些大的银行或金融机构凭借自身资金或资源优势组建了方便自己客户使用的 ATM 服务系统，后来随着技术的发展和业务规模的扩大，专有系统提出了与其他金融机构的 ATM 网络互联，对彼此的客户提供服务的要求，同时一些中小银行或新型金融机构受资金、人力和其他资源的限制，也提出了共享原有系统，走联合发展道路的需求。当今世界上著名的 ATM 系统，都是共享系统，共享 ATM 网络的进一步发展，就形成全国性共享的 ATM 系统。通过全国性共享 ATM 系统，可使各金融机构平摊新产品的开发费用并分摊风险，大大降低支付产品的运行管理费用，克服地域限制，使银行能经营跨地区的银行业务。

目前，发展共享系统已经成为一种趋势，不论大小银行都会选择参加一个共享系统，尤其随着 VISA 和 Master Card 两大国际性信用卡组织提供全球性的 ATM 服务后，ATM 系统又朝着国际化方向发展。在发达国家，如美国，已经建立了全国性的 ATM 网络。在美国，任何一个持卡人，持有任何一个银行发行的银行卡都可以在美国境内任何一家银行的 ATM 中提取现金，然后与这个 ATM 所属的银行与发卡行进行结算。这个 ATM 网络正在向全世界发展，形成全球性自动提款机网络。例如，美国花旗银行已经将其在墨西哥和加拿大境内的分行与这个网络系统连通，使美国各个银行的储蓄卡持有人可以在墨西哥和加拿大境内的花旗银行的 ATM 中提取现金。我国早已开始建设全国性共享 ATM 系统，并于 2002 年成立银联中心，只要具有“银联”标识的银行卡就可以共享 ATM 系统提供的服务。

（二）ATM 系统的主要功能

ATM 系统通过 ATM 可提供如下多种功能。

1. 取现功能。可以从支票账户、存款账户或信用卡账户提取现金。

2. 存款功能。可以存款到支票账户或存款账户。

3. 转账功能。可以实现从支票账户与存款账户的相互转账，从信用卡账户到支票账户的转账等。

4. 支付功能。具有从支票账户、存款账户扣款以及函内支付等功能。

5. 账户余额查询功能。系统可根据客户的要求检索该特定账户的余额。

6. 非现金交易功能。例如，修改个人密码（PIN）、支票确认、支票保证、电子邮递、验证现钞、缴付各种公共事业账单等。

7. 管理功能。例如，查询终端机现金余额；终端机子项统计；支票确认结果汇总；查询营业过程中现金耗用、填补及调整后的数据；安全保护功能等。

当今的 ATM 系统，正向多功能化发展。ATM 不仅可用于存取款作业，还可当做自助银行的自助终端机使用。

（三）ATM 系统的主要构成

ATM 的构成可以分两部分：硬件系统和软件系统。

硬件系统：硬件系统由下半部分的保险柜和上半部分的电子柜构成主体框架。保险柜中包含现金处理模块——机芯、出钞模块、存款箱、取款箱、加密模块、回收钞箱、传动系统等。上半部分为系统控制部分——电子柜包括 ATM 控制机、读卡器、流水打印机、凭条打印机、通信控制板或者输入输出（I/O）控制板。机器外部为面板部分，面板部分都是按照人体工程学原理设计，考虑了读卡口位置、键盘位置、闸门位置、显示器位置及其用户使用的高度和角度等。下面简单介绍几种硬件设施：

1. ATM 控制机。它是整个 ATM 的控制中心，通过运行 ATM 软件，负责 ATM 各个部分的检测、驱动，协调各部分的关系；在脱机应用时负责对银行卡的通信，即将各种银行交易数据形成加密报文，通过通信线路传输到银行主机，然后根据主机的应答作出相应处理；大部分 ATM 的控制机都采用可以保证 24 小时连续运行的 PC 系列微机。

2. 外围设备控制板。其主要作用是在 ATM 控制机的驱动下，控制 ATM 各个功能模块的工作，主要有读写器、打印机、出钞系统等。

3. 读写器。它负责对持卡人使用的银行卡进行读写操作，可以对符合 ISO 标准的磁卡和 IC 卡进行读写操作。为了防止 ATM 突然断电时银行卡不能即时退出，大部分 ATM 装备了后备电池，以保证断电后系统的运行。

4. 客户账单打印机。其功能是按照特殊格式打印持卡人所做的每笔交易通知单。

5. 流水账打印机。其作用是记载 ATM 的各种操作（包括开机自检、各种交易、ATM 开关门等）而保留打印记录，以便检查核对。

6. 后台操作部分。其主要用于操作员对 ATM 的日常管理，如开关机、转账和进行参数设置等。

7. 出钞模块。这是 ATM 的关键部分，分为摩擦式出钞和真空泵吸式出钞两种。出钞模块对钞票有一定的要求，一般以七八成新为好。通常 ATM 可配 2 ~ 4 个钞箱，每个钞箱可装 2 000 ~ 3 000 张钞票。

8. 回收钞箱。回收钞箱用于回收出钞机认为残缺的钞票，或客户在规定时间（一般为 30 秒到 1 分钟）内忘记从出钞口取走的钞票。

软件系统：ATM 系统必须在软件的控制下才能进行。ATM 系统的软件分为 ATM 端和主机端软件两部分；ATM 端的软件一般称为 ATMC，运行于 ATM 控制机上，一般由 ATM 供应商提供，银行可以对程序流程、提示和控制条件与供应商合作进行改动。主机端的 ATM 软件——全称为 ATMP，其功能是用于建立主机与 ATM 的通信，对 ATM 的状态进行监控以及与主机数据库之间进行账务处理等。

（四）ATM 的工作方式

依据 ATM 工作时是否与银行主机相连，可以划分为脱机方式和联机方式。

1. 脱机方式。脱机工作的 ATM 不与银行主机相连。这种 ATM 要有读、译银行卡的所有逻辑功能，以便能由 ATM 独立检验银行卡的合法性和持卡人的身份。脱机 ATM 与联机 ATM 的另一不同点是，它要改写银行卡磁条上的信息，防止在用银行卡于一天内的提款次数超过允许数。对银行来说，脱机操作存在较大风险，作案分子有可能利用伪造磁卡在脱机 ATM 上骗取可观的现金。若采用磁卡作为支付工具时，要严格禁止 ATM 以脱机方式工作。

所有的 ATM 交易都打印收据。原件交给客户，复制件为该 ATM 所持有，事后由银行出纳人员进行检验和过账操作。也可将交易记录存在磁盘或磁带上，作为打印收据的备用记录。如果 ATM 没有装备任何备用存储器，收据打印机就会失效，无法打印。此时，ATM 会发出内部警告信号，表示机器已出故障。

脱机 ATM 必须有内部存储器，用于储存违约账户和被盗卡等信息的止付卡表。这种止付卡表需要手工装入，还需经常更新。

2. 联机方式。以联机方式工作的 ATM，通过专线或电话线路连至银行主机。联机操作时，银行主机文件可以实时更新，保持在银行主机系统数据库里的止付卡表总是处于最新状态，能为网络中的所有 ATM 共享。联机 ATM 可直接到银行主机文件内进行存取操作，可省去大量的手工检验和过账操作。在 ATM 操作结束前，日文件依然保持先前状态，一旦银行主机检测到一笔 ATM 交易已经完成，银行主机就修改数据库中的相应数据，自动进行过账，结束该事务。

联机操作需要完备的通信线路，成本比脱机操作高。但是对银行来说，它在保证资金安全、及时更新银行主机文件、有效监控交易处理等许多方面，有很多优点；对客户来说，联机 ATM 还增加了查询账户余额的功能。因此，当今的 ATM 系统都采用联机工作方式。

表 5－1　　ATM 脱机操作与联机操作的比较

比较内容	脱机操作	联机操作
终端机与银行主机相连	不	是
检验止付卡与持卡人身份	由 CD/ATM 独立完成	送主机检验
终端机对磁卡	要有读、译、改写功能	要有读功能
终端机存储、更新止付卡表	要	可不必
用磁卡时的安全性	差	好
过账操作	事后批处理	立即自动进行
查询余额	不能	能
成本	便宜	较高

二、ATM 系统的网络结构

不同的 ATM 系统有不同的网络结构。同其他电子银行系统一样，根据交换中心在系统中的不同位置，可将 ATM 网络结构分为后方交换型网络结构、前方交换型网络结构、复合型网络结构三种。

（一）后方交换型网络结构

在后方交换型的共享 ATM 系统中，交换中心位于各成员行之后，各成员行拥有自己的 ATM 或 POS 终端机。业务处理时，本行持卡人在自有系统的终端机上所做的交易留在自己行内处理；跨行交易，均送交换中心转发到相应的发卡银行去处理，发卡行收到代理行经交换中心送交的交易请求信息后，经必要的确认处理和账务处理，再将授权信息经交换中心发给代理行，请其按指示代为处理。若是存取款和转账交易，代理行执行完响应指令后，还需通过交换中心向发卡行发送确认信息。发卡行收到确认信息，执行完提交处理后，才能最终完成一笔交易。日终时，代理行和发卡行之间要通过中央银行将跨行交易的资金清算和手续费进行给付处理，属于 ATM 的共享系统，具体流程如图 5 -2 所示。

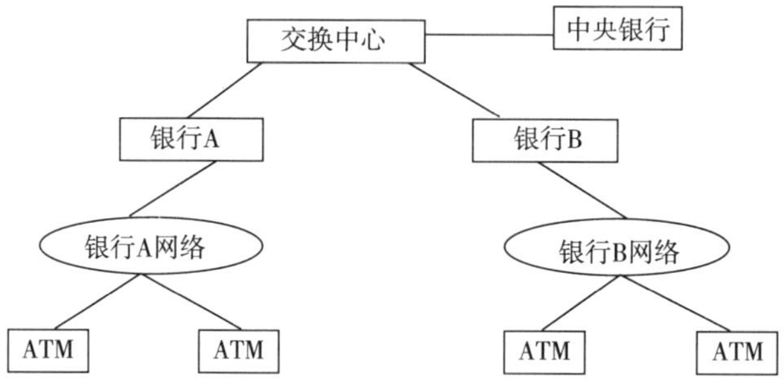

图 5 -2　后方交换型的网络结构图

（二）前方交换型网络结构

新建的共享网络系统多属于前方交换型，在这种交换型的网络结构中，交换中心位于银行主机和 ATM/POS 终端机之间，系统中所有的终端设备，原则上由交换中心投资，所有交易全由交换中心直接转发到相应的发卡行进行处理，因此没有跨行交易，所以也不存在银行之间的资金清算问题，原则上不需要中央银行的参与；发卡行收到交换中心发来的交易信息后，经确认处理，发送授权信息给交换中心，请其指令终端设备按指示要求进行处理，具体流程如图 5 -3 所示。

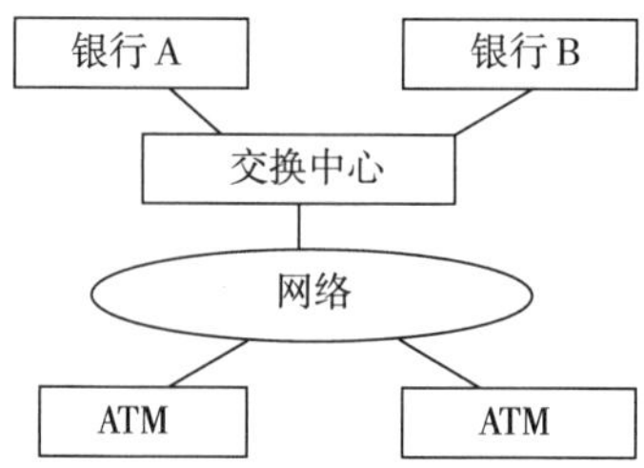

图 5 -3　前方交换型网络结构图

（三）复合型网络结构

顾名思义，系统中既含前方交换型又含后方交换型的网络，就是复合型网络系统。如图5－4所示，对ATM1来说，交换中心在银行之前，是前方交换型；对ATM2～ATM5来说，交换中心在银行之后，是后方交换型。持卡人在ATM1上做的交易，按前方交换型网络系统的交易处理流程处理；持卡人在ATM2～ATM5上做的交易，按后方交换型网络系统的交易处理流程处理。

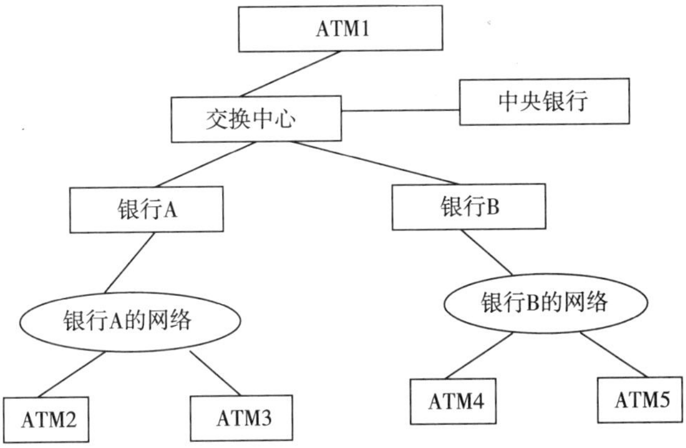

图5－4　复合型网络结构

三、ATM系统的业务处理流程

ATM系统采用不同类型的网络结构就会有不同的业务处理流程。由于复合型的网络结构是由前方交换型与后方交换型共同组成的，因此，ATM系统实质上只是由后方交换型与前方交换型这两种不同的业务处理方式构成，下面将分别介绍这两种业务处理流程。

（一）前方交换型系统的业务处理流程

前方交换型的ATM交易系统经交换中心识别后转发交易信息，因此，不存在跨行交易，通常为行内交易。现用存、取款交易进行举例说明。

通常，交易处理过程包括请求处理、响应处理和确认处理，并各自对应三种信息流，即请求信息、响应信息和确认信息。

1. 请求处理。当持卡人输入PIN、交易类型和交易额后，由ATM终端机启动请求信息，经交换中心发往相应的发卡行。

2. 响应处理。发卡行进行响应处理和账务处理后，发出响应信息给交换中心，授权它按指示向ATM发送指令。

3. 确认处理。交换中心向ATM发出响应指令后，若非查询交易，还需向发卡行发确认信息；发卡行收到确认信息后，就执行提交操作，修改数据库，完成该笔ATM交易。

因此，在前方交换型网络系统做一笔存、取款交易，需经过以上步骤才能最终完成，具体业务操作流程如图5－5所示。

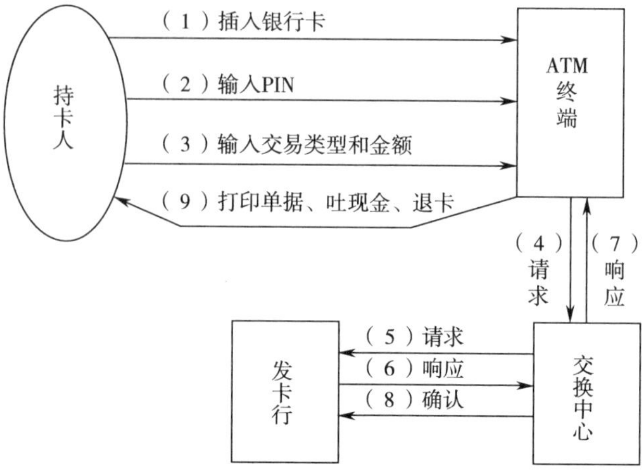

图 5-5　前方交换型系统的业务处理流程

（二）后方交换型系统的业务处理流程

后方交换型网络结构类型包含行内交易与跨行交易，相对而言，处理较复杂，需要清算银行的介入才能完成跨行支付的清算工作。在这种 ATM 系统里，各成员行都可拥有自己的 POS 和 ATM 终端机；自己的持卡人在自有系统的 POS 和 ATM 上所做的交易，留在自己行内处理；在共享 ATM 系统上所做的跨行交易，均送交换中心转发到相应的发卡银行去处理，具体流程如图 5-6 所示。

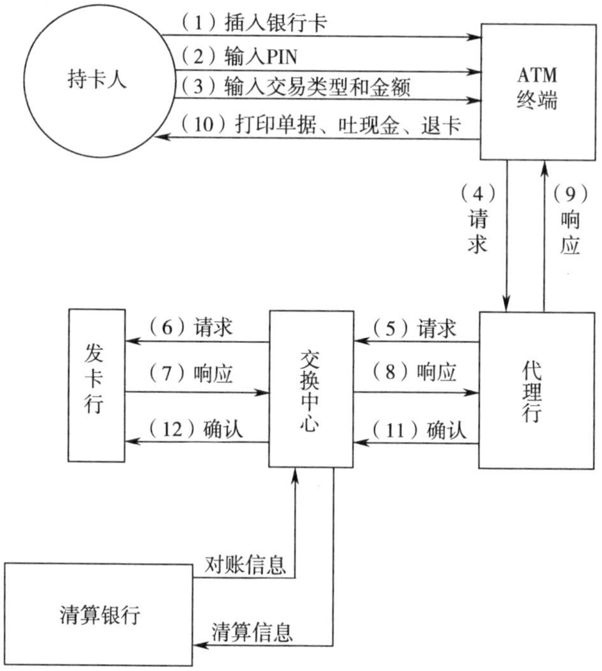

图 5-6　后方交换型系统的业务处理流程

1. 请求处理。当持卡人输入 PIN、交易类型和交易金额后，由代理行终端机启动请求信息，请求信息经代理行、交换中心发往发卡行。

2. 响应处理。发卡行接收到交换中心发来的交易请求信息后，检查银行卡和持卡人等的合法性，交易金额的合理性，并由发卡行启动响应信息，通过交换中心，授权代理行指令 ATM 按响应指令指示进行交易。与此同时，若发卡行授权代理行进行存取款处理，则发卡行还要进行账务处理（包括持卡人的账务处理和与代理行之间的清算处理）和各种交易费用的计付处理。

3. 确认处理。完成一笔交易后，由代理行启动确认信息，针对交易执行结果提出确认报告。发卡行接收到确认信息后，提交上述账务处理和交易费用计付处理结果，修改数据库中的相应数据，最终完成一笔 ATM 交易。

如果是一笔跨行的余额查询业务，则只有请求处理和响应处理，而无须确认处理。日终时，交换中心要向清算银行（我国为中国人民银行）发送清算信息，由清算银行完成代理行与发卡行之间当天的资金清算。然后，清算银行通过交换中心向各银行发送当天的对账信息，若对账无误，则最终完成一天所有的 ATM 交易。

四、ATM 系统的技术发展趋势

在发达国家，由于 ATM 系统的运行成本大大低于柜员操作成本，这些国家的银行不断加大投资，扩大和完善 ATM 系统，增加服务功能和提高安全性，采用一系列措施吸引客户使用 ATM 服务。

首先，增加应用功能。目前，为了增加 ATM 系统的服务功能，特别是非现金交易功能，已研制开发能处理多种类型资料的 ATM 或专用自助终端机，从而使 ATM 系统能提供支票存款、支票兑现、识别和验证现钞，以及缴付各项账单，提供各种非现金交易服务等多种自助服务。例如，有的专用自助终端机能读取写在支票上的金额，在支票存入或兑现之前，能核查付款人在支票上的签名和收款人在支票背面的签名。客户在具备手写识别技术的专用终端机上，凭手写的支票可进行提款、存款和转账。有的专用自助终端机具有磁性墨水字符识别（MICR）和光学字符识别（OCR）功能，能读取公用设施账单和汇款单上的磁性墨水字迹、光学字符条码线，还能识别账单上的各种文字、手写字和图形。这样，通过这些专用自助终端机可为储蓄户提供验证现钞服务，可用之缴付各种公共事业账单，不仅可以转账方式缴税、缴房租、缴水电费，甚至还可用它缴停车罚款，办理驾驶执照续期等非现金交易事务。有的自动服务终端机，还可为储蓄户办理提款和打簿。

其次，提高安全性。ATM 系统还开发了各种新的身份识别技术，以提高系统的安全性。1998 年，NCR 公司将虹膜识别技术应用于 ATM。采用该技术时，需事先将用户的虹膜图像信息存入银行的数据库。此后，当使用 ATM 的客户站在距 ATM 30～100 厘米处时，ATM 的摄像镜头就开始工作，拍摄客户的面部轮廓和虹膜的黑白数字图像，将虹膜信息被转化成 256 位的“个人条形码”，并将其与存在银行数据库系统内的信息进行比较和确认，若使用者的虹膜信息被接受，使用者就可使用 ATM。另一个新的身份识别技术是语音识别技术。银行可将一种能储存语音特征的“智能卡”中储存有持卡人的独特“发音特征”。使用这种卡时，用户插卡后对着 ATM 说 1 ~2 个字，ATM 就会将用户说出的语音，同卡内的发音特征进行比较，二者必须相符，才能进入系统。若有人假冒这名用户，ATM 就拒绝为其服务。采用这种技术时，客户不必输入 PIN，只需对着 ATM 说话，ATM 就可识别客户的身份，用户便可提取现金，得到所需的服务。

从 20 世纪 90 年代开始，出现了 24 小时服务的自助银行。在这种自助银行里，安装了 ATM、自动存款机、自助补登折打印机、多功能查询终端、自动换卡机、自助缴费机、自助外币兑换机和各种专用自助终端，并将这些自助终端机连接到 ATM 系统里。这样，通过 ATM 系统，就可为客户提供全天候、全方位的自动自助的电子银行服务。

随着其他电子银行系统的开发应用，将会有更多的 ATM 系统，可同其他的电子银行系统，如柜员联机系统、POS 系统、家庭银行系统等作联动处理。就是说，ATM 系统将作为电子银行系统的一部分，同其他电子银行系统集成在一起，为客户提供综合的业务服务。

第三节　销售终端（POS）系统

一、POS 系统简介

（一）POS 系统的概念

POS（Point of Sales）是一种多功能终端，把它安装在信用卡的特约商户和受理网点中与计算机连成网络，就能实现电子资金自动转账，它具有支持消费、预授权、余额查询和转账等功能，使用起来安全、快捷、可靠。从 20 世纪 60 年代末开始，发达国家的金融机构为了扩大银行卡的功能和使用范围，在零售商店、酒吧等销售点处开办了 POS 系统。持卡人在消费点消费后，可通过 POS 系统直接进行电子资金转账工作。

POS 系统也称做销售时点信息系统，是指通过自动读取设备（如收银机）在销售商品时直接读取商品销售信息（如商品名、单价、销售数量、销售时间、销售店铺、购买客户等），并通过通信网络和计算机系统传送至有关部门进行分析加工以提高经营效率的系统。POS 系统最早应用于零售业，以后逐渐扩展至其他如金融、旅馆等服务行业，利用 POS 系统的范围也从企业内部扩展到整个供应链。POS 系统经历了几个发展时期：第一代是使用借记卡的专有系统；第二代是共享的 POS 系统，这种系统既可用借记卡，也可用信用卡进行购物消费；第三代是集成的 POS 系统，随着电子商务的快速兴起，出现了能完成网上购物、网上支付和电子转账的 POS 系统。目前，较普遍使用的是联机的 POS 系统。同 ATM 系统一样，POS 系统也是第一线的便民服务系统，系统网络的覆盖面广，服务网点多，能提供实时的、全天候的电子资金转账服务。

（二）POS 系统类型

POS 系统主要有以下两种类型：

1. 消费 POS 系统，具有消费、预授权、查询止付名单等功能，主要用于特约商户受理银行卡消费。国内消费POS的手续费如下：

（1）航空售票、加油、大型超市一般扣率为消费金额的0.5%。

（2）药店、小超市、批发部、专卖店、诊所等POS刷卡消费额不高的商户，一般扣率为消费金额的1%。

（3）宾馆、餐饮、娱乐、珠宝首饰、工艺美术类店铺一般扣率为消费金额的2%。

（4）房地产、汽车销售类商户一般扣率为固定手续费，按照POS消费刷卡笔数扣收，每笔按规定不超过40元。

2. 转账POS系统，具有财务转账和卡卡转账等功能，主要用于单位财务部门。

（三）POS系统的主要功能

目前，广泛采用的共享POS系统可提供下列多种服务：

1. 自动转账支付。自动完成客户的转账结算，即依据交易信息将客户在银行开立的信用卡账户上的部分资金自动划转到商家在银行开立的账户上。具体指POS能完成消费付款处理、退货收款处理、账户间转账处理、修改交易处理、查询交易处理、查询余额处理、核查密码处理并打印输出账单等功能。

2. 自动授权。是指具有信用卡的自动授权功能，如能自动查询信用卡、止付黑名单，自动检测信用卡是否为无效卡、过期卡，自动检查信息卡余额、透支额度等，使商家在安全可靠的前提下迅速为客户办理信用卡交易。

3. 信息管理。是指在POS上完成一笔交易后，POS还具有自动更新客户和商家在银行的档案功能，以便今后查询；同时，也可更新商家的存货资料及相关数据库文件，以提供进一步的库存、进货信息，帮助决策管理。

一些发达国家的零售商还利用POS系统，通过综合信息管理，产生了一种称为微观市场的销售观念。这种微观市场以存货单位计算利润的基础，比传统的按部门计算利润的方法更精细。具体而言，它将POS采集来的交易数据，通过数据仓库技术和数据挖掘分析方法，了解各种货品的销售利润、销售特点，各货品之间微妙的互动销售关系，从而策划适当的订货、货架空间管理、促销方法等，实施有效的存货管理和促销策略。

（四）POS系统的工作方式

POS系统的工作方式主要有直接转账、脱机授权和联机授权等三种。

1. 直接转账方式。早期的POS系统使用借记卡，采用扣款卡直接转账的方式，即通过确认持卡人的身份，鉴别卡的合法性，核实卡中余额，随时办理转账结算。这种方式效率高、安全、可靠，但它主要是一种专有系统，使用范围有限，客户消费并不方便。

2. 脱机授权方式。信用卡最初在POS系统上使用时，授权往往通过脱机处理方式。一般可以通过电话授权和查询信用卡、止付黑名单，这种方式由于受电信条件的限制往往时间较长，而且黑名单的提供往往有延时性，给系统带来不安全因素，影响整个系统的运行效率。

3. 联机授权方式。随着银行卡业务的不断扩展和通信事业的突飞猛进，在POS系统上又推出了信用卡联机授权方式，通常，这是一种区域性的或国际性的共享POS系统，它可以在所有对象之间完全实现信息共享，目前，多数 POS 系统都使用这种方式。它通过通信网络连接各发卡行、各特约商户及各大银行的信息系统，随时检查信用卡的真实性、合法性、有效性，为客户提供方便、安全、可靠、准确的转账支付结算。

二、POS 系统的网络结构

（一）POS 系统的基本组成

POS 系统主要由下列各部分组成：POS 系统终端、集线器或终端控制器、通信网、交换中心、各银行主机系统和其他银行卡授权系统。

POS 系统终端安放于特约商店内。银行卡中的信息、PIN 和商品交易数据等从该终端输入，并传送到交换中心或相关的银行主机系统去处理；该终端还从交换中心或银行主机系统接收、显示发卡行响应交易（授权）的通知。POS 系统终端可由银行、商店或第三方投资购置。

在 POS 系统终端较集中的地方，通常设置一个集线器或终端控制器。它通过低速通信线路集中各 POS 系统终端发来的信息，再经由高速线路把汇总来的信息送往交换中心或银行主机去处理。

根据交换中心在系统中的位置，共享的 POS 系统的网络结构有前方交换型、后方交换型和复合型三种。交换中心的主要功能是将集线器、商店计算机系统或收单行主机系统发来的 POS 交易信息，转发到相应的发卡行的主机系统中去，再将后者响应交易的授权信息回送给前者。除转接上述交易信息外，交换中心还执行某些处理功能，如登录各个交易信息、报告所处理的通信量和作暂代性授权等。

各银行主机系统包括发卡行的主机系统、收单行的主机系统和处理跨行账务清算的中央银行的主机系统。

POS 系统通过地区性或全国性的银行卡授权系统，可为他行或全国各地的银行客户提供服务。

（二）POS 系统的网络结构

由 POS 终端、集线器、通信网、交换中心和银行主机系统组成的 POS 系统，可以有各种布置方式。依据 POS 业务的发展，可以将若干个简单的 POS 系统互联成复杂的共享 POS 系统。

一些大银行往往都是开发自己的专有 POS 系统。其结构如图 5－7 所示。POS 终端，或直接或通过集线器同银行主机系统通信。这种布置方式，只能处理提供这种装置的银行的商店客户与其持卡人之间的 POS 交易。这种系统只对那些既有雄厚技术力量，又有大量持卡人和大量特约商店的大银行才是可行的。

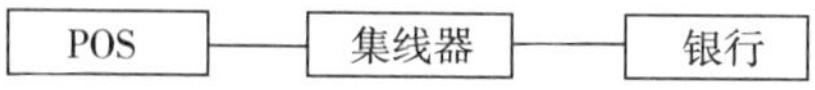

图 5－7　专有的 POS 系统

对于中小银行，要想开发专有 POS 系统显然是不可能的，它们只能走联合开发的道路。即在图 5－7 的集线器与银行主机系统之间，加进一个交换中心。这就构成如图 5－

8 所示的带交换中心的共享的前方交换型 POS 系统。一个金融机构只要能同交换中心连线，它就能提供 POS 交易服务。该系统中的 POS 终端，能处理该系统成员银行的所有持卡人所参与的 POS 交易。

图 5－8　带交换中心的前方交换型 POS 系统

POS 系统进一步发展时，可将图 5－7 和图 5－8 两个系统合并，发展成图 5－9 的联合系统。这是一个共享程度更高的既含前方交换型，又含后方交换型的复合系统。

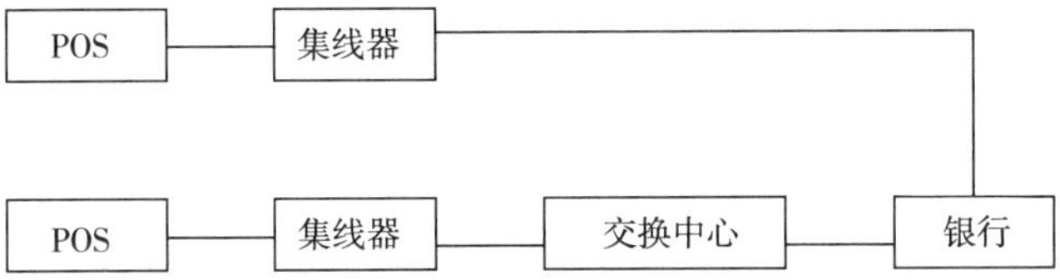

图 5－9　联合系统

如果把超级市场和大百货公司开发的 POS 系统纳入图 5－9 的系统，则发展成如图 5－10所示的共享 POS 系统。有自己 POS 终端和计算机系统的商店要参加到共享的 POS 系统中去，必须同某个银行签约，通过该银行的主机系统进入共享的 POS 系统；也可通过某集线器连接到交换中心，进入共享的 POS 系统。

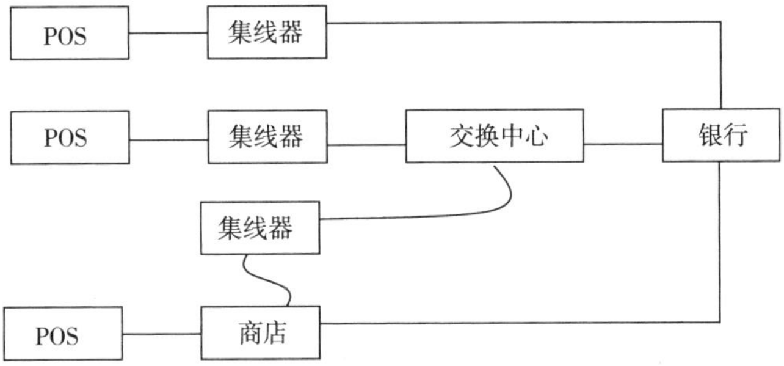

注：曲线为可选方案。

图 5－10　同商店系统联合的 POS 系统

如果建立了全国性的银行卡授权网络交换中心，并且将图 5－10 所示的地区性的 POS 系统同它连接起来，上述地区性的 POS 系统就可处理全国范围异地的 POS 交易；若银行再同国际信用卡组织处理中心连接起来，就可处理国际卡持卡人所做的 POS 交易。这种系统就是如图 5－11 所示的完善的 POS 系统。

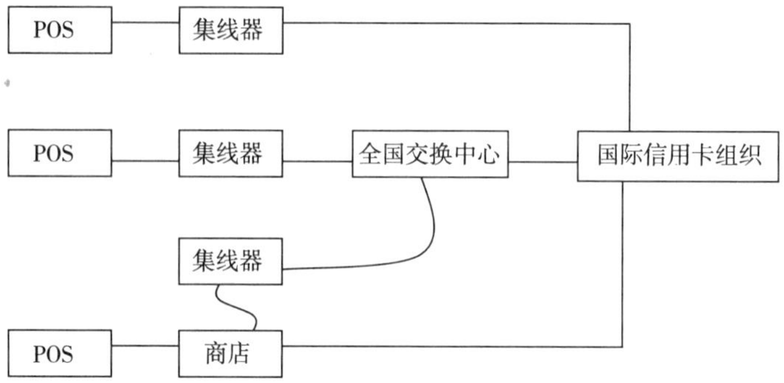

注：曲线为可选方案。

图 5－11　完善的 POS 系统

三、POS 系统的业务处理流程

共享的 POS 系统，涉及持卡人、成员金融机构、特约商店、清算中心和国外信用卡集团等多个实体对象。各成员之间的交易处理关系如图 5－12 所示。

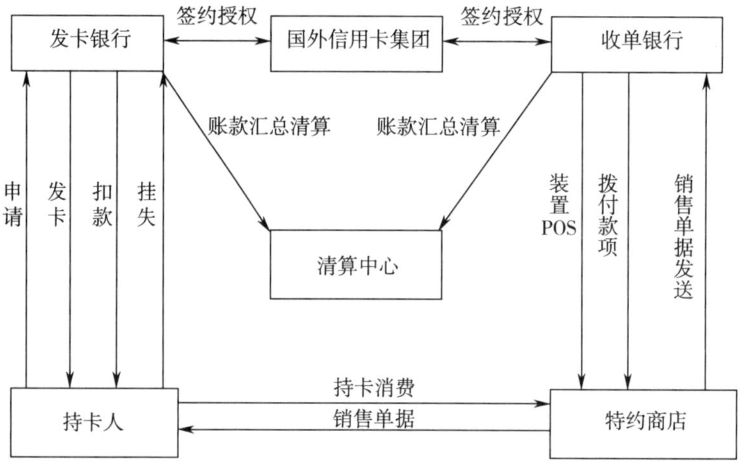

图 5－12　POS 系统业务处理关系图

1. 持卡人，即消费者。他们持有可用于消费的银行卡。

2. 成员金融机构，即参加 POS 系统的金融机构。按执行的业务功能，可将成员金融机构进一步分为发卡行和收单行。发卡行是将其银行卡发行给持卡人的银行。收单行是同特约商店签约，处理销售点电子转账及相关事项的银行。参与 POS 系统的成员行，可同时兼具发卡行和收单行二者的功能。

3. 特约商店，即与收单行签约提供 POS 服务的商店。POS 终端就装在特约商店内。

4. 清算中心，是负责执行参加 POS 系统成员行间跨行账务清算的金融机构。在我国为中国人民银行各级分支机构。

5. 国外信用卡集团。如发行 VISA 卡、Master Card 卡等国际上知名的信用卡机构。国内金融机构若同这些国际信用卡集团签约授权，就可在国内发行和使用它们的银行卡。

POS 系统的交易处理流程主要经过以下三个步骤：

1. 申请授权。当客户递交银行卡、输入密码、营业员刷卡读入号信息并输入交易数据后，通过通信网络将这些数据传输到银行主机系统。首先检查银行卡的合法性，如果不合法，则返回 POS 终端提示信息要求作压卡处理。其次要检查用户密码的准确性，将用户输入的密码同主机系统中数据库中的密码进行核对，如果出错且累计出错三次以上，则通过 POS 终端作压卡处理；如果密码有误，但累计不到三次，则返回信息要求客户重新输入密码；如果密码正确，就进入下一步账务处理。

2. 账务处理。完成合法性检查后，银行主机系统自动进行账务处理。记流水账、记持卡人账、记特约商户账、记银行收益账等，返回 POS 终端提示交易成功信息。

3. 完成交易。POS 终端接收到交易成功信息后自动打印客户凭单，将银行卡返还客户，整个 POS 交易即告完成。通常，上述交易过程在几秒内就可全部完成。而电子转账工作可在商品成交后立即进行，也可在协议期（如 1 ~ 2 天）后进行。这样，POS 既完成了商品交易，也完成了相关的电子转账工作。

四、POS 系统的发展趋势

时至今日，零售商对 POS 系统的要求，已从加快交易处理、降低经营成本，扩展到销售分析、存货控制管理、直接的货品利润等更深层的经营观念。也就是说，要求 POS 系统朝着综合信息管理系统发展。

虚拟 POS。虚拟 POS 是采用网络计算机和虚拟存储等新的信息处理技术，通过多种虚拟 POS 终端，使一台 PC 或 PC－POS 变成由多达几十台 POS 机组成的分布式收款系统，使之同时处理商业企业前台售货、柜台自收款、收款处收款和后台商业管理等实务，并构成适用于柜台售货、开架售货、连锁超市、副食行业和餐饮娱乐等多种经营模式的商业自动化系统。

JavaPOS。在软件方面，1998 年，Sun、IBM、EPSON 等 20 多家主要零售商和技术公司联合发布了 JavaPOS 的应用标准。使用 JavaPOS 的规范可以降低系统的运行费用，加快应用程序的开发和使用速度，实现 POS 系统跨平台，跨网络运行，并且使 POS 系统连接 Internet。

客户关系管理（CRM）。POS 是客户购物的必经之处，也是零售商与客户交换信息最集中的地方。因此，POS 可以通过收集客户个人信息、记录购物历史来分析客户的偏好，向客户提供个性化、有针对性的促销。

无线 POS 支付系统。无线 POS 支付系统是在原有的 POS 终端基础上，通过 GPRS、CDMA 等无线网络，使传统 POS 摆脱电源和电话线的束缚，建立移动的商务模式系统，为客户提供了方便、可靠的随时随地的移动支付方案。无线 POS 极大地方便了持卡人，改善了用卡环境，有力地推动了银行卡业务的发展。

第四节 电子汇兑系统

一、电子汇兑系统概述

（一）电子汇兑系统概念

电子汇兑系统是金融机构之间的各种资金调拨作业系统，它涉及的金额通常很大，是典型的大额支付系统，也是电子银行系统中最重要的系统，包括一般的资金调拨业务系统和清算作业系统。一般的资金调拨业务系统，如托收系统用于金融机构之间的资金调拨；清算作业系统，用于金融机构之间的资金清算。

通常，一笔汇兑交易由汇出行（Issuer Bank）发出，到汇入行（Acquirer Bank）收到为止。一般将汇兑作业分为两类：联行往来汇兑业务和通汇业务。联行往来汇兑业务，是指汇出行与汇入行隶属同一个银行的汇兑业务；通汇业务的资金调拨作业需要经过不同银行多重转手处理才能顺利完成，因此通汇业务实际是一种金融机构间的资金调拨业务。它又可分为：本国通汇，汇出行与汇入行隶属同一个国家；国际通汇，汇出行与汇入行隶属不同国家。跨行或跨国通汇，因涉及不同银行间的资金调拨，参与通汇的成员必须签署通汇协定，才能保证作业系统的正常运行。

电子汇兑系统中，一个银行既可作汇出行，也可作汇入行，而且通常涉及的是通汇业务。其间的数据通信转接过程的繁简虽然不同，但是基本作业流程及账务处理逻辑是相似的，即汇出行与汇入行都要经过数据输入、电文接收、电文数据控制、处理与传送、数据输出等基本作业处理流程。

（二）电子汇兑系统的类型

为适应国际与国内贸易快速发展的需要，国际上许多国家以及一些国际组织建立了许多著名的电子汇兑系统。这些系统所提供的功能不尽相同，按照其作业性质的不同，可把电子汇兑系统分成三大类，即通信系统、资金调拨系统和清算系统。

1. 通信系统（Communication System）。主要提供通信服务，专为其成员金融机构传送与汇兑有关的各种信息和资料。通过该系统可以将分离的互不往来的金融机构全部串联起来。典型代表如国际环球同业财务电信系统 SWIFT 系统，中国国家金融通信网（CNFN）也基本属于这种类型。

2. 资金调拨系统（Payment System）。是典型的汇兑作业系统，具体负责资金的支付。这类系统有的只提供资金调拨处理，有的还具有清算功能。属于这类系统的代表性系统有美国的 CHIPS 和 FEDWIRE，日本的全银系统，中国各商业银行的电子汇兑系统，中国人民银行的全国电子联行系统等。

3. 清算系统（Clearing System）。在电子汇兑系统中，若汇入行接受汇出行委托，执行资金调拨处理，若金融机构间发生借差或贷差时，两者又无直接清算能力，则需委托第三方清算系统。在我国，异地跨行业务必须经过中国人民银行的全国电子联行系统才能完成最终清算任务；世界上最具代表性的资金清算系统有美国的 FEDWIRE 和 CHIPS、英国的 CHAPS 等。

无论是以上哪种模式，由于电子汇兑系统涉及金额大、风险高，它们的系统设计者和管理者都以系统的安全性、准确性和时间性来衡量该电子汇兑系统是否能为本国的经济活动提供有效率的支付服务，以利于整个社会经济生活顺利运转。

（三）电子汇兑系统的特点

1. 交易额大，风险性大。在银行系统的案例中，犯罪分子在电子汇兑系统里的作案比例很大，作案金额是各类案例之首。因此，金融机构对电子汇兑系统的安全性特别重视。

2. 对系统的安全性要求高于时效性要求。由于通过电子汇兑系统的汇兑金额一般较大，客户汇款时最关心的是安全，其次才是及时送到。因此，系统的响应时间，不必像 ATM 系统和 POS 系统那样要求严格。为了系统的安全，在设计电子汇兑系统时，信息的传输方式几乎都是采用先存后送，以确保信息在传输过程中所通过的每个站点都有确切的记录，万一汇兑业务出现问题，也能迅速找出出事点。

3. 跨行和跨国交易所占比例较大。汇兑的业务处理有巨额的国际支付，有行际间的资金调拨，有企业间的贸易往来，也有个人的小额汇兑，还有各种托收和代付。这些业务中，随着国际贸易的发展、跨国公司的壮大和经济全球化进程的加速，跨行和跨国交易所占的比重很大。因此，设计电子汇兑系统时，应适应国际上通行的各种标准、规格和要求。只有遵守这些标准，才能顺利进行国际资金的电子汇兑业务。

二、国外电子汇兑系统

（一）国际银行金融通讯协会（SWIFT）

1. SWIFT 简介。20 世纪 60 年代初，银行间的国际交易迅速猛增，使得传统的手工处理无法适应业务增长的需要，处理费用也随之大大增加。为此，各国银行界人士普遍认为迫切需要建立一个能实现国际间交易的自动化传输和处理的全球金融网络系统，于是，1973 年 5 月，由 15 个国家的 239 家银行共同组织的 SWIFT 便诞生了。

SWIFT 是 Society for Worldwide Interbank Financial Telecommunication 的缩写，即国际银行金融通讯协会，也被称国际环球同业财务电信系统，它是一个非营利性组织，由董事会、董事会执行机构、国家成员组、用户组和网络成员等组成。它所建立的 SWIFT 系统是为国际银行间的金融业务处理自动化而开发的，连接全球各银行的金融数据通信网络系统，该系统于 1977 年 5 月正式开始运行，可处理世界范围银行间的数据交换。

最初仅有 15 个国家使用该系统，随后各国纷纷加入该网络成为其网络成员，不久服务网络就延伸到各大洲，截至 2009 年，该网络已拥有 189 个国家和地区的 6 673 个金融机构，成为全球最大的金融通信网络系统。

2. SWIFT 的组织结构。SWIFT 是一个由其会员银行共同拥有的私营股份公司，董事会为最高权力机构。SWIFT 完全属于参加银行，按会员资格选举董事会。该董事会负责制定一般政策，SWIFT 系统中发出的交易量大小按比例分配所有权，占系统总交易量

15%以上的国家或国家集团才有资格被任命为董事会成员。SWIFT国家集团代表了各个国家的中央银行，每年集会几次提出有关预算和政策上的事宜。每个国家所有加入SWIFT的银行及海外办事处也每隔一段时间，就使用者的情况进行碰头，针对影响银行业务活动情况，讨论发展的政策和策略。

SWIFT的组织成员分为三类：

（1）会员银行（Member Bank）。每个SWIFT会员国中，获有外汇业务经营许可权银行的总行都可以申请成为SWIFT组织中的会员行。会员行有董事会选举权，当股份达到一定份额后，有董事的被选举权。

（2）附属会员银行（Sub－Member Bank）。会员银行在境外的全资附属银行或持股份额达90%以上的银行，可以申请成为SWIFT组织的附属会员银行。

（3）参与者（Participant）。世界主要的证券公司、旅游支票公司、电脑公司和国际清算中心等一些非金融机构，可以根据需要申请成为SWIFT组织的参与者，但参与者只能使用一部分SWIFT报文格式。

中国银行于1985年成为中国在SWIFT的第一个会员银行。随后，中国工商银行等多家银行也相继加入SWIFT。1993年，中国在SWIFT组织中的持股数为201股，占总股份的0.23%。到2003年，我国已有工商银行、农业银行、中国银行、建设银行、交通银行、中信银行和中国投资银行7家中资银行成为SWIFT会员银行，有9家外资银行成为附属会员银行，沪、深两地证券交易所也已加入SWIFT网络。

3. SWIFT提供的服务。SWIFT为其会员提供的服务主要有金融数据传输服务、基本通信服务和增值服务三大类。下面分别进行介绍。

（1）金融数据传输服务及其报文。这是SWIFT所提供的核心服务，也是最基本的服务，它主要通过所提供的报文格式来体现，即按照一定的通信报文格式，通过SWIFT网络系统接收、确认、存储和传送各种金融业务处理中的数据。SWIFT标准格式是一种国际银行间数据交换的公共语言，银行受益于由此带来的自动化处理，因此，其报文格式占有重要地位。SWIFT的金融业务网络传输格式标准共有十大类，并对应十类报文。目前，通过SWIFT发送的付款报文的自动化处理程度已达90%，每年SWIFT标准部门需要总结现有格式，制定新格式计划，以满足金融机构的需求。该计划必须交由SWIFT运作委员会审查和审批才能上网使用。

（2）SWIFT提供的基本通信服务。这里需要指出的是，SWIFT仅为全球的金融系统提供通信服务，不直接参与资金的转移处理服务。它提供的主要服务如下：

①电文路由服务。通过SWIFT传输的电文可同时拷贝给第三方进行电子资金转账处理，或者转到另一网络完成支付结算、证券交易结算或外汇交易结算处理。

②提供全球性通信服务。使其全球金融机构实现与SWIFT网络连接。

③提供接E1服务。为成员行提供网络应用开发和接口软件服务，使用户能以低成本、高效率实现网络存取。

④存储和转发电文服务。

⑤交互信息传送服务。

⑥文件传送服务。1992 年开始提供银行间的文件传送服务，用于传送处理批量支付和重复交易的电文。

⑦具有冗余的通信能力为客户提供通信服务。如 SWIFT 支持支付、证券、债券和贸易等业务电文的通信。

（3）SWIFT 增值金融服务业务。它是在 SWIFT 基本金融业务网络信息传输格式的基础上发展起来的。目前增值服务已占其业务量的 50% 左右，足见其广阔的发展前景。SWIFT 的增值金融服务业务包括：

①欧元（ECU）的结算和清算服务，即对 ECU 金融协会成员之间通过 SWIFT 传输的 ECU 支付信息进行拷贝，并发送给 ECU 中央轧差计算机。

②外汇自动撮合与货币市场确认服务（Automatic Matching of Foreign Exchange and Money Market Deal Confirmations）。

③双边外汇咨询服务（Advisory Bilateral Foreign Exchange Netting Service）。

④行际间文件传送服务（Inter－bank File Transfer System，IFT）。

⑤金融电子数据交换服务，即 EDI（Electronic Data Interchange）服务。

在国际金融业高速发展的今天，SWIFT 仍在不断选择新的服务，开发新的产品（如开发出基于互联网的产品），从而向用户提供更多标准的低风险、低成本和高效率的服务。

4. SWIFT 通信处理过程。SWIFT 的网络系统由操作转换中心（Operating Center，OC）、地区处理站（Regional Processor，RP）、银行处理站和终端 4 层结构组成，如图 5－13所示。目前，SWIFT 系统有 3 个操作转换中心。操作中心也就是交易中心，这几个操作转换中心由系统控制中心连成环形结构，并分别连接各地区处理站，少数较小国家可共用一个 RP，因此，RP 有时也称为国家处理中心。最后，地区处理站连接各自管理的银行处理站和终端，组成全球金融通信网络。

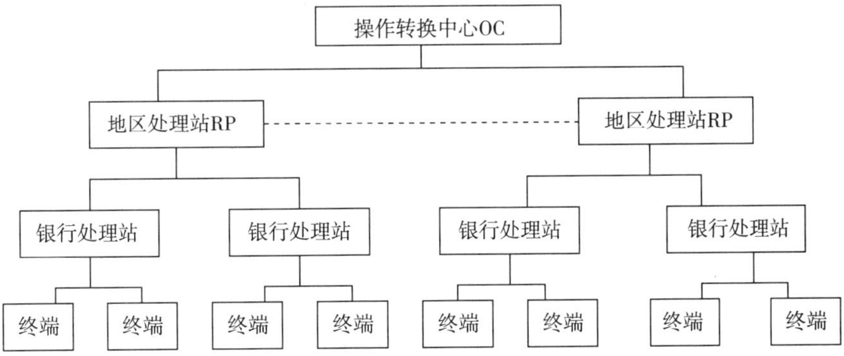

图 5－13 SWIFT 网络系统结构图

为进一步提高系统的运行可靠性，在各 RP 之间还设有备用链路。如果主链路出故障，该 RP 可通过另一个 RP 连接某一个 OC。

通常，一份电文若要经过一个 OC 转接时，其数据传输流程是这样的：数据传输银行通过调制解调器和国内租赁专线或电话线将电文发往所在的区域处理中心；该区域处理中心用相应的交换中心约定的密钥，将电文加密后，经过调制解调器和国际租赁线路发往相应的交换中心；该交换中心将电文解密后，用同目标行所在区域处理中心约定的密钥重新将电文加密，并经调制解调器和相应的国际租赁线路转发到目标行所在区域处理中心；该区域处理中心将收到的电文解密后，经过调制解调器和国内的租赁专线或电话线将电文发往目标行进行交易处理。

5. 特点。SWIFT 网络是世界上大多数银行进行电子支付和开展外汇业务必不可少的网络。当前，世界上各银行把 SWIFT 制定的外汇业务模式作为往来清算的标准，特别是 SWIFT 网与美元、日元、欧元清算体系合为一体，它的作用越来越重要。各国银行把 SWIFT 制定的银行标志码作为唯一共识的银行往来清算账号，它有多种业务模式，应用范围不断扩大，使得 SWIFT 成为一种国际银行间外汇业务的清算通信系统。与一般电子汇兑系统相比，它具有以下特点：

（1）报文标准化。SWIFT 系统提供了一套完整的报文标准化格式，为报文传递提供了一种通用的语言，它操作规范、易学，使网络上的交易变得简单、易实现且安全可靠。

（2）低成本、自动、高效的服务。SWIFT 的系统宗旨是使用户从系统所提供的服务中获得最大的收益。它的业务费用低，能提供全天候 24 小时的服务，而且业务交易立即完成。一份 SWIFT 电文一经发出即可得到回执。系统效率高，既经济又快捷。该系统每天允许处理 250 万条报文信息，划拨的结算资金至少可达 500 亿美元。

（3）安全可靠的数据处理传输。SWIFT 系统自动进行数据格式检查，其错误提示、报文压缩和展开都自动进行，分报自动实现，因此差错小、可靠性高。SWIFT 对全部电文包括字母、数字、符号进行加押，与以往电文处理中部分加押方式相比提高了安全性和保密性。SWIFT 系统的可恢复性相当好，系统恢复时间低于 4 分钟，据统计，该系统自 1977 年以来已传送了 40 多亿条报文，从没丢失过一条。可见，SWIFT 是实现全球银行间高度自动化处理业务的理想网络。它采用先进的计算机和通信网络技术，实现了信息的实时传送，也实现了全球银行间即时的清算转账。这种实时操作带来了银行业务和管理的巨大变革，使银行内部的业务运营进一步实现了标准化、规范化和自动化，简化了业务处理流程，提高了业务处理的效率和管理水平，进一步为银行获取更高的经济效益和社会效益。

（二）纽约清算所银行同业支付系统——CHIPS

SWIFT 只完成国际间支付结算指令信息的传递，真正进行资金调拨的是另外一套电子业务系统，这就是 CHIPS。CHIPS 主要用来完成资金调拨，即资金的支付结算过程。

1. CHIPS 简介。20 世纪 60 年代末，随着经济的快速发展，纽约地区的资金调拨交易量迅速增加。纽约清算所于 1966 年研究建立了 CHIPS 系统，并于 1970 年正式创立。CHIPS，英文全称为 Clearing House Interbank Payment System，中文一般翻译为纽约清算所银行同业支付系统，它主要以世界金融中心美国纽约市为资金结算地，具体完成资金调拨即支付结算过程。

因为纽约是世界上最大的金融中心，国际贸易的支付结算活动多在此地完成。因此，CHIPS 虽然运行在小小的纽约，但涉及全世界范围的资金结算业务，也就成为世界性的资金调拨系统。现在，世界上 90% 以上的外汇交易是通过 CHIPS 完成的。可以说，CHIPS 是国际贸易资金清算的桥梁，也是美元供应者进行交易的通道。

目前，它作为银行同业清算系统，分居 43 个国家，由 132 家银行参加 CHIPS 同业结算，由银行金融协会成员、外国设在纽约的银行和在纽约的其他美国商业银行组成。CHIPS 的成员银行都有系统标识码，作为受益银行的清算账号。CHIPS 采用先进的电子资金划拨系统，银行之间的清算采用信用额度，业务日终进行收付净差额清算。在纽约市的其他外国银行也可以选择 CHIPS 成员银行为代理行，并且在该行设定用户识别号（UID）号码，UID 号码以字母 CH 为开头，后面有 6 位数字。

2. CHIPS 系统的业务处理流程。应用 CHIPS 系统的资金清算处理过程并不复杂，可把整个流程分为两部分，即第一部分是 CHIPS 电文的发送，第二部分是在实体银行间完成最终的资金清算。

例如，美国境外的某国银行甲（汇款银行）汇一笔美元到美国境外的另一家银行乙（收款银行），则利用 CHIPS 的国际资金调拨流程如图 5－14 所示。

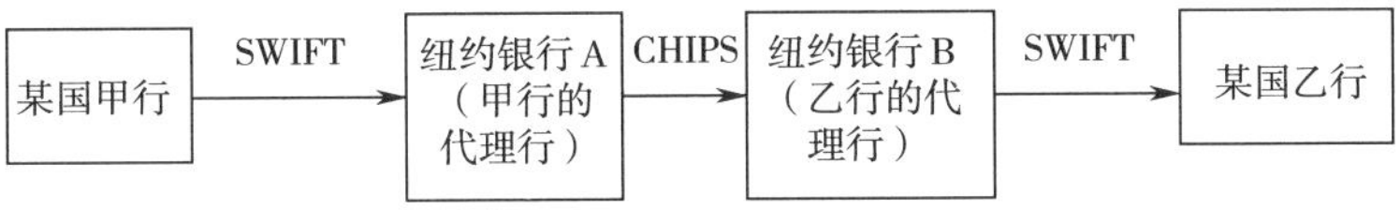

图 5－14 利用 CHIPS 的国际资金调拨流程图

（1）美国境外的某国银行甲经国际线路，如 SWIFT 网（CHIPS 交易数量的 80% 是靠 SWIFT 进入和发出）向其在纽约市内的参加 CHIPS 美元清算的成员银行 A 发送电子付款指示，要求银行 A 于某日（即生效日）扣其往来账，并将此款拨付给在纽约银行 B 设有往来账户的他国乙银行。美国境外的某国甲行在纽约市内的银行 A 开设有用户识别号（UD 清算账号）。

（2）纽约市内的银行 A 收到电文后，核对电文的信息识别码无误，即交与终端操作员处理。操作员根据电文，依据纽约清算所规定的标准格式，将有关数据（包括银行 A、银行 B、甲行和乙行的编号、付款金额、生效日等）录入计算机终端。该电文经 CHIPS 网络传送到 CHIPS 中央计算机系统中存储起来。该中央计算机系统必须接到银行 A 稍后下达的“解付”命令后，才将此付款通知传送到开设在纽约市内的另一家 CHIPS 成员银行 B 的计算机终端上。

（3）纽约市内的 CHIPS 成员银行 B 通知美国境外的银行乙接收汇款，完成汇款。

（4）接着进行日终结算。CHIPS 的成员银行 A，将每天收到的不同的境外委托银行的付款单交给在纽约市内的能够直接进行清算的银行，进行净差额借记清算，在纽约市内能够直接进行清算的银行共有 20 家。

（5）直接进行清算的银行在日终与 FEDWIRE（下面我们会介绍）进行清算。

（6）CHIPS 的成员银行 B 要与直接进行清算的银行进行净差额贷记清算。

总之，利用 CHIPS 系统的清算体系，凡是在纽约市内的 CHIPS 的成员银行之内开设了用户识别号的美国境外银行，都可以经过 CHIPS 的成员银行，将资金调拨指示经 CHIPS 美元清算系统支付给另一家接收银行。在进行日终结算时，在纽约市内的 CHIPS 的成员银行，要经过直接进行清算的银行与美国联邦储备局清算系统进行清算。

3. CHIPS 系统的特点。

（1）允许事先存入付款指示。参加银行除了可在当日调拨资金外，CHIPS 还允许参加银行事先将付款指示存入中央计算机系统，然后等到生效日当日才将此付款通知传送到收款银行。

（2）完善的查询服务功能。系统即时将每笔资金调拨情况存入文件，因此各参加行可随时查询自己银行的每笔提出或存入的金额，并及时调整自己的头寸。

（3）自动化程度高。CHIPS 设计了一个灵活的记录格式，以方便发报行和收报行进行自动处理。这样，参与行的支付信息可在不同系统之间流动，而无须人工干预。

（4）安全性好。CHIPS 将四台大型计算机组成两套系统，两套系统互为备份，每套系统又是双机互为备份。两套系统分别安装在不同的地方，且用高速线路连接。为了保证不间断的电源供应，由蓄电池储备，还有两个内燃发电机保证。CHIPS 还有很好的保密性，主要通过保密模块、保密设备和一系列规定来实现。每个成员行均有一台专门设计的保密机。付款电文都经保密机加密，以保证电文的传输安全。

（三）美国联邦储备通信系统——FEDWIRE

1. FEDWIRE 简介。FEDWIRE（Federal Reserve's Wire Transfer System）为美国联邦储备中央银行清算系统（简称美联储），它是美国境内最大的资金调拨系统。系统使用的资金为美国的银行在联邦储备银行的储备准备金，是典型的由中央银行经营并管理的全额、实时、有限透支的大额支付系统，也是通过各商业银行在联邦储备体系的储备账户存款实现的商业银行间同业清算的主要支付系统。FEDWIRE 是为在美国境内、纽约市区外的银行进行美元清算，由国家中央银行建立的信息传输和支付系统，它同民间协会的纽约银行同业清算系统（CHIPS）一起构成美元清算的两大支柱。美联储在美国境内分设 12 个全联邦储备区银行，建立计算机系统和自动信息转发站，分别用两位数字代号表示某一地区，如波士顿地区为 01，纽约地区为 02。美联储区银行、财政部、其他政府机构、美国商业银行共 10 000 家机构参加该系统联网，其中 7 800 家是直接联网，近 2 000 家采用电话拨号联网，该网络覆盖了整个美国。

2. FEDWIRE 的业务种类。存款机构通过 FEDWIRE 调拨资金，主要是指调拨其在联邦储备银行存款准备金账户中的余额。FEDWIRE 资金调拨提供的主要服务种类包括以下几个方面：

（1）买卖联邦资金。联邦资金是银行之间买卖期限为一个营业日的立即生效资金。银行每日进行联邦资金的买卖，主要是为了调整其准备金账户的余额，以防止因该账户上保持的余额高于法定准备金的要求而损失利息，或者低于法定准备金的要求而遭受罚款。在 20 世纪 20 年代，联邦储备体系的成员银行通过相互签发准备金账户付款支票的形式进行联邦资金的买卖。现在，各银行在联邦资金买卖成交后，通过 FEDWIRE 调拨准备金账户余额。

（2）拆借欧洲美元资金。欧洲美元是美国境外的银行账户上的美元存款。当美元银行通过其海外分行拆进欧洲美元时，资金在拆出行和拆入行之间的转移，通过调整存款准备金账户余额来完成。同样，两家美国境外银行进行欧洲美元交易时，如果两家银行不在同一家美国银行开有美元账户，那么资金的转移也需要通过各自开户的美国银行之间调整存款准备金余额来完成。

（3）调整代理行账户余额。建有账户关系的银行之间，通过 FEDWIRE 转移在联邦储备银行存款准备金账户的余额，以调整相互开立的账户余额。

（4）清偿私营支付清算系统的清算净额。联邦储备银行为参加票据清算和 CHIPS 清算等交易量大，且实行差额清算办理的系统成员银行提供净额清算服务。为此各成员银行通过 FEDWIRE 转移准备金账户余额来完成每日的清算。

（5）受客户委托调拨资金。这主要针对债券买卖的交割、活期存款余额补充，以及其他因提供商品或劳务而产生的金额较大、时间敏感性较强的付款。

3. FEDWIRE 的清算过程。FEDWIRE 的运行时间以美国东部时区为准，开始时间每天早上 8:30，截止时间跨区为下午 5:00，区内为下午 6:00。由于是逐笔清算，系统一般要求付款银行提前半小时提交业务。FEDWIRE 的清算过程如图 5－15 所示。

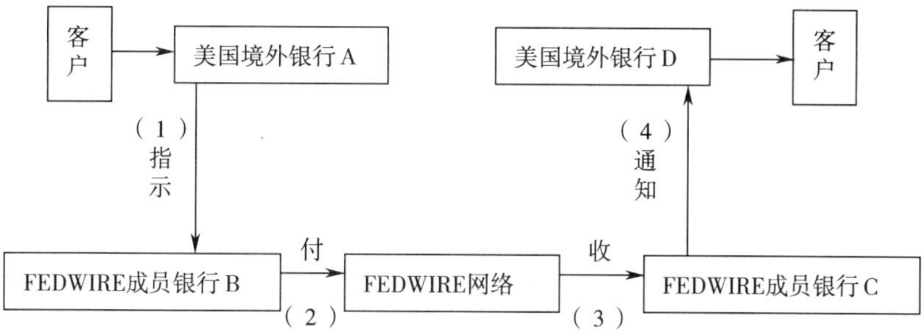

图 5－15　FEDWIRE 清算过程

FEDWIRE 是每笔收付交易逐笔交割的实时清算（RTGS），只要付款行在美联储账上有资金，银行收付双方清算经网络处理立即一进一出，不能更改。当美国境外银行 A 为本国客户支付一笔美元给美国境外另一个国家银行 D 的客户：（1）银行 A 指示它的美元账户银行 B。（2）和（3）银行 B 收到银行 A 要求经银行 C 转汇指示后，利用 FEDWIRE 网清算，银行 B 付款，银行 C 收款。（4）银行 C 收到转入汇款，立即通知在银行开立账户的美国境外银行 D。

三、国内电子汇兑系统

进入 21 世纪以来，我国在中国人民银行的卫星通信网和全国电子联行系统建设的基础上，以世界银行技术援华为契机，开始建设中国国家金融通信网（CNFN）和中国国家现代化支付系统（CNAPS）。

CNFN 和 CNAPS 的建设，是我国当前阶段金融电子化建设的核心。其中，CNFN 是通信基础设施，类似 SWIFT 网络，CNAPS 是运行在 CNFN 上的具体金融业务系统。目前

CNFN 的建设基本完成，CNAPS 也已进入完善与应用阶段。

（一）中国国家金融通信网——CNFN

中国国家金融通信网，英文为 CNFN，全称是 China National Financial Network，把我国中央银行、各商业银行和其他金融机构有机地连接在一起的全国性计算机网络系统。其建设的主要目标有：（1）向金融系统用户提供专用的公用数据通信网络，通过文件和报文传输向应用系统（如电子支付系统）提供服务。（2）相关金融机构通过该网络连接全国各领域成千上万个企事业信息系统，为广大的客户提供全面的支付结算服务和金融信息服务。（3）作为 CNAPS 的可靠网络支撑（物理结构上有点类似 SWIFT 网络）。（4）具有普通公用网的高可靠性和强稳定性，还具备专用网的封闭性和高效率。（5）采用开放的系统结构和选用符合开放系统标准的设备，使大量用户的各类计算机处理系统方便地接入 CNFN。

（二）中国国家现代化支付系统——CNAPS

1. 简介。中国国家现代化支付系统，英文为 CNAPS（China National Advanced Payment System），是在吸取世界各国电子支付系统建设经验的基础上，结合我国经济、技术和金融业发展的国情，以中国人民银行的全国电子联行系统为基础，集金融支付服务、资金清算、金融经营管理和货币政策职能为一体的综合性金融服务系统。可以说，CNAPS 是目前我国运行的所有电子与网络支付结算系统的综合集成，如服务于企业间大中资金支付结算的全国电子联行系统和各商业银行的电子汇兑系统等的融合。

CNAPS 是运行在中国国家金融通信网（CNFN）上的应用系统，由 CNFN 提供标准的接口、应用软件开发平台以及联机事务处理环境等。

为了适应经济全球化带来的金融全球化趋势，CNAPS 的报文信息格式，基本采用 SWIFT 报文格式标准。这样，CNAPS 的用户也可方便地借助 SWIFT 进行国际金融服务，如支付结算服务。

CNAPS 分为上下两层，上层是由中国人民银行向各商业银行和非银行金融机构提供的银行同城清算、联行和证券交易清算等支付服务；下层则是由各商业银行为广大企事业单位和个人提供的存取款、转账结算、汇票和票据解付等支付服务。因此上层支付系统主要包括同城清算系统、电子联行系统和证券簿记系统等自动化处理系统；下层支付系统主要包括公司、储蓄、外汇和公用事业费收费、清算等业务处理系统以及自动化服务系统（如 ATM/POS 等处理系统）。上下两层的有机结合，可以安全、可靠、高效地实现银行的支付功能。

2. CNAPS 的参与者。

（1）直接参与者。中国人民银行的各级机构，在中国人民银行开设资金清算账户的商业银行与非银行金融机构的各级分支机构。

（2）间接参与者。是指没有在中国人民银行开设资金清算账户，而委托直接参与者代理其进行支付清算业务的单位和个人。间接参与者可以是银行、非银行金融机构、在商业银行或非银行金融机构开设账户的广大银行客户，包括工商企业、政府机关、公共事业单位和个人。

CNAPS 中的业务发起行，通常是指各商业银行和其他金融机构的基层单位，如分理处和营业部等。若这些发起行的客户（如间接参与者）需要办理异地汇款业务（汇出款项），把款项汇给另一个客户时，则汇款客户称为业务发起人，收款客户称为受益人。汇款客户委托的商业银行（或其他金融机构）的基层单位，是支付系统中的业务发起行；收到划汇业务（接收汇款）的商业银行（或其他金融机构）的基层单位（受益人的开户行）称接收行，接收行是支付系统中的业务结束行。发起行和接收行必须是 CNAPS 的直接参与者。

3. CNAPS 的网络平台。这是在中国人民银行的卫星通信网的基础上，将各大银行、非银行金融机构的网络系统有机结合起来，形成的一个全国性的金融网络系统，也就是中国国家金融通信网（Chinese National Financial Network，CNFN）。CNFN 不仅能覆盖整个金融业，而且也能深入到商户的 POS 系统，深入到客户手中的 IC 卡和家庭银行，深入到企业的企业银行中。该网采用 SWIFT 通信系统模式，使我国的资金清算和金融信息系统与国际金融体系真正连接起来。

CNFN 全网的结构由国家级主干网和区域级网两级网络组成，并由全国处理中心（中国人民银行总行）和各省市处理中心（中国人民银行各省市分行）、县支行处理中心（中国人民银行各县支行）三个层次构成。其中国家级主干网以卫星通信网为主，对于极少数通信不发达地区则采用无线网或模拟专线网组成星形网络。这就为广大客户提供方便、快捷、安全、可靠的金融服务，为强化中央银行货币政策和金融监管职能提供了信息支持。

4. CNAPS 的主要应用系统。中国国家现代化支付系统集金融支付服务、资金清算和金融管理等诸多功能于一身，它主要包括以下几个金融服务系统：

（1）大额实时支付系统（HVPS）。该系统包括同城和异地大额实时支付系统，它是现代金融市场建设中最关键的组成部分，是我国支付系统的主动脉，通过它能实现大额支付信息的处理和清算。主要包括各类跨行业务、证券业务、企业间或批发市场的业务，这些业务的特点是金额大、实时性强、安全可靠性要求高。每笔支付交易的合法性、完整性是整个支付系统安全可靠的保证，因此可以采用在全国处理中心逐笔全额实时清算的方式，控制支付风险。通过该系统中央银行能直接监督和控制全国 80% 左右的资金，实时跟踪各清算账户的资金情况。

（2）小额批量电子支付系统（BEPS）。它主要用于实现基于消费支付的小额支付，通常包括各类预授权的定期定额支付，如工资、津贴、保险金支付等；各类定期不定额的支付，如房租、水电费、电话费等；各种截留票据的贷记、借记支付等业务。这些业务的特点是金额相对较小，通常可以采用定时批量业务处理，对批文件进行分类，借记、贷记交易双方账户，用多边净额轧差清算方式控制支付风险。

（3）银行卡授权系统（BCAS）。BCAS 是实现个人消费支付的重要支付手段，它包括 ATM 系统和 POS 系统。该系统是实现无现金、无票据支付的重要基础，通过该系统要求实现即时的清算处理，因此它是一个实时处理系统。所谓即时的授信是指交易的一方（卖方）能够直接从交易的另一方（买方）的所在行（或金融机构）获得其具有支付能力的信息，客户获得授信后便能实现随时的无现金交易。

（4）证券簿记系统（GSES）。GSES 主要是为了方便证券信息（如证券交易信息、证券持有者信息、证券的种类）的传输，及时掌握政府债券的交易记录情况，有效管理资金，维护金融市场的秩序。通过它可以方便、快捷地实现各类政府债券的买入和卖出交易，为中央银行实现其货币政策目标提供有效的手段。由于证券簿记系统中涉及资金的大额转移，因此该系统必须与大额实时支付系统相连，使其在进行证券交易交割的同时就能实现账户资金的转移，以确保安全性、可靠性和实时性。

（5）同城清算所系统（ICH）。同城清算所往往是由一个地区内需要进行票据交换的各个银行所组成的机构，主要是处理各类票据（主要是支票）。通常以批量处理方式实现支付命令的处理，通过同城清算所集中的电子贷记和借记方式实现支票清算，通过多方净额结算定时进账的方法控制支付风险。

（6）金融管理信息系统（FMIS）。该系统主要实现各类金融经济信息的及时采集、加工、处理和传输，为中央银行及各有关部门提供及时、可靠、丰富的宏观货币政策信息、金融监管决策信息和金融服务信息。这些信息有来自于中国人民银行、商业银行及非银行金融机构的会计核算的信息，也有来自于中国人民银行的统计、监测信息，还有来自于国民经济各部门的计划统计信息。中央银行可以充分利用这些信息制定更有效的宏观货币政策，实现有效的资金管理措施，加强对商业银行的监管，以不断提高其宏观调控能力。

第五节　第三方支付服务系统

第三方支付作为目前主要的网络交易手段和信用中介，最重要的是起到了在网上商家和银行之间建立起连接，实现第三方监管和技术保障的作用。采用第三方支付，可以安全实现从消费者、金融机构到商家的在线货币支付、现金流转、资金清算、查询统计等流程，为商家开展电子商务服务和其他增值服务提供完善的支持。

国内以易趣、淘宝网站为首的大型电子商务平台已经在不同场合表示了对第三方网上支付业务的高度重视。今后，全面引用第三方支付概念和支付流程，将成为引导网络消费走入健康发展的轨道，促进中国网上支付完善和发展的主要途径和必然趋势。

一、第三方支付平台

（一）第三方支付平台概述

第三方支付平台实际上就是买卖双方交易过程中的“中间件”，也可以说是“技术插件”，是在银行监管下保障交易双方利益的独立机构。同传统的银行支付方式比较，第三方支付平台的出现彻底杜绝了电子交易中的欺诈行为。

传统的银行支付方式只具备资金的传递功能，不能对交易双方进行约束和监督，支付手段也比较单一。交易双方只能通过指定银行的界面直接进行资金的划拨，或者采用汇款方式，交易也基本采用款到发货的形式。在整个交易过程中，无论是货物质量方面、交易诚信方面、退换要求方面等环节都无法得到可靠的保证，交易欺诈行为也广泛存在。

第三方支付平台是指由已经和国内外各大银行签约，并具备一定实力和信誉保障的第三方独立机构提供的交易支付平台。在通过第三方支付平台的交易中，买方选购商品后，使用第三方支付平台提供的账户进行货款支付，由对方通知卖家货款到达、进行发货；买方检验物品后，就可以通知付款给卖家。此外，目前国内一些优秀的第三方支付平台还提供了一定期限内的退货服务；而由这些公司提供的多达 20 多家银行，数十种银行卡的选择，也大大丰富了网上交易的支付手段。

（二）基于第三方支付的交易流程

假定在下述交易中买卖双方均为第三方支付平台的注册用户，在以下优化的流程中将充分考虑到买卖双方的利益，具体流程如图 5－16 所示。

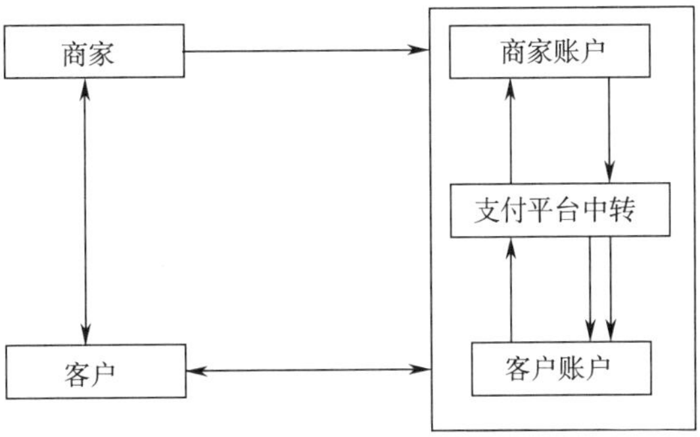

图 5－16　基于第三方支付交易流程图

1. 交易商议阶段。在此过程中客户在某商家的网站上选购物品，与商家就商品价格、发货时间、拒付期限等进行讨论，通过第三方支付平台查看对方的信用等级以期对交易可能产生的风险做到心中有数并最终确定购买物品，并从商家那里得到自己的订单号。

2. 发起支付阶段。在此过程中买方将通过一定手段将支付资金先行转入自己在支付平台的账户中，并且将支付资金划转至支付平台，在此步骤中，买方可通过三种方式完成上述操作，分别是网上在线直接支付、手机短信支付和电话支付。具体步骤如下：

（1）网上在线支付。主要通过选择支付平台列示的所支持的银行卡在线划账，并且按照页面的要求填写具体的订单号、商品编号、发货期限、拒付期限等信息，提交信息即可完成支付。

（2）手机支付方式。在此约定以一定的代码＋订单号的方式来支付，比如要对订单号为 1435678201 的商品进行支付，则发送 FK1435678201 到 09990（假设此号码为第三方支付平台提供的特种服务号码），待收到第三方支付的回复短信后，然后买方再依照第三方支付平台的编码规则将支付信息发送至第三方支付平台，如 M3000510，此编码意为：付款300元，05代表5天为发货期限，10代表拒付期限10天，等再次收到来自第三方支付平台的确认短信即支付成功。在确认短信中，交易的详细信息全部显示出来以便买方核对，如有异议，还可依据编码规则编写其他编码予以纠正。

（3）电话支付方式。用户通过拨打固定的服务号码如967867，首先通过身份识别证明用户的身份，以便进入支付系统，然后通过电话的语言提示，输入交易的订单号、需要付款的金额、送货日期等其他信息，然后支付即可完成。

3. 通知发货阶段。此过程具体表现为当支付平台收到有关买家关于某项交易的支付款后，支付平台会通过某种方式如电子邮件或短信的方式提示商家，准备发货，并根据商户自身的情况选择支付方式，即采用买家授权支付方式还是保证金即时付款方式。

4. 货款结算阶段。即款项由支付平台转给商家的过程，此步骤有两种情况：一种情况是，当买家收到商家发送的商品时，在一定时间里授权支付，或是在规定时间内未发出拒付指令由支付平台默认支付；另一种情况是，商家采用保证金即时支付方式，可不经过买家授权直接将款项支付给商家，不过由此给买家带来的损失，支付平台承担责任。

5. 交易后阶段。当完成交易后，买卖双方要针对此次交易进行信用评级，为以后的交易提供参考。如果此交易未能成功实现，如商家未按期发货，此时交易未支付的款项可按买家的要求暂存第三方支付平台或是转至指定账户。如果买家对卖家提供的商品有异议，买家可与支付平台交涉，如果经查证属实，则由支付平台先行对买家进行赔付，并通知商家结果，随后启动对商家的信用进一步的治理，此时启动退货程序，将已支付款项从商家处返还给买家。

二、几个典型的第三方支付系统

（一）阿里巴巴的支付宝

支付宝（wwww. alipay. com），是支付宝公司针对网上交易而特别推出的安全付款服务，其运作的实质是以支付宝为信用中介，在买家确认收到商品前，由支付宝替买卖双方暂时保管货款的一种增值服务。

支付宝支付系统是支付宝有限公司推出的提供网上支付服务的支付系统，该公司成立于2004年12月，是全球知名B2B公司阿里巴巴的旗下全资子公司。使用支付宝付款要首先成为其注册用户，目前支付宝体系提供了两种支付方式：支付宝用户间的转账和直接转账服务。具体流程如下：

发起支付：交易双方在网上达成交易意向并约定用支付宝付款，买方将款项划至其在支付宝的相应账户；

通知发货：支付宝发送电子邮件通知卖家货款已到支付宝，请发货给买家；

发货并等待收款：卖家按要求将商品发送给买家，并等待支付宝付款；

授权付款：买家收货后经验证无误后通知支付宝付款，支付宝即将货款支付给卖家。

（二）银联电子支付系统

银联电子支付有限公司（ChinaPay），作为中国银联的网络方面军，拥有中国银联全国统一的支付网关。ChinaPay 已经为数千家知名商户提供了安全、有效的网上支付服务，涉及航空、票务、公益事业、网络游戏、政府、体育、消费品、旅游、制造、金融等各个行业，成为各类企业引进网上支付系统的最佳选择。

利用 ChinaPay 的网上支付系统，典型的消费交易流程如图 5－17 所示。

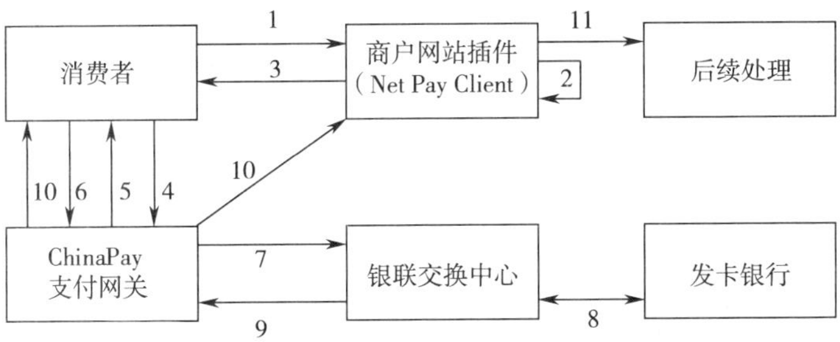

图 5－17 交易流程图

1. 消费者浏览商户网站，选购商品，放入购物车，进入收银台。

2. 网上商户根据购物车内商品的内容，生成付款单，并调用 ChinaPay 支付网关商户端接口插件对付款单进行数字签名。

3. 网上商户将付款单和商户对该付款单的数字签名一起交消费者确认。

4. 一旦消费者确认支付，则该付款单和商户对该付款单的数字签名将自动转发至 ChianPay 支付网关。

5. 支付网关验证该付款单的商户身份及数据一致性，生成支付页面显示给消费者，同时在消费者浏览器与支付网关之间建立 SSL 链接。

6. 消费者填写银行卡卡号、密码和有效期（适合信用卡），通过支付页面将支付信息加密后提交支付网关。

7. 支付网关验证交易数据后，按照银行卡交换中心的要求组装消费交易，并通过硬件加密机加密后提交银行卡网络中心。

8. 银行卡交换中心根据支付银行卡信息将交易请求路由到消费者发卡银行，银行系统进行交易处理后将交易结果返回到银行卡交换中心。

9. 银行卡交换中心将支付结果回传到 ChinaPay 支付网关。

10. 支付网关验证交易应答，并进行数字签名后，发送给商户，同时向消费者显示支付结果。

11. 商户接收交易应答报文，并根据交易状态码进行后续处理。

（三）PayPal 支付系统

PayPal 公司成立于 1998 年，于 2002 年 7 月被 eBay 收购，成为其旗下专门提供第三方支付服务的平台。PayPal 支付系统是建立在成熟的信用卡支付系统基础之上的，其流程如下：

注册环节：付款人使用任一电子邮件地址开通 PayPal 账户，通过验证成为其注册用户后，利用信用卡增加账户金额以备可能的付款。

发起支付：如果付款人拟向第三人付款时，须先进入 PayPal 账户，填写收款人的电子邮件地址、支付金额及币种等相关支付信息并提交。

通知收款：PayPal 在收到付款人的支付指令后，通过电子邮件的方式向商家或者收款人发出通知，告知其有等待领取或转账的款项。

接收款项：如果接收款项的商家或者收款人决定接受后，PayPal 即将款项转移至收款人指定的位置，如收款人自己的 PayPal 账户，转换成支票寄到指定的处所、转入其个人的信用卡账户或者转入另一个银行账户。

从以上流程可以看出，PayPal 平台在交易者中间实现了很好的支付中介，起到了安全屏障作用，很好地隔离了信用卡相关敏感信息，并简化了跨行之间、跨国和跨地区之间转账的繁琐手续。

附 1 农信银支付清算系统

——全国农村信用社、农村信用联社、农村合作银行、农村商业银行共享的支付清算平台

农信银支付清算系统是由农信银资金清算中心根据农村合作金融机构支付结算业务特点，借鉴现代化支付系统和全国性商业银行资金清算及支付结算业务系统先进经验，应用现代计算机网络和信息技术开发的、集资金清算和信息服务为一体的支付清算平台，具有功能完备、安全可靠、运行稳定、经济实用和易于维护等特点。农信银支付清算系统的建成和开通运行，填补了农村合作金融机构办理银行汇票和个人账户通存通兑等业务空白，使其在办理跨省、市、自治区异地支付结算业务方面，达到了全国性商业银行同等水平，进一步增强了竞争能力。

2006 年 10 月 16 日，农信银支付清算系统开通运行后，相继推出了实时电子汇兑、银行汇票、个人账户通存通兑和支付信息查询查复等各类支付服务和资金清算业务，并迅速推广应用到全国近 8 万家农村合作金融机构营业网点。各地农村合作金融机构营业网点应用农信银支付清算系统办理的支付结算业务量逐年翻番，从 2006 年的 96 万笔、115 亿元，到 2011 年的 6 411 万笔、15 626 亿元，始终保持着高速发展的强劲势头。

目前，农信银支付清算系统已成为农村合作金融机构支付清算骨干渠道，成为我国农村地区支付体系不可或缺的重要组成部分，为支持社会主义新农村建设和服务“三农”发挥着积极作用。

系统架构图如下。

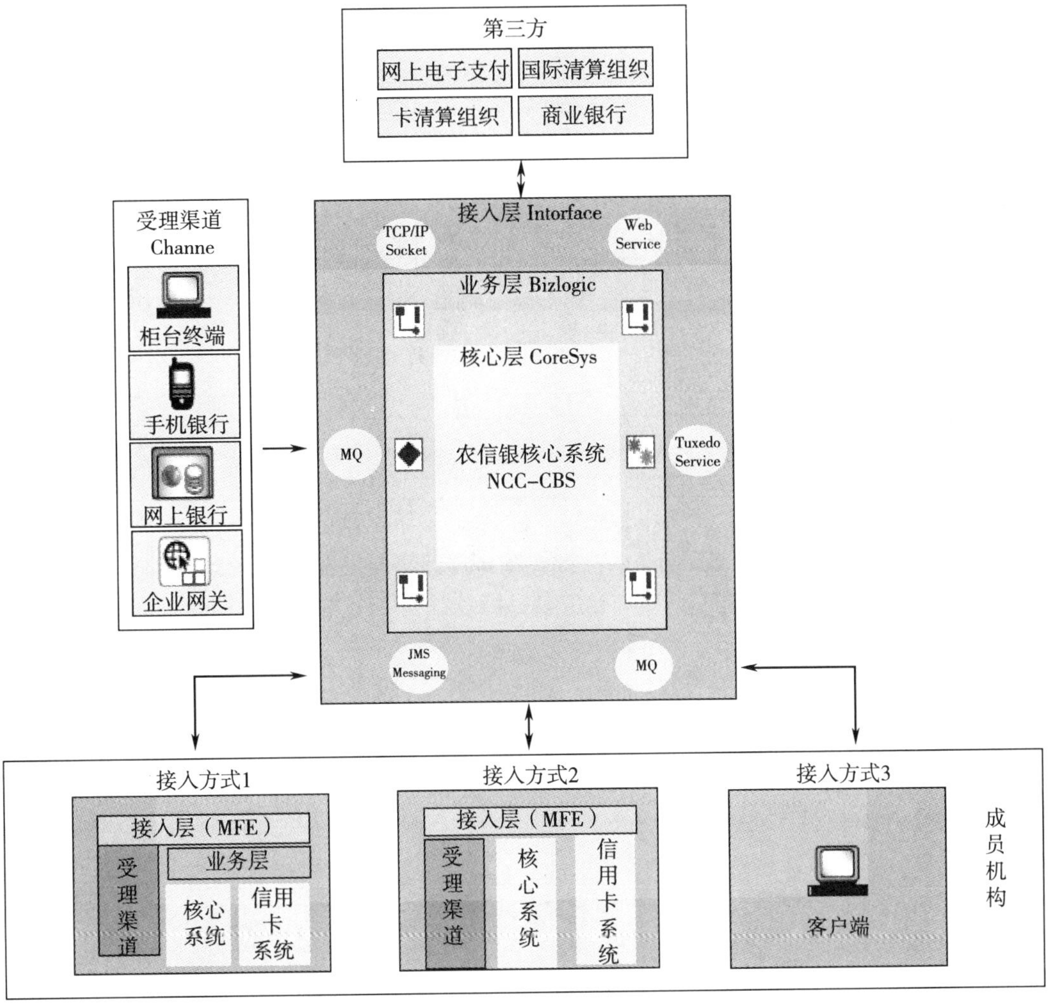

附 2 农信银电子商业汇票系统

农信银电子商业汇票系统是由农信银资金清算中心按照人民银行统一部署，于 2009 年组织开发建设的可供多家成员机构共享的电子商业汇票业务处理平台。该系统依托网络和计算机技术，可以接收、登记、转发电子商业汇票业务数据，向成员机构提供与电子商业汇票业务处理行为相关的电子信息服务，并具有灵活的审批流程定制模式、便捷的授信额度管理体系和严格的业务风险管理机制。它主要包括电子商业汇票业务处理功能、纸质商业汇票登记查询功能和商业汇票公开报价功能。

目前 22 家成员单位应用这一系统一点接入人民银行电子商业汇票系统，开展电子商业汇票、纸质商业汇票登记查询和商业汇票公开报价等业务。该系统的开发建设有助于各地农村合作金融机构（含农村商业银行）商业汇票业务处理流程的标准化、规范化，同时，能使成员单位快速、方便、低成本地接入人民银行商业汇票系统，缩短系统建设周期，降低接入成本和运维成本，并有利于系统的优化、升级及业务的推广。

系统架构图如下。

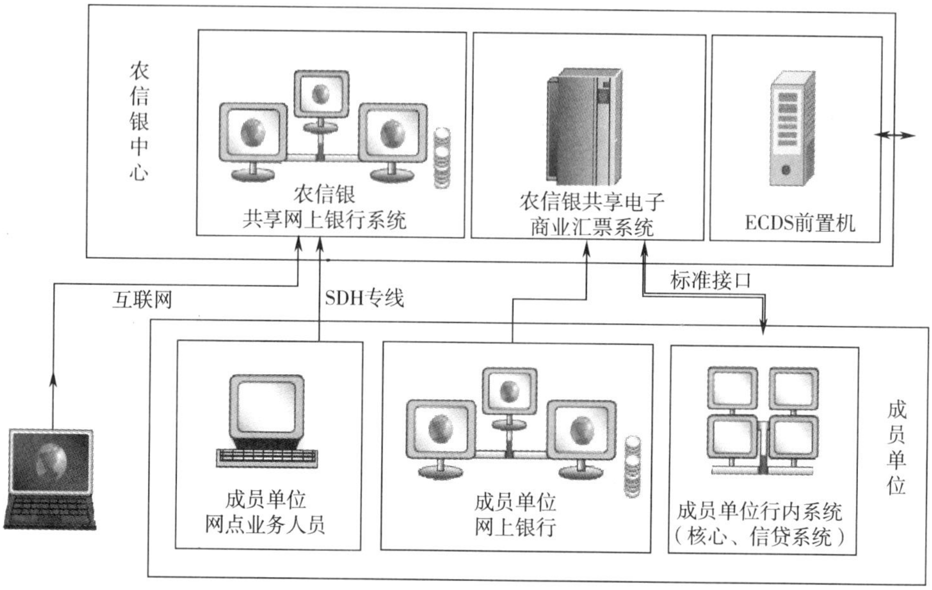

本章小结

1. 电子支付系统是指采用数字化、电子化形式进行电子货币数据交换和结算的网络银行业务系统，它是实现网上支付的基础。

2. ATM是指银行在不同地点设置一种小型机器，利用一张信用卡大小的胶卡上的磁带记录客户的基本户口资料（通常就是银行卡），让客户可以通过机器进行提款、存款、转账等银行柜台服务，大多数客户都把这种自助机器称为提款机。

3. POS是一种多功能终端，把它安装在信用卡的特约商户和受理网点中与计算机连成网络，就能实现电子资金自动转账，它具有支持消费、预授权、余额查询和转账等功能，使用起来安全、快捷、可靠。

4. 电子汇兑系统是金融机构之间的各种资金调拨作业系统，它涉及的金额通常很大，是典型的大额支付系统，也是电子银行系统中最重要的系统，包括一般的资金调拨业务系统和清算作业系统。

5. 第三方支付平台是指由已经和国内外各大银行签约，并具备一定实力和信誉保障的第三方独立机构提供的交易支付平台。在通过第三方支付平台的交易中，买方选购商品后，使用第三方支付平台提供的账户进行货款支付，由对方通知卖家货款到达、进行发货；买方检验物品后，就可以通知付款给卖家。

【关键词】

电子支付系统　ATM 系统　POS 系统　电子汇兑系统　第三方支付

【重要概念】

电子支付　电子支付系统　ATM 系统　POS 系统　电子汇兑系统　第三方支付

【复习思考题】

1. 试述电子支付的概念及其特点。
2. 试述电子支付系统的一般模型。
3. 电子支付系统有哪些分类？
4. 试述 ATM 系统的网络结构。
5. 试述 ATM 系统的交易处理流程。
6. 试述 POS 系统的工作方式。
7. 简介 POS 系统的网络结构。
8. 试述 POS 系统的交易处理流程。
9. 电子汇兑系统的运作模式是什么？
10. 国内外现有哪些电子汇兑系统？请举例说明。

【参考文献】

[1] 孙森．网络银行．北京：中国金融出版社，2004.
[2] 李冬．电子商务与网上交易实务手册．北京：机械工业出版社，2003.
[3] 张衢．商业银行电子银行业务．北京：中国金融出版社，2007.
[4] 吴以雯．网络金融．北京：电子工业出版社，2003.
[5] 韩宝明．电子商务安全与支付．北京：人民邮电出版社，2001.
[6] 张波，孟祥瑞．网上支付与电子银行．上海：华东理工大学出版社，2007.
[7] 周平．网上银行．北京：中国财政经济出版社，2001.
[8] 张卓其．电子金融．北京：高等教育出版社，2005.
[9] 帅青红．网上支付与电子银行．北京：机械工业出版社，2010.

第六章　电子银行业务风险管理及监管环境

【本章概要】

当前日益激烈的银行系统竞争加剧了各家商业银行的电子银行业务的飞速发展，但是由于其特殊性，其风险的管理也愈来愈受到关注。电子银行业务风险是指商业银行因开办电子银行业务，或已开办的电子银行业务在经营和运营过程中由于主观或客观因素诱发的可能给银行带来资金、业务、声誉和法律损害的事件。本章重点阐述了电子银行业务风险管理的相关内容及其监管环境。

【要点提示】

1. 掌握电子银行业务风险的含义及其种类；
2. 电子银行业务风险管理的概念及流程；
3. 电子银行业务风险管理措施；
4. 电子银行跨境业务的风险管理；
5. 电子银行业务监管环境。

【本章架构图】

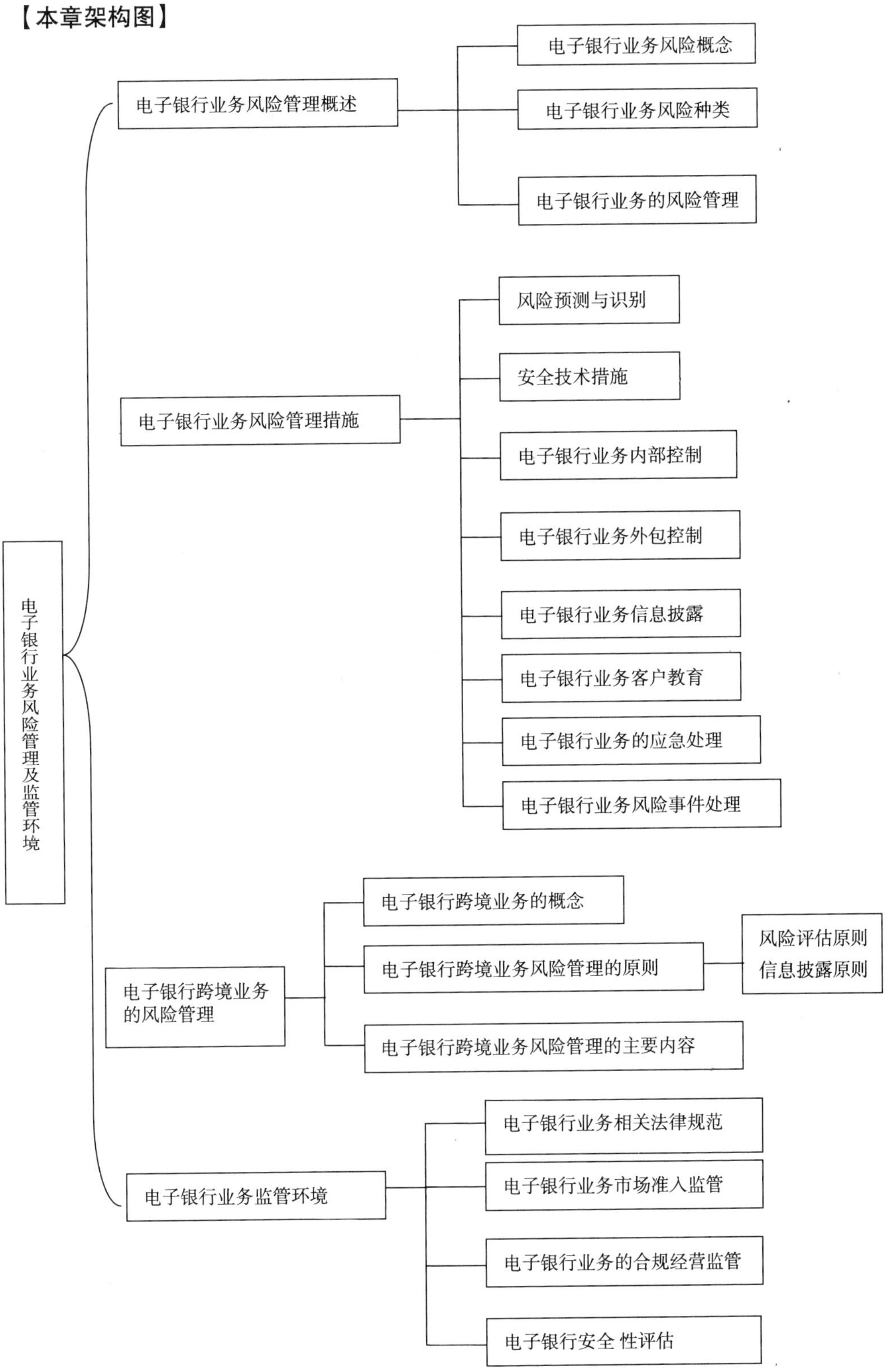
电子银行业务风险管理及监管环境
电子银行业务风险管理概述
电子银行业务风险概念
电子银行业务风险种类
电子银行业务的风险管理
电子银行业务风险管理措施
风险预测与识别
安全技术措施
电子银行业务内部控制
电子银行业务外包控制
电子银行业务信息披露
电子银行业务客户教育
电子银行业务的应急处理
电子银行业务风险事件处理
电子银行跨境业务的风险管理
电子银行跨境业务的概念
电子银行跨境业务风险管理的原则
风险评估原则
信息披露原则
电子银行跨境业务风险管理的主要内容
电子银行业务监管环境
电子银行业务相关法律规范
电子银行业务市场准入监管
电子银行业务的合规经营监管
电子银行安全 性评估

第一节 电子银行业务风险管理概述

当前，我国各家商业银行的电子银行业务正在快速发展，不少银行相继成立了电子银行业务部，把电子银行作为未来业务主要的发展方向。但由于电子银行业务的特殊性，电子银行风险愈来愈引起高度的重视。

一、电子银行业务风险概念

电子银行业务风险是指商业银行因开办电子银行业务，或已开办的电子银行业务在经营和运营过程中由于主观或客观因素诱发的可能给银行带来资金、业务、声誉和法律损害的事件。电子银行业务的基本风险按起源可以分为以下两类：

（一）传统性的银行风险

这类风险是指通过电子银行平台和渠道办理的银行业务本身的风险。在目前的发展阶段，电子银行主要扮演的还是交易平台和交易渠道的角色。传统的银行业务本身面临的市场风险、信用风险和操作风险等各类风险是不会因为交易渠道的改变而消失的。这类风险还包括银行核心计算机系统的风险，一般情况下，电子银行系统是银行计算机系统的接入子系统，负责电子银行渠道的接入处理，银行业务的处理是在银行核心计算机系统中进行的。

（二）开放性的银行风险

开放性的银行风险是指电子银行本身的风险，也就是由于电子银行自身特征带来的风险。与传统的银行业务相比，开放性是电子银行业务的基本特征。电子银行业务的开放性特征有：一是网络社会化，如网上银行的互联网、电话银行的公众电话网、手机银行的移动网络等都是社会化网络；二是终端社会化，进行电子银行业务操作的计算机、电话和手机都不是银行的终端，不能由银行自身来掌控；三是客户自助操作，电子银行业务是由客户自己进行操作的，而不是由银行柜员进行操作的。这导致了电子银行业务面临着更多的不可控的风险。

在已开办电子银行业务的商业银行中，电子银行业务风险管理的重点是电子银行本身的风险，即开放性的银行风险。

二、电子银行业务风险种类

电子银行业务发展的历程就是不断防范、抵御和化解风险的过程。一般来说，电子银行业务的主要风险是战略风险、安全风险、操作风险、法律风险和声誉风险。

（一）战略风险

战略风险是指商业银行的董事会、管理层对电子银行业务发展的策略、规划失误和在应对市场环境变化等重大事件时的决策失当可能引发的风险。例如，商业银行在对发展电子银行业务所需的知识、经验和人才相对缺乏的情况下，如何根据自身的条件制定恰当的发展战略和策略，如何进行有效的规划和推进；如何通过制定相应的流程和工作机制，确保在发展电子银行业务拓展的业务覆盖的地域范围内（包括跨境），应对和处置突发和重大事件的能力等问题。

（二）安全风险

安全风险是指因商业银行电子银行业务安全体系的缺陷，或受到攻击可能引发的风险。电子银行业务计算机系统的故障、黑客攻击造成的服务中断、数据外泄、应用系统差错、客户认证和数字签名被破译等引发的风险均属于安全风险。

电子银行业务的安全不但涉及计算机技术、网络技术和银行业务，还涉及银行内部和外部环境等诸多因素，因此需要进行整体性、体系化的设计与规划，以形成有效的安全防范体系。

（三）操作风险

操作风险是指在电子银行业务安全体系的框架下，由于内部程序不完善、操作人员差错或舞弊以及外部欺诈事件可能引发的风险。

2005 年下半年到 2006 年初，在我国出现的不法分子通过假网站、假短信、假电话银行窃取客户银行卡卡号和密码，进而盗用客户账户的资金就是典型的操作风险事件。

一般来说，除了操作差错和舞弊的因素，因银行柜员原因可能引发风险的情况还有：不进行风险提示或风险提示不当、违规代客办理电子银行注册、泄露客户私密性信息等。而外部事件主要是两类：一类是通过窃取客户资料盗取客户资金，除了假网站外，还有通过“木马”窃取客户资料和通过攻击第三方网站盗取客户资料等方式；另一类是由于市场因素使电子银行业务交易量爆发性增长可能造成系统阻塞引发的风险。操作风险是电子银行营运过程中面对的主要风险，防范、化解和缓解操作风险是电子银行业务管理部门风险管理的主要工作内容。

（四）法律风险

法律风险是指电子银行业务运营中遇到的法律纠纷可能引发的风险。电子银行业务的法律风险主要体现在以下四个方面：一是电子银行业务的发展先于法律的建设，由于缺乏相应明确的法律和法规依据，电子银行业务，包括通过电子银行办理的银行业务，涉及的商业纠纷司法处理结果具有不确定性。二是电子银行业务跨境服务，或客户的跨境使用涉及不同司法区域的司法管辖权问题和法律冲突问题。三是商业银行发展电子银行业务涉及的法律文书可能存在体系上或条款上缺陷或不完备的问题。四是对犯罪团伙可能利用电子银行渠道洗钱的监控不力引起的法律问题。

（五）声誉风险

声誉风险是指由于关于电子银行业务的负面的公众舆论和媒体言论可能引发的对银行声誉造成损害的风险。

电子银行业务的安全问题是舆论和媒体关注的焦点。计算机系统的故障、较长时间的服务中断、安全漏洞和重大安全事件、产品和服务的重大差错等都可能引起媒体的关注和较大范围的负面公众舆论。对负面公众舆论和媒体言论要予以重视，及时进行相应的处置。银行的声誉受到损害，会影响社会公众对银行的信任，严重的会造成存款挤提，引起流动性风险。

三、电子银行业务的风险管理

（一）电子银行业务风险管理的概念及流程

电子银行风险管理是指开办电子银行业务的商业银行通过风险识别、风险评估、风险应对，对电子银行业务的各类风险实施有效控制和妥善处置，期望达到以最小的成本获得最大安全保障的管理活动。

电子银行业务的风险管理是一项覆盖电子银行业务的规划、运营和应急处置等各个环节和流程的持续的管理活动。一般来说，电子银行业务的风险管理活动流程包括以下几个方面：

1. 电子银行业务的风险管理目标和政策。银行的管理层要根据银行的发展战略、风险偏好和市场因素，决策和制定电子银行业务风险管理的目标和政策，确定电子银行业务风险管理的指导方针。风险管理的决策包括自上而下和自下而上两个过程。决策层制定的风险管理政策和目标要自上而下地层层传递和分解，直到基层单元。基层单元的风险报告和审计结果要逐级反映到决策层。

2. 安全体系和技术。商业银行要依据电子银行业务风险管理的目标和政策，组建电子银行业务的管理部门，构建电子银行业务的安全体系，选择和运用合适的安全技术和产品。安全体系是一个业务和技术结合的整体架构，是发展电子银行业务的保障和进行电子银行业务风险管理活动的基础。对电子银行业务的安全体系的能力和适用性应进行评估。电子银行系统是一个计算机网络系统，因此，选用适当的安全技术产品是构建电子银行业务安全体系的基本条件。电子银行的安全技术包括“防火墙”技术、客户身份认证技术、数字加密和数字签名技术、防攻击技术和网络安全技术等。

3. 内部控制机制。内部控制机制是指为实现电子银行业务的风险管理目标，通过制定和实施一系列制度、程序和方法，对风险进行事前防范、事中控制、事后监督和纠正的动态过程和机制。电子银行业务的内部控制机制是商业银行内部控制机制的组成部分，要适应电子银行业务发展的需要。

4. 风险监测与识别。风险监测与识别是指通过对电子银行业务的运行情况和运行环境的监控和分析，识别、评估和监控各类电子银行业务风险的机制。风险监测和识别体现了主动防范和积极应对的现代商业银行风险管理的思想和策略。电子银行业务是不断发展的，新的风险会不断出现，风险的表现形式也会不断变化。风险监测和识别的机制是有效防范、应对和化解风险的基础。

5. 风险信息处理与报告。风险信息处理与报告是指对各级电子银行业务营运单元的风险报告按照规定的路径和要求进行传递、归集、报告和处置的工作机制和流程。电子银行业务风险信息处理与报告的能力和效率要与商业银行电子银行业务的风险管理目标和业务发展的要求相匹配。

6. 信息披露和客户教育。信息披露是指商业银行根据监管要求、客户服务和市场需要，在适当的时间，通过适当的方式和渠道对客户进行电子银行业务的信息发布、风险提示、事项告知的工作机制和流程。客户教育是指商业银行通过必要的方式及渠道对客户进行电子银行业务的功能、规则、方法、风险防范要求等知识和技能的培训、传播的机制和流程。电子银行业务改变了传统银行的形态、交易渠道和业务办理的方式。电子银行业务在方便客户的同时，也在一定程度上增加了客户遭遇风险的可能性。使客户了解、接受和适应电子银行业务带来的变化，是电子银行业务抵御风险的社会基础。在电子银行业务的风险管理体系中包含信息披露和客户教育的工作机制和流程，不但是为了适应监管机构的要求，也是为了夯实电子银行业务健康持续发展的社会基础和客户基础。

7. 应急处置。应急处置是指在电子银行业务发生重大突发事件时的处置机制和流程。应急处置的机制和流程一般应包括事件的甄别、应急预案的制定和启用、媒体和社会的公关维护、法律的支撑和善后的处理等环节和内容。

8. 后评价与持续改进。后评价与持续改进是指对电子银行业务风险管理的整体能力和绩效、风险事件的识别及处置的流程和结果、应急处置的措施和效果进行的定期或不定期的事后评价和改进的工作机制和流程。引入和有效发挥后评价和持续改进机制的作用，可以促进电子银行业务风险管理体系的自我优化和自我完善。

上述的工作机制和流程，需要有权威的领导、职责分明的组织体系和有效的管理网络来实行和落实。国内外的许多商业银行都在银行不同管理层级组建或设立了电子银行业务风险管理的职能部门、责任机构或单元，构建了风险管理网络。

（二）电子银行业务风险管理的原则

电子银行业务是当代商业银行应对信息技术发展和市场需求的产物。电子银行业务在技术上的复杂性，只是改变了一些传统银行风险的内容。商业银行风险管理的原则，特别是全面风险管理的理念和原则同样适用于电子银行业务。电子银行业务风险管理遵循“统一性、系统性、全面性、持续性、审慎性”原则。

1. 统一性原则。电子银行业务的风险管理应纳入整个银行统一的风险管理的总体框架之中。在此基础上，根据电子银行业务的特点和风险管理目标，统一进行电子银行业务风险管理的规划和部署，建立全行统一的健全的电子银行风险管理体系。

2. 系统性原则。系统性原则是指对电子银行业务的风险要进行系统性的管理。电子银行的风险管理应在分析银行整体风险和经营状况以及风险发展趋势的基础上进行，科学地评估电子银行业务对整个银行总体风险的影响。银行业务面临着一系列的风险，不仅要管理各个业务单独的风险，同时也需要掌握它们之间的相互影响，进而进行系统性的管理。

3. 全面性原则。全面性原则是指对电子银行业务的风险管理要全面规划，整体部署。电子银行业务风险管理应该在全面收集相关信息的基础上，涵盖所有的以及拟开展的电子银行业务所涉及的内容，进行综合管理，包括对外包商、第三方合作伙伴以及用户等方面的风险管理。

4. 持续性原则。持续性原则是指对电子银行业务的风险管理不能间断，必须持续不断地进行。风险贯穿于电子银行业务的整个生命周期中，因而风险管理是一个持续、不间断的过程。风险管理的持续性反映在两个方面：一是银行对电子银行业务的风险要进行持续的监控、评估和综合分析；二是对电子银行业务风险管理的能力和效果要进行持续的评价和改进。

5. 审慎性原则。审慎性原则是指对电子银行业务的风险管理要贯彻审慎管理的要求。技术创新的快速发展改变着电子银行业务中面临的风险特征和范围，加大了银行管理风险的难度。电子银行业务的风险管理应当遵循审慎管理的原则，在风险偏好内，谨慎选择业务投向和发展范围，保证电子银行业务在潜在风险可以承受的前提下开展。

第二节 电子银行业务风险管理措施

一、风险预测与识别

（一）风险预测与识别的概念

风险预测与识别，又称为风险监测与识别，是指商业银行对经营中各种风险的认识、评估和进行持续有效监控的机制和能力。风险的预测（监测）是指对风险产生可能性的监测和预报；风险的识别是指对风险的认识和确定。电子银行业务的风险预测与识别应贯彻“充分、审慎、有效”的原则。充分是指对电子银行业务风险因素的认识要充分；审慎是指对已识别的风险因素的评估要审慎；有效是指对风险的控制措施和方案要有效。

风险监测和识别体现了主动防范和积极应对的现代商业银行风险管理的思想和策略。在现代商业银行风险管理的理论及实践中，风险的预测与识别都是衡量商业银行风险管理和内控能力的重要指标，也是监管机构对商业银行经营风险进行监管的重要指标。

风险预测与识别的机制同样适用于电子银行业务的风险管理。它不但是电子银行业务风险管理的重要措施，更是电子银行业务风险管理和内控体系的基础性机制。

（二）风险预测与识别的主要内容

电子银行业务的风险预测与识别是一个动态、扬弃的流程和机制，主要包括风险的识别、风险的评估、风险的监控及风险的评价与改进四个方面内容。

1. 风险的识别。风险的识别是指依据电子银行完整的业务和管理视图进行的风险认识、分辨和确认的过程和机制。风险的识别要建立程序化的流程和清晰的职责。风险识别的基本要求是充分，必须识别可能对电子银行业务产生影响的所有已知的和潜在的风险，包括对银行内部和外部因素的识别。一般来说，风险识别的基本要求有三条：

（1）对经营管理活动的风险识别。对经营管理活动风险的识别除了对经营管理活动本身的风险识别外，还有对涉及计算机系统的风险识别和外部入侵和攻击风险的识别。对经营管理活动本身风险的识别包括：常规性经营管理活动、非常规性经营管理活动和新增的经营管理活动。对经营管理活动进行风险识别的范围包括银行内部、外包方和有关联的第三方。

（2）对法律法规、监管要求和其他要求的识别。电子银行业务是一项正在发展的业务，相应的法律法规、监管要求和其他要求随着电子银行业务的发展可能会有变化。不能及时识别、获取适用的法律法规、监管要求和其他要求，或在电子银行的规章体系中未能充分体现应该遵循的法律法规和监管要求会给电子银行业务的发展带来风险。

（3）对内控风险的识别。内控活动可能会引起业务流程、经营管理活动的变化，对这些变化可能引起的风险要识别。

2. 风险的评估。风险的评估是指对已识别的风险的后果和发生的可能性进行分析和评价的过程和机制。风险的评估要在充分考虑风险产生的根源、发展路径、对电子银行业务乃至对整个商业银行的影响范围、程度等因素的基础上进行。

风险评估的结果是银行对风险进行控制和应对的依据，因此对风险评估的过程和结果要进行管理，主要是以下三个制度：

（1）建立风险评估的工作制度，包括流程、职责和对评估结果的认定程序。

（2）建立对已评估风险的分类、分级、再评估的管理制度。分类是指风险的类型；分级是指风险后果的影响程度；再评估是指当评估条件发生可能影响评估结果的变化时，要对已评估的风险重新进行评估。

（3）建立对评估结果的事后评价和修正的制度。

3. 风险的监控。风险的监控是指根据电子银行风险管理目标和政策，对已识别和评估的电子银行业务风险进行监控的工作流程和机制。电子银行业务的风险管理目标和政策是银行的管理层根据银行的经营目标、发展战略、风险偏好和市场因素决策和制定的。风险管理目标和政策允许范围内的风险称为可接受风险，对可接受风险要进行定期监测。风险管理目标和政策允许范围外的风险称为不可接受风险，对不可接受风险要制订控制方案进行控制，控制方案应包括日常的对风险发生条件和可能性检测和预报机制、风险发生的可能性发生变化的报告和应对机制，以及风险发生后的应对预案等内容。

4. 风险的评价与改进。风险预测与识别的工作机制、工作流程、风险识别的方法和效果会受制于各种内外部因素的影响。这些因素包括技术进步、法律法规和监管要求变化、银行的风险管理目标和政策调整以及银行员工的知识和能力因素等。因此，对电子银行业务风险的预测与识别机制要进行评价和改进。

二、安全技术措施

电子银行安全风险是指银行在使用与计算机、网络等 IT 相关的产品、服务、终端设备时，所产生的银行经营的不确定性或对银行安全管理的不利因素，涉及的内容包括计算机硬件、软件，网络通信设备，各种银行终端设备如 ATM、电话、手机、计算机等。

与传统银行技术风险不同，电子银行安全风险具有跨时空性、快速传递性、犯罪渠道多元化、责任难以区分等特点。基于电话、手机、计算机等开放网络构建的电子银行与电子银行所要求的保密性无疑是相矛盾的，而这些高度开放网络的安全机制正处于不断完善的过程当中，因此，如何确保电子银行交易的安全性问题已经是电子银行的关键所在。

（一）电子银行安全风险

由于各种原因，现行信息系统都不可避免地存在着各种安全缺陷，电子银行系统也不例外。有些安全缺陷是可以通过人为的努力加以避免或者改进的，而有些安全缺陷需要以各种折中作为相应的代价。电子银行系统的安全缺陷是引发操作风险的主要因素。

1. 计算机系统的安全风险。

（1）电子银行系统的计算机硬件故障、性能不稳定、易受电磁干扰的影响、老化失效等。

（2）电子银行系统计算机软件（包括系统软件和应用软件）存在漏洞，例如，逻辑错误、后门、逻辑炸弹，兼容性差、身份识别和权限控制机制不完善，不提供日志、审计跟踪、防复制以及数据加密存储及传输功能，数据备份或复制手段单一，易受病毒侵扰等。

（3）电子银行系统由于应急措施不完备，无法有效抵御自然灾害和人为破坏，不能及时发现并排除硬件故障，无法及时对存在漏洞的软件进行升级或修补，入侵隔离、检测、跟踪、应对能力差，无法抵御人为攻击，不能有效识别和清除各种病毒。

2. 通信链路的安全风险。通常有有线通道（同轴电缆、架空明线或光缆等）和无线通道（卫星信道、微波干线）作为通信线路。对有线通道而言，如果应急措施不完备，不能有效抵御自然灾害和人为破坏；措施不得当不能有效防止攻击者通过搭线对传输信息进行非法侦听和篡改；串音可能导致网络信噪比下降、误码；电磁辐射信号可通过电源线、电缆和电话线等通信链路传导出去造成信息泄露。当各种高频脉冲通过电路元件（电阻、电容、集成电路等）传导时，会向空中以电磁波的形式辐射信息，从而导致信息泄露。无线通道的安全脆弱性更加显而易见，被动攻击几乎不可避免。

3. 结构安全风险。网络拓扑结构本身会给网络带来问题。常见的拓扑结构有总线型结构、星形结构、环形结构及树形结构等。实际应用的通常是它们的混合形式，而非单一的拓扑结构。各种网络结构在实际应用中都存在着隐患。总线形拓扑结构存在着故障诊断和故障隔离困难；星形拓扑结构存在着对中央节点的依赖性强和中央节点负担过重的问题；对于环形拓扑结构，环上数据传输要通过环上的每一个节点，如果环上某一节点出现故障，将会引起安全网的故障，而且诊断故障也比较困难；而树形拓扑结构的主要缺陷是对根节点的依赖性太大，如果根节点发生故障，则全网不能正常工作。

4. 网络协议的安全风险。

（1）协议风险。电子银行主要基于 Internet 环境，Internet 的基础是 TCP/IP 协议。该协议在实现上力求效率，而没有考虑安全因素，因此存在多种安全风险：一是多数 Internet 上的信息是没有加密的，电子邮件口令和文件传输很容易被监听和截获；二是基于 TCP/IP 的应用服务大都在不同程度上存在安全问题，很容易被一些了解该协议的人所利用；三是访问控制的配置比较复杂，很容易出现配置错误，从而给入侵者以可乘之机。

（2）协议转换风险。电子银行为了提供更好的服务会采用不同的平台组成，各平台使用的协议可能不同，需要通过网关进行协议转化。系统开发语言和编译器的不同，有可能导致系统之间的通信困难。

5. 认证体系的安全风险。认证中心以及整个认证体系建立的不完善，将会导致在进行网络数据变换时的相互抵赖。

（二）电子银行安全技术

1. 安全检测与防范技术。电子银行安全检测与防范网络非法入侵的技术措施常用的有以下几种：

（1）网络安全检测设备。预防为主是防范黑客的基本指导思想。网络安全检测设备主要用来对访问者进行监督控制，一旦发现有异常情况，马上采取应对措施，防止非法入侵者进一步攻击。

（2）禁止一些端口。黑客往往利用计算机网络系统的漏洞，通过一些特定端口进行入侵，而这些端口平时又不常用，所以有必要禁止这些可能被黑客入侵的端口，从而防范非法入侵。

（3）控制权限。可以将网络系统中易感染病毒的文件的属性、权限加以控制。一定要设置服务器管理员的密码和数据库的密码，密码不能为空。在服务器上尽量不要设置共享文件夹。对各终端用户，只能给予他们只读权限，断绝病毒入侵的渠道，从而达到预防的目的。

（4）“防火墙”。在网络安全领域中，“防火墙”是指在企业的内部网络和其他外部网络的接口处专门建立的系统，用于对进出企业网络的数据检查和控制，根据企业制定的安全策略，决定为内部用户和外部用户提供或拒绝提供哪些服务，隔离来自外部网络对内部网络的安全威胁，保护企业内部网络和内部资源的安全。

“防火墙”主要有以下功能：一是访问控制，访问控制是“防火墙”最基本的功能，可以检测数据包的内容并控制连接的类型、地址、协议和端口号，并且可以根据“防火墙”的规则允许或拒绝该网络上的数据包。二是审计功能，利用审计和日志记录，可以提前发现不安全的迹象，这对于维护网络安全是十分重要的。它可以记录下入侵尝试者的地址，这对于加固“防火墙”的防御能力是十分有用的。三是地址翻译，“防火墙”的地址翻译功能使得外部不能够了解内部网络的结构，从而大大降低了非法入侵的可能性。

（5）安全工具包。安全工具包主要是提供一些信息加密和保障系统安全的软件开发系统。用户可以在这些安全工具包的基础上进行二次开发，开发自己的安全系统。

2. 应用层安全技术。

（1）身份认证技术。连入 Internet 的任何一个人都有可能来到电子银行申请服务，为了保证电子银行系统的正常运作，系统首先必须能够正确识别交易人的身份，并以此为基础控制交易人的交易行为，确保只有合法的客户才能进入系统完成所允许的交易。对于客户而言，他需要确信他所连接的确实是他所希望与之连接的那一家银行的网银交易服务器，而不是一个伪造的、诈骗性质的交易服务器。因此，这里存在着客户与网银交易服务器之间的双向身份认证需求。归纳起来，身份认证技术包括两种：密码认证和证书认证。

密码认证是指银行事先为客户分配一个 ID，然后再由客户设定对应的密码，当客户登录电子银行系统时，银行将验证客户 ID 和客户密码的一致性，验证成功后才允许客户进入系统。这种身份认证机制能够为系统提供一定的安全保护，所以广为各家商业银行所采用，但由于它对用户身份认证的核心是静态的用户密码，也存在如下缺陷：①为了便于记忆，大多数网络用户选择常用词作密码，因此很容易被猜到；②一个密码多次使用，容易造成泄露和被黑客或心怀叵测的人猜测到；③黑客可从网上截获密码；④密码自动破译工具使猜测密码的时间大大缩短，甚至破解了密码加密的问题。

动态密码认证是一个较为成功的能够克服上述缺陷的技术。动态密码认证技术即利用动态密码技术实现对网络用户的身份鉴别，动态密码认证系统由动态密码卡提供随机的、每分钟一变的一次性密码，确保只有授权用户才能访问网络资源，而非授权用户通过非法途径所取得的密码无效。动态密码认证系统是由认证服务器和动态密码卡两部分组成，两者动态密码的生成是基于时间同步。动态密码卡经过管理工作站进行初始化后，分发至用户手中，用户进行终端登录电子银行系统时，首先打开终端登录窗口，输入动态密码卡的编号或用户姓名，此时，终端通过调用认证服务接口函数来请求挂在银行网络中心的认证服务器提供认证服务，认证服务器接收用户信息后，根据系统信息库中的相应用户信息计算出用户当前的动态密码，再与用户终端传输来的卡上的动态密码进行比较，若两者相同，则系统认为该用户为授权用户，允许其进行登录访问。

各家商业银行在应用动态密码认证技术时，由于其实施方式不同，动态密码的表现形式也不尽相同。例如，工商银行于 2006 年 8 月 10 日在全国范围内推出的动态密码卡是一张 5.4 厘米宽、8.5 厘米长的小卡片，上面印有矩阵形式排列的若干字符串，在每次使用输入密码时，网上银行系统会告知用户，查阅矩阵中特定位置的字符串，并将其输入，由于每个人密码卡都不同，故只有持有与网络银行账户对应的密码卡，才能顺利进行相关操作，从而保护了安全性；建设银行从 2005 年 5 月开始陆续在辽宁、浙江、宁波三个分行试点推出动态口令卡，采用的是刮刮卡式密码，一张卡上有 30 个可供刮开的密码，每次登录输入一个，下次刮开使用另一个，不用担心别人是否窃取，只要看密码有无被刮开即可。但因一张密码卡上的密码数有限，经常转账的网上银行用户需要经常到银行更换新的刮刮卡，失去了网上银行方便的优势。

证书认证是指银行事先为客户颁发数字证书，客户登录系统时银行通过数字证书来验证客户身份。数字证书由认证中心（Certification Authority，CA）来发放。证书通常包含公开密钥、口令、签发机构、签发对象、签发日期等信息。在网上交易的过程中，客户的证书首先传送到银行服务器方，服务器先验证客户证书的有效期，再根据签发者（CA）名称找到签发者公钥，并用以验证证书的数字签名的合法性；同样，在客户端也可验证银行服务器方证书。双方相互验证证书，使双方都能确信对方的身份是真实的，从而达到确认双方身份的目的。我国有多家 CA 认证机关，其中由中国人民银行牵头联合 12 家商业银行共同建设的中国金融认证中心（CFCA）的数字证书应用较为普遍，它于 2000 年 6 月 29 日正式开始运行。

（2）数据加密技术。Internet 是一个开放的网络，由于操作信息均通过因特网传输，对客户来讲，最大的风险在于账号和密码失窃。犯罪分子可采用网上侦听和网上诈骗等手段获取客户的机密信息。为保证信息的私密性，就需要对网上传输的信息进行加密，即通过加密算法将信息伪装，未经授权者许可便无法了解信息内容，而被授权者用密钥解密后才可以得到信息的明文。数据加密技术保证传输过程中的密文信息即使泄露，在无密钥情况下仍是安全的。

密钥根据加密算法分为对称密钥加密和公开密钥加密。对称密钥加密算法的特点是：同一密钥既可用于信息的加密，也用于信息的解密。每对交易双方都有专用的一把密钥，用于对发送明文加密和对接收密文解密。公开密钥算法特点是加密和解密使用不同密钥，密钥被分解成为一对（即一把公开密钥或加密密钥和一把私有密钥或解密密钥）。这对密钥中的一把作为公开密钥（加密密钥），通过非保密方式向他人公开；而另一把则作为私有密钥（解密密钥）加以保存。公钥是公开的，任何人可以用公钥加密信息，再将密文发送给私钥拥有者；私钥是保密的，用于解密其接收的经过公钥加密过的信息。

（3）数字签名技术。使用数字加密技术只能保证信息的私密性，但不能保证信息的真实性和信息的不可伪造性。为了保证信息的真实性和信息的不可伪造性，可使用数字签名技术。数字签名实际上是采用密码技术实现使信息发出者不能否认自己所发出的信息的一种方式，它一方面可以确认发送方的真实身份，另一方面接收方或非法者不能伪造、篡改信息，从而保证信息的真实性和完整性。

数据签名技术保证了信息的真实性，它使得：①接收方能验证发送方所表明的身份；②发送方发送以后不能否认该报文是他发送；③接收方不能伪造报文。

（4）数字时间戳。在电子银行交易过程中，时间同签名一样是十分重要的证明，与寄信用的邮戳一样。数字时间戳服务是用来证明消息的收发时间的。用户首先将需要加时间戳的文件加密后形成文档，然后将摘要发送到专门提供数字时间戳服务的权威机构，该机构对原摘要加上时间后，进行电子签名，用私钥加密，并发送给原用户。在书面合同中，对文件签署的日期和时间采取安全措施，需要在经过电子签名的交易上打上一个可信赖的时间戳，而数字时间戳服务有效地为文件发表时间提供了佐证，从而有利于解决一系列的实际问题和法律问题。

由于桌面时间很容易改变，由桌面时间系统产生的时间戳不可信赖，因此需要一个第三方来提供可信赖的且不可抵赖的时间戳服务。作为可信赖的第三方，应请求为服务器端和客户端应用颁发时间戳。打上时间戳就是将可信赖的日期和时间绑定在一起的过程。

数字时间戳的作用：①数据文件加盖的时间戳与存储数据的物理媒体无关，已加盖时间戳的文件不可能作丝毫改动；②要想对某个文件加盖与当前日期和时间不同的时间戳是不可能的。

（5）病毒防范技术。互联网的飞速发展给计算机病毒在大范围内的迅速传播提供了条件，网络时代病毒的危害不再只是来自共享的软盘，它可以通过 E - mail、Web 下载和网络服务器而更为直接地传播。银行系统的敏感数据一旦遭到病毒破坏，后果将不堪设想。

传统反病毒技术已远远不能满足网络时代的要求。电子银行所赖以生存的网络环境必须采用一种能集病毒检查、预防、清除及检测功能于一体，同时采用集中式的管理以方便对服务器/客户机数据保护的多层次病毒防御技术方案，建立银行内部严密的病毒防范体系。

（6）电子支付协议。电子银行主要采用 SSL 和 SET 支付协议。

SSL（Secure Sockets Layer，安全套接层）是由 Netscape 公司开发的网络安全传输协议，是目前 Internet 上点到点之间尤其是 Web 浏览器与服务器之间进行安全数据通信所采用的最主要的协议。由于 SSL 具有应用面广、实施成本低、安全高效、操作简单等优点，它已成为电子商务系统中应用最广泛的协议，目前实际应用的几乎所有操作平台如 Microsoft、IBM、SUN 等上的 Web 浏览器以及流行的 Web 服务器都支持 SSL 协议。

SSL 支付协议处于应用层和传输层之间，相当于一种会话层安全协议。该协议向基于 TCP/IP 的客户/服务器应用程序提供了客户端和服务器的鉴别、数据完整性及信息保密性等安全措施。该协议通过在应用程序进行数据交换前交换 SSL 初始握手协议信息来实现有关安全特性的审查。

SET 向基于信用卡进行电子化交易的应用提供了实现安全措施的规则。SET 协议使用加密技术提供信息的保密性，保证支付的完整性，验证商家和持卡者。它由 VISA 和 Master Card 两家公司联合开发出一套安全电子交易协议 SET，为了在 Internet 上进行在线交易时保证信用卡支付安全而设立的一个开放的规范，得到 IBM、HP、Microsoft、Netscape 等很多大公司的支持，已经获得 IETF 标准认同。它可以保证：

信息的机密性，即保证信息安全传输，不会被窃听，只有收件人才能得到和解密信息。

支付信息的完整性，即保证传输数据完整地被接收，在中途不被篡改。

认证银行和客户，即验证公共网络上进行交易活动的银行、持卡人及交易活动的合法性。

广泛的互操作性，即保证采用的通信协议、信息格式和标准具有公共适应性，从而可在公共互联网络上集成不同厂商的产品。

三、电子银行业务内部控制

商业银行内部控制是商业银行为实现经营目标，通过制定和实施一系列制度、程序和方法，对风险进行事前防范、事中控制、事后监督和纠正的动态过程和机制。电子银行业务作为商业银行业务构成部分，同样必须纳入商业银行内部控制范围，通过对电子银行业务开展和运营过程中的风险采用预测、监控、评估等一系列措施和手段进行预防、控制，保障电子银行业务按照商业银行经营目标和要求健康发展。

（一）内部控制原则

《商业银行内部控制指引》明确指出，“商业银行内部控制应当贯彻全面、审慎、有效、独立的原则”。

全面性原则是指内部控制应当渗透到银行的各项业务过程和各个操作环节，覆盖所有的部门和岗位，由全体人员参与，做到任何决策和操作均有案可查；审慎性原则是指内部控制应当以防范风险、审慎经营为出发点，内控先行；有效性原则是指内部控制应当具有高度的权威性，任何的决策、经营活动都必须置于内部控制约束下，内部控制存在的问题都能够得到及时的反馈和纠正；独立性原则是指商业银行要设立内部监督稽核部门，赋予其独立履行职能的权力，同时建立直接向商业银行董事会、监事会、高级管理层报告的渠道。

在银行内部控制实践中，除了上述原则外，同时也必须注意内控措施与银行经营规模、业务范围、业务特征、风险特点的相适应和相匹配性，以适当的技术、合适的手段和合理的成本实现内部控制目标和要求。

（二）电子银行业务内部控制的重点内容

电子银行业务除了具有通过电子银行平台和渠道办理的银行业务本身的风险，更多的风险来自电子银行的网络社会化、终端社会化、客户自助操作特征。从狭义的电子银行业务内部控制角度出发，内控的重点主要表现在如下几个方面。

1. 人员教育和培训。相对传统银行业务而言，电子银行业务产品和服务的提供、运行更依赖于现代计算机和通信技术。同时，业务正在日新月异地迅速发展，从业人员原有的银行知识和管理手段已经不能适应新技术、新业务不断推出的要求。因此，要加强电子银行管理人员、市场人员、产品开发人员、客户服务人员在相关法律法规、各项业务规章制度、计算机应用和操作、网络通信技术等诸多方面的教育和培训，培育既有丰富的金融管理理论和业务实践知识，又掌握当代科技发展动态、精通计算机等技术运用与操作的复合型人员。

一是加强法制观念和法律法规的教育。国家先后颁布了一系列法律法规，包括《中华人民共和国电子签名法》、《电子支付指引（第一号）》、《电子银行业务管理办法》和《电子银行安全评估指引》，为电子银行业务发展奠定了法律基础。增强法律意识和知识，自觉依法合规经营是电子银行业务健康发展的前提。

二是加强业务知识和管理知识的培训。不断更新观念和知识，不断提高管理人员和业务人员的理论和实践水平、能力，才能保证电子银行业务发展的要求，减少失误，防止风险。

三是加强人员的思想和职业道德教育。确保电子银行业务人员和内控队伍高效廉洁地开展工作。

2. 柜员管理和权限控制。事权分离是银行内部控制的基本制度。设立不同类别、不同岗位、不同权限的柜员，建立电子银行业务的纵横制约、逐级审批、互为监督的柜员权限控制体系，是行之有效的内部控制机制。

电子银行柜员按照业务类别主要分为系统维护柜员、内部管理及参数设置柜员、证书制证柜员、客户交易辅助操作柜员（含电话银行业务代表）、客户注册柜员等；按照柜员的权限分为经办柜员、主管柜员、管理柜员；按照电子银行渠道分为网上银行柜员、电话银行柜员、手机银行柜员、多媒体终端及其他柜员等；按照操作和控制的范围可分为总行柜员、分行柜员、地市行柜员、网点柜员等。电子银行柜员管理要求各级、各类柜员的签发、注册、变更和注销应遵循“双人操作、换人复核”的原则，并建立“柜员登记簿”进行详细登记。在同一业务系统中，一个柜员对应一个柜员号。柜员号必须专人专用。柜员密码应定期更换、确保安全。

3. 客户注册业务控制。电子银行业务的突出特征是客户通过通用终端（如个人计算机、固定电话、移动电话等）进行离柜的自助操作，开户注册是银行提供电子银行服务的起点和基础。因此加强对客户开户注册业务的控制，通过客户注册流程建立银行和客户间清晰的法律关系和彼此的权利义务是银行开展电子银行业务服务的重要前提。客户注册、注销业务主要风险点和控制要求：

（1）客户实名的确认。客户注册电子银行服务必须使用真实有效的身份证件和银行需要的其他必要材料。

（2）客户申请书的审核与操作。客户注册电子银行服务必须提交正式的书面申请表格，银行柜员必须对客户提交的身份证明和申请表格进行严格的审核，操作注册的账户和开通的业务功能与客户申请书内容一致。

（3）与客户的各类服务协议、业务条款等法律文本的签署认定。客户注册电子银行服务必须签署电子银行的各类服务协议和业务条款。银行柜员必须确认这些协议和条款签署的手续完备，客户签章完整有效。

（4）业务授权和事后监督。重要业务操作必须通过主管柜员复核授权流程并提交专职监督部门进行事后监督。

4. 身份识别控制。电子银行的客户离柜、自助操作特征，要求电子银行系统对客户采用严格有效的身份识别手段和技术，确认客户对其注册账户具有操作权限，保证客户的信息安全和账户资金不被非法盗用。身份识别控制包括银行对客户的身份识别和客户对银行的身份识别。

（1）电子银行客户身份识别的主要手段。目前身份识别技术和手段包括逻辑码识别、物理介质识别、生物介质识别等。其中逻辑码识别主要采用静态密码（预留信息）、动态密码卡、磁盘证书等；物理介质识别主要采用物理证书（如 IC 卡证书、USBKey 证书）、物理动态密码令牌等；生物识别主要采用人体的指（掌）纹特征识别、眼底特征识别、声音特征识别、脸部特征识别等。

不同的识别技术和手段具有不同的识别强度。按照识别强度由弱到强顺序排序为：静态密码—动态密码卡—磁盘证书—物理动态密码令牌—物理证书—生物特征。根据不同识别技术的用户端环境、使用条件、识别设备等要求，电子银行可采用的识别技术主要包括静态密码、动态密码卡、磁盘证书、动态密码令牌、物理证书等。

（2）客户身份识别策略。电子银行业务按照不同的客户类型、不同的安全保障要求、不同的业务功能要求和业务操作渠道，可灵活采用不同的身份识别策略，包括：

①静态密码识别。针对仅需要进行账户信息查询的企业客户和不向注册账户以外进行资金转移、汇款的个人客户。对此类个人客户可以适当放开受益人确定、可追溯的支付业务，如公用事业缴费支付等，但必须加以严格的支付限额控制。客户对电子银行系

统进行识别主要采用静态预留信息的手段。

②动态密码卡和磁盘证书。针对具有较高安全性要求、有向注册账户以外账户进行汇款和支付要求的个人客户，可采用动态密码卡或者磁盘证书进行身份识别。其中动态密码卡可通用于网上银行、电话银行、手机银行渠道，磁盘证书主要使用于网上银行渠道。使用动态密码卡客户的对外支付应限制在中国人民银行《电子支付指引（第一号）》的支付限额内。

③物理动态密码令牌和物理介质证书。物理动态密码令牌和物理介质证书具有非常高的身份识别强度，可有效防止非法用户的进入。使用此类识别技术的客户可在最大范围使用电子银行业务功能。尤其是使用物理证书的客户，在进行资金转账汇款、支付过程中通过物理证书的数字签名，可确保交易的合法性、唯一性和不可抵赖性。物理介质证书识别可广泛使用在企业网上银行客户和具有高度安全性要求的个人网上银行客户，且无支付限额限制。物理动态密码令牌识别可使用于具有高度安全要求的个人客户。

5. 客户交易控制。电子银行业务提供给客户快捷便利的“3A”银行服务，同时客户的自助操作也给银行带来客户交易的不可控性，包括客户信息的非法盗用、网络犯罪活动、企业用户的越权操作、违法的资金运作、银行内部人员非法操作等。为此，银行必须采用一系列系统的、管理的、技术的、业务的手段对电子银行的客户交易行为和交易过程进行必要的控制。

（1）交易限额、交易次数控制和交易授权控制。不同的电子银行业务服务渠道、不同的身份认证手段和安全防范技术、不同的电子银行业务种类带来的风险性和控制要求是不同的，客户本身的安全性控制要求也存在差异。因此，电子银行对于客户的交易额度、企业客户操作员操作权限、客户操作出错次数等需要进行必要的控制，以保障客户的信息、资金安全。主要控制措施包括：

①交易金额和次数控制。根据《电子支付指引（第一号）》，对于不使用证书的客户，电子银行应设置其对外支付的单笔支付金额限制、当日累计支付金额/笔数限制、累计支付金额/笔数限制。当支付金额/笔数超过这些限额后，电子银行系统将拒绝客户的支付请求。

②企业客户交易授权控制。根据企业客户财务制度和管理要求，电子银行系统（尤其是企业网上银行系统）应该使企业客户能对其操作员管理的企业账户、资金调拨划转及支付的范围和金额大小进行控制，因此，应向客户提供转账支付的单级授权、多级授权、组合授权等多种授权模式。

③客户登录累计出错次数控制。对于出现连续登录密码错误的客户，电子银行系统应该暂时冻结其使用电子银行功能，提示或通知客户关注并采取必要的措施。

（2）可疑交易控制。针对网络洗钱、网络赌博等犯罪活动，电子银行必须按照国家有关的法律法规建立可疑交易监控机制。对客户通过电子银行进行资金划拨、支付业务中达到人民银行规定条件、金额的交易业务或巨额业务，进行记录和预警提示，必要时进行人工甄别和干预。

（3）获利不能控制。获利不能是指电子银行在开展业务过程中，通过对客户的转账范围限制、代理缴费合作单位、电子商务支付特约单位的选择等手段，重点发展收款人、业务受益人明确的业务，使得不法行为无法获取利益，防范客户因信息保管不善、网络被盗等原因带来的资金损失。

（4）交易被动化控制。交易被动化是针对商业银行的电子银行客户交易辅助操作柜员的操作进行的控制机制和手段。客户交易辅助操作柜员必须在客户完成电子银行登录，明确提出要求辅助操作柜员帮助其进行交易操作的前提下方能启动交易，并按照客户的指令要求进行操作，操作内容必须提示客户确认。电子银行系统必须采用系统日志、语音录音的方式对客户的交易指令进行完整的记录并进行事后监督。

6. 产品、服务提供控制。电子银行产品是电子银行业务和服务的基础，对产品从设计开发、生产运行直到退出的整个生命周期进行全程的、动态的控制是电子银行业务内部控制的重点内容之一。

（1）产品设计控制。电子银行产品在设计开发过程中必须根据银行风险控制的要求和目标，对产品的目标客户、服务渠道、业务流程、合作单位等方面进行综合风险预测，针对风险点采用技术的、业务的、管理的、法律的手段进行风险规避，并制定配套的管理办法和操作规程。

（2）产品测试验收。产品测试验收是产品投产前进行检验、检查产品质量、风险控制是否达到和符合设计要求的重要环节。产品测试验收要组织银行业务骨干进行。产品测试一般包括产品功能性测试、产品抗错误性测试、产品综合性测试等。

产品功能性测试主要测试在正常情况下，产品处理流程、产生结果是否达到设计的要求，实现预计的功能。产品抗错误性测试主要测试在误操作、输入错误和非法信息等非正常情况下，产品是否能够作出正确的反应。产品抗错误性测试是产品测试的重点。产品综合性测试主要测试产品在整个电子银行系统环境中是否运行正常，业务功能是否准确实现，系统是否相兼容，是否会带来相关业务、相关流程的错误等。产品只有通过测试验收，经有权人书面确认后方能投入生产运行。

（3）产品的运行监控和优化改良。电子银行管理部门和内部控制部门要对电子银行产品运行进行动态的、不间断的监控，根据市场、环境、技术的变化和发展进行产品运行状况和运行质量评价，根据产品的评价结果，对存在漏洞、缺陷的产品提出优化、改良的要求；对存在严重安全漏洞、不符合电子银行业务风险控制要求的产品提出退出运行、中止服务的要求，并督促电子银行产品管理部门、开发部门对这些产品进行优化或重新设计开发。

四、电子银行业务外包控制

市场的竞争压力、客户的需求和对成本效益的考虑使得银行正在逐渐增加对电子银行系统的投入。电子银行技术以及银行内部多种业务处理系统集成的复杂性、雇用IT专业技能人员的困难性，使得银行对外部专业服务供应商的需求与日俱增。同时，现代经济高度社会化分工的必然结果使银行完全不需要事必躬亲，可以借用外部资源，把许多业务流程环节交由其他企业协作完成，从而谋求流程系统的每一个环节都保持最佳动作。将关键技术的开发和管理外包给外部承包商和服务供应商是一个具有战略性的决定。然而，将业务外包与内部处理这些业务一样会带来相应的操作风险，为了降低潜在的风险威胁，提高银行对外包业务的操作控制能力，必须加强对业务外包和服务供应商的管理。

（一）电子银行业务外包定义

电子银行业务外包，是指银行将电子银行部分系统的开发、建设，电子银行业务的部分服务与技术支持，电子银行系统的维护等专业化程度较高的业务工作，委托给外部专业机构承担的活动。

银行在规定的服务水平基础上将其电子银行系统的开发（或运作），全部或部分委托给外部专业的 IT 服务供应商，由他们来设计（或管理）并提供银行所需要的业务系统（或信息服务），银行以规定的价格，在双方同意的服务水平基础上购买外包服务。电子银行业务外包可能还伴随着银行将电子银行技术资产和人员交由 IT 服务供应商管理。

（二）电子银行业务外包的风险

银行将电子银行系统外包给专业服务供应商能够帮助银行减少成本、获得所需的专业技术支持、拓展服务渠道和提高客户服务水平，但如果管理和控制不当，电子银行外包会引发新的风险——电子银行业务外包风险。电子银行外包除了一般意义上因发展电子银行业务会引起的战略风险、安全风险、操作风险、法律风险和声誉风险外，主要面临三个方面的风险：信息系统失控风险、服务无法满意风险和战略信息伤害风险。

1. 信息系统失控风险。当银行把其开发和运行电子银行系统的责任外包给专业服务供应商时，银行 IT 部门对技术的关注和了解将逐渐减少，这将使银行可能因为过分地依赖专业服务供应商而失去了对其系统的控制能力。在这种情况下，银行只能接受专业服务供应商所做的一切，并必须支付专业提供商所要求的费用，接受专业提供商提供的任何技术。这种依赖实际上就有可能导致银行失去对项目、技术、成本和 IT 方向的控制。

2. 服务无法满意风险。事前未能很好地评估专业服务供应商，使银行选择了低劣的专业服务供应商；在外包合同执行期间，专业服务供应商发生了变化；在需求确认阶段，双方没有进行充分的沟通，使专业服务商未能充分理解银行的业务需求；在外包合同执行期间，银行管理部门缺乏必要的事中监管与稽核等。这些情况的发生，都将导致电子银行服务水平的下降，造成银行无法获得满意的服务。

3. 战略信息伤害风险。银行将自己的电子银行系统交由专业服务供应商来开发，其商业秘密可能会泄露给同业竞争对手，使银行面临严重的声誉风险和法律风险，从而使银行蒙受巨大损失。

（三）电子银行业务外包风险管理

电子银行业务外包的风险管理包括以下内容：

1. 制定有效的外包风险管理策略。银行在进行电子银行业务外包时，应根据实际需要，合理确定外包的原则和范围，认真分析和评估业务外包存在的潜在风险，建立健全有关规章制度，制定相应的风险防范机制和措施。

第一，银行的高级管理层应了解与外包决策相关的风险，对外包风险进行充分的评估，考虑外包风险对电子银行业务系统的安全性、可用性、完整性、机密性以及规则一致性等方面构成的威胁，并制定有效的风险管理策略。第二，制定必要的控制程序来管理业务外包带来的风险，对外包部分的信息和业务处理应实行至少等同于银行内部部门操作这些业务时实行的控制程序。第三，应根据银行的标准和所有相关法律、法规的要求管理和控制所有提供给服务供应商的银行信息，制定一个现场监管方案来监督服务供应商。

2. 服务供应商的资格审查和选择。银行在选择电子银行业务外包服务供应商时，应充分审查、评估外包服务供应商的经营状况、财务状况和实际风险控制与责任承担能力，进行必要的尽职调查。

在完成自身的外包风险管理策略制定后，银行管理层必须对服务供应商进行严格的资格审查以决定其商誉、人力、财务、物力、技术和运作等各方面的综合能力是否能满足需要。在选择外包服务供应商时，必须对其管理层的品行、技术水平与专业人员的业务能力、安全保密措施、对相关法律法规和专业知识的了解程度、业务处理的操作和控制能力、财务状况与声誉等进行全面评估，以选择综合实力最强的服务供应商。

3. 外包合同的制定。银行和服务供应商之间必须有一份正式合同，双方的权利、义务必须被明确界定、理解和确认，这也包括在合同中确认相关的业务政策和标准。合同中需要明确对客户信息的保密和控制措施、服务内容和标准、业务连续性计划、后续服务要求、赔偿责任和争端解决机制、对系统测试的要求、对财务和系统运行的审计权利、合同终止约定等内容。

4. 外包项目的报备。银行将电子银行业务处理系统、授权管理系统、数据备份系统的总体设计开发以及其他涉及机密数据管理与传递环节的系统外包时，应经过董事会或者法定代表人批准，并应在业务外包实施前向中国银监会报告。

五、电子银行业务信息披露

（一）电子银行业务信息披露的重要性

1. 电子银行业务信息披露是银行监管机构的要求。电子银行业务的迅速发展，为商业银行带来收益的同时，也带来了新的风险，根据《电子银行业务的风险管理原则》的要求，银行具有信息披露的职责，保证对外提供了充分的信息，从而使客户在进入电子银行交易之前，对电子银行业务熟悉了解。电子银行业务的信息披露与否，信息披露的完整性、及时性对防范电子银行业务的法律风险和声誉风险能起到一定的作用。

随着银行监管机构对电子银行业务日益关注，为强化监管机构对商业银行电子银行业务的监管工作，充分的信息披露不仅是监管机构对电子银行业务建立有效监管和约束的前提和基础，规范的电子银行业务信息披露也成为商业银行主动接受外部监管，提升风险管理水平的重要工作。

2. 电子银行信息披露是银行客户服务的要求。银行作为服务单位，做好信息披露工作能有效地规避法律风险和声誉风险。声誉是银行立足之本，声誉风险对银行的损害极大。客户使用电子银行一定程度上取决于客户对银行的信赖度，负面的声誉会降低公众对银行的信赖度，从而阻碍电子银行业务的发展。通过对外信息披露，向消费者公开与其自身相关的信息、与开展的电子银行业务有关的信息，如收费标准和业务种类等，向客户提示业务中可能产生的风险、争议及差错处理办法等，使客户能清晰、准确、无误地了解电子银行业务，进行合理判断，按其真实意愿作出决定，从而提升客户的风险防范能力。

（二）电子银行业务信息披露的内容和渠道

1. 电子银行业务信息披露的内容。根据银行监管机构和客户服务的要求，电子银行业务对外披露的信息内容主要包括发布类、风险提示类、通知通告类信息。发布类信息是电子银行业务对外披露的基本信息，它包括客户的权利和义务、争议的解决程序、新产品和服务范围、收费标准、业务操作指导、业务投诉渠道、监督部门、问题处理等相关信息。风险提示类信息是银行向客户提示电子银行风险防范要点，并提供必要的安全提示的一类信息，包括存在风险提示、安全防范提示等信息。通知通告类信息是银行对于特定情况对外发布的信息，比较常见的是业务投产或业务暂停公告。

2. 信息披露的渠道。信息披露的目的是为了让客户及时掌握电子银行业务的状况，其发布的渠道和形式比较广泛，比较常见的是通过网上、电话、网点进行信息的发布，采用对外公告、签订协议等方式达到对外披露的目的。例如，在客户办理电子银行业务申请服务时，银行通过与客户签署相关协议，向客户披露电子银行业务的服务范围、特性风险及相关建议；在客户办理电子银行业务前，通过网页或电话语音向客户提出安全防范的建议；在网点张贴章程、协议等。

（三）电子银行业务信息披露的要求

电子银行业务信息披露规则应比传统银行业务更为严格，必须遵循“公开、公平、公正”的原则，不断提高信息披露的质量。

1. 信息披露的真实性。信息真实就是披露的信息必须能够真实反映其所应反映或理当反映的情况。虚假的信息会使公众无法正确认识电子银行业务，甚至导致客户操作失误，形成客户损失从而给银行信誉带来风险。为了让公众能在熟知情况的基础上，对电子银行业务的特点和状况下结论，并作出合理的选择，电子银行业务的信息披露必须真实可靠。

2. 信息披露的完整性、及时性。信息披露的内容必须完整。内容的完整性要求银行必须按照监管部门的要求披露相关信息，不得遗漏和删减，必须贯彻“充分披露”，从而使公众能对电子银行业务作出客观评价，继而作出合理选择。若向客户披露的信息不充分，会造成客户无法完全理解其享有的权利和承担的义务，使其在使用电子银行产品和服务时没有采取足够的预防措施，可能产生损失或争议，从而给银行带来一定的风险。

信息披露必须及时。及时性是指信息应在失去影响公众决策的能力之前发布。电子银行业务日益发展，电子银行产品日新月异，信息披露所涉及的内容将不断更新，所以信息披露必须及时，及时披露信息能确保披露信息的完整性。

3. 披露信息的明了性。明了性是指银行的陈述语言必须简洁明了，确保客户能充分理解。电子银行信息披露的目的是让公众能对电子银行业务作出正确的评价，进而作出准确判断，这就要求银行公开披露的信息必须清晰明了，以便被公众正确理解，所以在要求公众尽可能掌握电子银行业务基础常识的同时，要求银行对外披露的信息必须简明易懂。

（四）信息披露渠道通畅性

电子银行信息披露必须建立在一个通畅的渠道上，通畅的渠道必须能确保公众查阅银行披露的信息，确保银行能及时接收客户反馈的信息。如果公众不能及时查阅披露的信息，或公众不能充分使用披露信息，或银行不能及时回复客户通过银行渠道发布的查询请求等，均可能导致对银行声誉的负面影响，进而面临法律风险。

六、电子银行业务客户教育

电子银行业务客户教育是电子银行服务内容之一，通过对客户的教育可促进客户了解、掌握、正确运用电子银行产品。

（一）电子银行业务客户教育对象和目的

电子银行业务是技术发展的产物，其推广和应用一定程度上取决于客户对电子银行产品的认识、对电子银行安全性的认识、对电子银行的信任度等方面。客户在使用电子银行的过程中，考虑较多的是安全性的问题，所以电子银行业务风险的防范很大程度上体现在安全风险的防范。做好电子银行安全防范工作不仅仅是针对电子银行客户和银行而言的，提高电子银行的安全防范意识应该是提高所有银行客户的防范意识，提高整个社会的防范意识。

随着电子银行业务的发展，假网站、木马程序等事件层出不穷，事件发生后，经公安机关查证，相当一部分的案件是由于客户自身信息保管不当或电脑被黑客入侵造成账户信息泄露，使不法分子有机可乘。通过类似案件还发现，部分客户对电子银行业务知之甚少，认为只要存折或卡在本人手中，资金就是安全的，造成部分客户直至数月后才发现账户资金被转移，给了不法分子一而再、再而三的机会。类似案件的发生又使部分公众对电子银行业务产生恐慌心理，认为电子银行是危险的，是没有保障的，纷纷避而远之。

上述情况的产生是由于银行客户、社会公众对电子银行业务没有正确的认识，没有适当的安全防范意识所造成的。所以加强电子银行业务教育，不仅是加强对电子银行客户的教育，而且是对所有银行客户，甚至整个社会公众的教育。这有利于社会公众正确了解电子银行业务，理性看待电子银行业务风险；有利于提升公众对电子银行业务的安全防范意识，使不法分子无机可乘，从而全面提升电子银行业务的风险防范系数。

（二）电子银行业务客户教育的内容和方式

1. 加强电子银行业务知识的教育。业务知识教育的目的主要是让社会公众正确认识电子银行业务，消除公众对电子银行业务认识的空白点，规范使用电子银行业务，规避因操作失误而导致的风险。银行可通过座谈、问卷的方式掌握公众对电子银行的认识程度，采用现场演示、讲解等方式让公众了解电子银行业务基本常识；在客户申请电子银行产品的同时，向客户介绍电子银行产品的使用须知、注意事项等，指导客户正确使用电子银行产品。

2. 加强电子银行业务的安全教育。安全教育的目的主要是让客户明确电子银行业务存在风险，但风险是可防可控的，引导客户理性看待电子银行业务风险。对客户的安全教育有利于提升客户的安全防范意识，从而有效提高电子银行的整体风险防范能力。安全教育的内容包括：向客户提供有关电子银行的安全性信息，例如，如何运用杀毒软件、个人防火墙的设置；强调电子银行密码的重要性，指导客户如何正确保护密码、个人识别码以及其他银行或个人数据等；引导客户使用银行提供的安全防范产品，进一步提高客户的安全防范能力。

3. 加强电子银行风险识别能力的教育。由于社会公众对电子银行风险认识不足，给不法分子以可乘之机，如不法分子通过短信、E－mail、假网站等方式套取公众的银行信息，造成客户资金损失，所以风险识别教育的目的是为了提升整个社会防范电子银行业务风险的能力。银行可充分利用新闻媒体对电子银行安全风险进行宣传报道，向社会公众公开介绍犯罪分子利用电子银行盗取客户资金的各种手段，提高社会公众识别真伪、防范风险的能力。

七、电子银行业务的应急处理

电子银行应急和重大事件是指在业务运行过程中发生的各类系统故障和非正常服务中断、业务重大差错、内部发生安全事件和案件以及电子银行客户服务过程中发生的客户重大问题投诉和重要情况反映等突发事件。电子银行业务应急处理机制是因突发事件造成电子银行业务中断，或对电子银行业务开展造成重大影响时，能保证业务迅速恢复正常运行的处理体系，是确保电子银行业务连续运行的重要环节。

电子银行是技术发展的产物，打破了传统的柜面交易模式，给客户带来了便利，但也可能在瞬间出现故障，让银行和客户无所适从，由此给银行带来一定的声誉风险、操作风险和法律风险。为保护银行以及客户的利益，保障资金安全，确保电子银行业务安全、稳定、持续运行，维护银行信誉，建立电子银行业务应急处理计划非常重要。它能使银行业务经营中断的可能性最小化，能使业务中断造成的影响和产生的风险最小化。电子银行应急处理计划包括应急事件的响应、应急预案的制定和处理、媒体和社会的公关维护及善后的处理等多环节。

（一）应急事件的响应机制

应急事件的响应机制是及时发现应急事件、确保业务连续运行的基础，快速响应是应急计划的重要组成部分。应急计划必须按照应急事件类型明确应急事件的报告部门，确保应急事件在第一时间被发现，为及时启用应急方案奠定基础。

（二）应急事件处理机制

应急处理机制是指为预防和恢复可能发生或已发生的应急事件而启动应急预案的一系列行为。应急事件的处理机制是解决应急事件，确保业务连续运行的核心环节，是将损失降到最小化的保证。应急处理计划必须按照应急事件类型明确应急事件的处理部门和处理流程，明确责任人，从而确保在发生应急事件时及时启用应急处理方案，最大限度地降低风险损失。应急事件的处理机制应包括一系列措施和安排，根据应急事件类型采取相应的处理方案。

对于因计算机系统故障、通信中断等因素造成业务中断的应急事件，银行应迅速做好资料的恢复措施，启用替代的应急业务处理设备，应急设备必须远离主要系统。若在短时间内无法恢复业务，应启用应急措施的手工处理方案，从而确保业务的连续性。

对于因业务管理疏漏造成重大业务差错、给客户资金或信息带来严重后果的应急事件，银行应立即采取客户支援措施，对于已造成的损失启用风险准备金。

对于因安全事件、重大客户投诉等可能涉及银行形象及声誉的应急事件，按照事件内容进行应急处理的同时，须做好对外的沟通，降低银行的声誉风险。

（三）应急事件的善后维护机制

应急事件的善后维护工作包括对外的解释和调查分析。应急事件的发生在一定程度上会对银行的声誉造成风险，建立媒体和社会的公关维护和善后处理机制，做好对外的公告和客户的解释工作对维护银行信誉，化解银行所面临的声誉风险、法律风险，保持公众对银行的信心具有至关重要的作用。应急事件的调查分析是应急事件发生后的一项重要工作，包括：确认应急事件持续的时间、影响范围、造成的损失，如资金的损失、声誉的损失；分析事件发生的原因；责任鉴定等多方面，并要求针对应急事件的发生建立整改措施和方案。

（四）应急处理计划的管理维护

为确保出现应急事件时及时启用应急处理计划，银行应设立应急事件工作组，负责应急事件的管理工作；明确应急事件的响应部门、处理部门、善后维护部门的职责，对应急事件的应急处置工作实行责任追究制。同时对于关键性的工作岗位安排专门的替补人员，以确保在紧急情况时有专人负责。随着电子银行业务的不断创新，业务应急事件的类型在逐步发生变化，为确保业务应急处理计划的可行性、有效性，银行应定期对应急事件进行分析和预测，对应急处理计划进行检测，及时发现计划中存在的问题，调整应急处理计划。

（五）应急处理计划的培训和演练

为确保电子银行业务应急计划在业务连续性中及时发挥作用，必须加强对银行员工的培训和演练工作。定期的培训和演练工作可提升员工对应急事件的认识，提高员工对应急事件的反应能力和处理能力，从而确保员工对应急计划的重视和熟悉。应急计划的演练必须以不影响生产运行为前提，选择对业务影响最小的时间进行。演练前一定要制定完善的演练实施方案，明确演练范围、参加人员、演练方法及回退措施。

八、电子银行业务风险事件处理

电子银行业务风险事件主要分为业务风险事件和技术风险事件。业务风险事件是指由于客户自身原因造成或其信息或账户资金被非法窃取或骗取的各类事件；技术风险是指电子银行系统存在安全缺陷、遭到攻击或破坏的各类事件。对于各类异常情况，银行必须给予准确的判断和足够的重视，风险事件的形成往往最初表现出一些非正常现象。

电子银行业务风险事件发现的途径通常有两种：一种是客户向银行反映；另一种是银行主动发现异常情况，包括通过监控系统发现的情况或关联单位反馈的异常情况。银行必须制定主动发现电子银行业务风险事件的监控机制、风险事件逐级报告制度和迅速响应处理机制。对于已发生的风险事件必须充分预测其可能引发的其他影响，以最大程度避免可能对银行造成的声誉风险和法律风险。银行必须及时并持续地对风险事件进行分析和跟踪，及时调整和优化内部风险控制措施以尽可能减少风险事件的发生。银行应将与关联单位、特约商户、司法机关等部门的日常相关工作纳入风险事件的处理机制中。

第三节 电子银行跨境业务的风险管理

电子银行业务的发展，使得银行向客户提供金融产品和服务不必再完全依托物理的银行网点，于是电子银行跨境业务便应运而生了。电子银行跨境业务虽然从表面上看只是拓展了银行业务覆盖的区域范围，但由于要面对不同国家的法律法规、金融监管要求和商业惯例等环境因素，实际上商业银行对电子银行业务的风险管理面临着新的更加复杂的要求。本节将从电子银行跨境业务的概念、电子银行跨境业务风险的管理原则、电子银行跨境业务风险管理的主要内容三个方面对电子银行跨境业务管理的相关内容进行介绍。

一、电子银行跨境业务的概念

巴塞尔银行监管委员会电子银行工作组（EBG）在《跨境电子银行业务的管理和监督》中指出：跨境电子银行业务是“一国银行向另一国居民提供的交易性在线银行产品或服务”。

我国于2006年3月1日起实施的《电子银行业务管理办法》对电子银行跨境业务的定义是：“电子银行跨境业务活动，是指开办电子银行业务的金融机构利用境内的电子银行系统，向境外居民和企业提供的电子银行服务活动。”

上述关于电子银行跨境业务的两个定义是从两个不同的层面和角度提出的，虽然基本含义是相同的，但作用是不同的。

首先是巴塞尔银行监管委员会电子银行工作组的定义，正如巴塞尔银行监管委员会电子银行工作组指出的，其对电子银行跨境业务的定义“并不旨在解决法律问题”，因此，该定义是对电子银行跨境业务的业务本质的描述和定义，是一般意义上的定义。而《电子银行业务管理办法》是法规性文件，是一个国家的银行业监管机构对商业银行的监管要求。因此，《电子银行业务管理办法》对电子银行跨境业务的定义是法规性定义。

除了两个定义中的“交易性在线银行产品或服务”和“电子银行服务活动”只是对电子银行服务内容的不同的表述外，《电子银行业务管理办法》对电子银行跨境业务又进一步明确了三点：一是“利用境内的电子银行系统”；二是服务的对象为“境外的居民和企业”；三是“金融机构的境内客户在境外使用电子银行服务，不属于跨境业务活动”。

二、电子银行跨境业务风险管理的原则

针对电子银行跨境业务的发展和监管需求，巴塞尔银行监管委员会电子银行工作组在《电子银行业务的风险管理原则》报告的基础上，发布了《跨境电子银行业务的管理和监督》的报告，明确提出了电子银行跨境业务管理的原则。

为了使银行在考虑开办跨境电子银行业务时，对进行风险评估、审慎处理、持续风险管理以及信息披露的重要性和必要性有充分的认识，《跨境电子银行业务的管理和监督》报告从银行业监管的普遍要求出发，提出了关于银行开办跨境电子银行业务的风险管理的两个原则，即风险评估原则和信息披露原则。

（一）风险评估原则

《跨境电子银行业务的管理和监督》报告对风险管理计划原则的表述为：“在开展跨境电子银行业务之前，银行机构应当进行恰当的风险评估和事前调查，并且建立对这些业务进行有效风险管理的计划。”

电子银行跨境业务把一国银行的电子银行业务延伸到了境外，由于不同国家（地区）的法律法规、金融监管、商业惯例、消费者保护以及客户的金融消费需求和偏好等环境因素不同，会给电子银行业务的运行带来新的风险，同时也会增加银行审慎经营的复杂度和成本，因此，银行在开展电子银行跨境业务之前，要进行恰当的风险评估和事前调查，确认具有开展此项业务的必要性和风险管理的能力，在此基础上进行开展电子银行跨境业务的决策，并建立能对电子银行跨境业务进行有效风险管理的风险管理计划。开展电子银行跨境业务要遵循风险评估的原则，重点是以下五个方面：

1. 建立风险管理计划。在开展跨境电子银行业务之前，银行的管理层应当进行恰当的风险评估和事前调查，确保银行能够充分控制随之而来的风险，并建立一个对跨境电子银行业务有效的、持续的风险管理计划。银行必须确保遵守生效的法律法规，包括母国的法律法规和对向某国居民提供电子银行服务时可能具有管辖权的外国的法律法规。

2. 风险因素。风险评估、事前调查和持续风险管理应当包括（但不限于）的主要因素有：国家风险、合规性风险、监管要求、当地的商业惯例、会计准则、法律环境以及对外国消费者提供在线银行产品服务带来的经营方面、安全方面、隐私方面和客户服务方面的挑战。

3. 事前调查。事前调查是银行为开展跨境电子银行业务进行风险评估、建立持续风险管理计划的基础。事前调查要充分、要有针对性。在进行事前调查时，银行要认识到，在银行注册、监管和消费者保护方面各司法管辖区域之间可能存在实质性不同，以及在某些国家（地区）除银行监管部门外的其他主管部门（如中央银行、消费者保护部门、投资服务的管理部门、防止金融犯罪的部门等）也可能对与当地居民有关的银行业务事项进行监督。

4. 发布声明。银行通过在网站上发布一则显著的声明，明确其在线产品和服务仅仅提供给特定国家的居民，将减轻其事前调查的责任。但由于在不同的司法管辖区域，声

明的价值可能有所不同，因此这类声明的法律后果可能并不确定。

5. 向监管者咨询。作为事前调查程序的一部分，除了按照母国既定的惯例和要求，向母国监管者咨询，还应向其打算提供跨境电子银行业务所在国的本地监管者咨询，明确可能面临的当地法律要求。

（二）信息披露原则

《跨境电子银行业务的管理和监督》报告对信息披露原则的表述为：意欲从事跨境电子银行业务的银行机构应当在其网站上进行充分的信息披露，使潜在客户能记住银行的标识、母国和监管方面的许可。

把信息披露作为跨境电子银行业务风险管理的原则是因为充分的信息披露有助于增加透明度，避免因为信息不对称引起纠纷和负面影响，减少与电子银行跨境业务相关的法律风险和声誉风险。关于信息披露的具体要求如下：

1. 预先披露。在与外国客户进行跨境电子银行交易之前，银行应当在网站上进行充分的信息披露，使潜在的客户可以识别该银行和银行的母国，了解在发生交易关系前是否获得相关的合法许可。

2. 充分披露。银行应当披露的信息可以根据营业所在司法管辖区的法律法规和商业惯例而有所不同。但是，除了巴塞尔银行监管委员会《电子银行业务的风险管理原则》第 11 项确定的基本披露事项外，从事跨境电子银行业务的银行如果属于某个集团公司，还应当在其网站上公布其所属集团的名称以及负责监管其母公司的第一责任人。

3. 明确披露。银行应当公布其打算提供电子银行服务的国家以及不打算提供电子银行服务的国家。银行应当有适当的政策和内部控制，确保不会对排除在外的国家的居民提供电子银行业务。

三、电子银行跨境业务风险管理的主要内容

电子银行跨境业务风险管理主要包括四方面的内容，即做好风险评估、办理申请手续、营运风险管理和应对重大事项。

（一）做好风险评估

银行机构开展电子银行跨境业务要遵循“审慎经营”的原则，在业务开展之前，要进行恰当的事前调查和风险评估，并在此基础上，建立针对电子银行跨境业务的有效的、持续的风险管理计划。

1. 事前调查。在准备向某些国家（地区）开展电子银行跨境业务之前，银行的管理层要组织有针对性的事前调查，以识别因开展电子银行跨境业务可能遇到的各类风险，包括潜在的风险。事前调查应组织由专业人士组成的队伍，制订周密的调查方案。对调查的结果，银行的管理层要通过一定形式进行评价。事前调查的范围主要包括：经营管理活动的风险，业务开展的司法管辖区的法律法规、金融监管要求和商业惯例，因开展业务可能引起的内控管理流程的变化等。跨境业务外包的，事前调查还应包括对外包商的业务、合规和风险管理能力的调查。

2. 风险评估。在事前调查的基础上，要对已识别的风险和银行自身的风险管理和承

受能力进行评估。银行的管理层应依据风险评估的结论，对是否和如何开展电子银行跨境业务进行决策。

3. 风险管理计划。银行机构要在银行整体风险管理的框架下，结合电子银行跨境业务的要求，建立风险管理计划。电子银行跨境业务风险管理计划应符合银行风险管理的整体要求，纳入银行的风险管理体系。在风险管理计划中要确定电子银行跨境业务风险管理的职能部门和职责，确定对电子银行跨境业务风险的识别、评估、监控和化解的工作机制和流程，确定应对重大事件和突发事件的预案和工作机制，确定对电子银行跨境业务风险管理质量进行评价和改进的工作机制和方法等。

（二）办理申请手续

按照我国《电子银行业务管理办法》的规定，金融机构提供跨境电子银行服务的，要向中国银监会申请并获得批准。金融机构向中国银监会申请开展跨境电子银行服务的，应当向中国银监会提供以下文件资料：

（1）跨境电子银行服务的国家（地区），以及该国（地区）对电子银行业务管理的法律规定；

（2）跨境电子银行服务的主要对象及服务内容；

（3）未来三年跨境电子银行业务发展规模、客户规模的分析预测；

（4）跨境电子银行业务法律与合规性分析。

（三）营运风险管理

营运风险管理是指要加强对电子银行跨境业务日常营运活动中的风险管理。电子银行跨境业务的各类风险将主要出现在日常营运的整个过程中间，因此，电子银行跨境业务的营运应遵循“审慎经营、合规经营”的原则，在积极拓展市场、发展业务的同时，要增强合规经营意识，提高风险管理能力。

电子银行跨境业务日常营运活动中的风险管理要按照既定的风险管理计划的要求进行，落实风险管理责任。在日常的经营活动中要注意识别、监控、防范、化解各类风险，保障业务的健康发展。在电子银行跨境业务经营活动的风险管理中，对以下几个环节要给予应有的关注：

1. 签订服务协议。银行机构开展电子银行跨境业务，必须与客户签订合乎当地法律规定的、有效合法的服务协议，以确定各自的权利和义务。对此，我国的《电子银行业务管理办法》中也有相应的规定，其中除了规定“金融机构向客户提供跨境电子银行服务，必须签订相关服务协议”外，还进一步规定了“金融机构与客户的服务协议文本，应当使用中文和客户所在国家或地区（或客户同意的其他国语言）两种文字，两种文字的文本应具有同等法律效力”。

2. 妥善处理客户投诉和纠纷。对客户的投诉和纠纷的处理要慎重，避免引起媒体的负面报道或当地的负面舆论，进而触发银行的声誉风险。对客户投诉和纠纷的处理要依托当地的法律，要注意当地的民俗、商业惯例和消费者保护的要求。

3. 积极应对当地法律法规和监管要求的变化。银行机构要了解和熟悉其电子银行跨境业务所在国家或地区的法律法规和监管要求，对当地法律法规和监管要求发生的变化要及时掌握，及时采取应对措施。开展电子银行跨境业务的银行机构要与当地的监管机构建立正常的业务联系，以及时获取监管机构的监管要求和建议。在必要的时候，银行应聘请熟悉当地法律的专业人士担任法律顾问。

4. 风险的监控和及时处置。风险的监控是指根据电子银行跨境业务风险管理的目标和政策，对已识别和评估的电子银行业务风险进行监控的工作流程和机制。开展电子银行跨境业务的银行机构要对电子银行跨境业务风险进行持续有效的监控和处置。对已发生的风险要按预案的要求及时处置，对潜在的风险要进行监控，对可能突破控制的潜在风险情况要报告和汇总，制订处置方案。

5. 适时披露相关信息。信息披露是电子银行跨境业务风险管理的基本内容之一，开展电子银行跨境业务的银行机构要十分重视和认真做好信息的披露，以避免或降低银行开展电子银行跨境业务的风险。银行机构要有专门的部门负责信息披露，要保证披露信息的质量。对信息披露的基本要求有：一是内容，披露的信息要充分，要符合开展跨境业务当地监管的要求；二是时效，信息披露的时间要恰当，更新要及时；三是对因披露信息引起的负面反应要积极应对，妥善处置。

（四）应对重大事项

重大事项是指出现了针对本银行机构的电子银行跨境业务的重大的客户投诉、媒体的负面报道和在较大范围内的负面社会舆论，或长时间的服务中断、重大业务差错和损失等风险事件。开展电子银行跨境业务的银行机构要重视和具备应对重大事项的能力，对重大事项的应对和善后处置要反应灵敏、判断准确、处置果断。因此，要建立专业化的危机公关的工作机制和有效的工作流程及评价制度。

第四节　电子银行业务监管环境

一、电子银行业务相关法律规范

商业银行开展电子银行业务与开展其他业务一样，都要遵守国家有关法律法规的规定。2001 年以前，我国对商业银行的电子银行业务监管基本沿用对传统银行业务的监管做法，法律法规主要有《中华人民共和国合同法》（以下简称《合同法》）、《中华人民共和国商业银行法》（以下简称《商业银行法》）等，尚没有专门的法规和规范性文件。随着电子银行业务的快速发展，我国电子银行业务监管的法律法规建设也逐步加快，并在吸收借鉴国外电子银行业务监管实践和经验的基础上，先后出台了《中华人民共和国电子签名法》（以下简称《电子签名法》）、《电子银行业务管理办法》、《电子认证服务管理办法》、《电子银行安全评估指引》等一系列法律法规，为电子银行业务的健康发展和有序竞争提供了有力保障。

（一）《合同法》

1999 年 3 月 15 日，《合同法》经第九届全国人民代表大会第二次会议审议通过，并于 1999 年 10 月 1 日起施行。《合同法》共二十三章四百二十八条。主要从立法的目的、合同的主体、合同的效力、合同书的变更与转让、合同的权利义务和终止、违约责任等方面规范了合同双方的责、权、利，是规范市场交易，保护合同当事人合法权益，维护社会经济秩序，促进社会主义现代化建设的基本法律。

（二）《商业银行法》

1995 年 7 月 1 日起实施的《中华人民共和国商业银行法》是为了保护商业银行、存款人和其他客户的合法权益，规范商业银行的行为，保障商业银行的稳健运行，维护金融秩序，促进社会主义市场经济的发展而制定的，是商业银行开展各项业务的基础。为适应商业银行发展要求以及金融业全面开放的需要，我国又于 2003 年 12 月 27 日在第十届全国人民代表大会常务委员会第六次会议通过了《关于修改〈中华人民共和国商业银行法〉的决定》，并于 2004 年 2 月 1 日开始施行。

修正后的《商业银行法》共九章九十五条。主要包括立法目的、商业银行经营原则、商业银行的设立和组织机构、对存款人的保护、贷款和其他业务的基本规则、财务会计、监督管理、接管和终止、法律责任等内容，进一步完善了银行业金融机构的法律体系，为加强金融服务提供了广阔的空间和有力的法律支持，对深化银行业金融机构体制改革，促进我国金融业的健康发展产生了重大而深远的影响。

（三）《电子签名法》

2005 年 4 月 1 日起颁布实施的《电子签名法》是我国第一部信息化法律。《电子签名法》的实施有效规范了电子签名行为，确立了电子签名的法律效力，为进一步规范并促进电子商务和电子政务的发展提供了可靠的法律保障，也为实施电子银行业务监管奠定了扎实的法律基础。《电子签名法》主要包括“总则”、“数据电文”、“电子签名与认证”、“法律责任”、“附则”共五章三十六条。重点明确了四个方面的问题：（1）明确电子签名的法律效力，并规定了可靠电子签名的条件；（2）明确了数据电文使用规则，并对数据电文的真实性问题作了规定；（3）明确了认证机构的法律地位及认证程序，并给认证机构设置了市场准入条件及行政许可程序；（4）明确了电子签名人和电子认证服务机构应承担的义务和责任。

（四）《电子银行业务管理办法》

为规范商业银行利用互联网开展银行业务，2001 年 6 月中国人民银行制定颁布了《网上银行业务管理暂行办法》（以下简称《暂行办法》）。《暂行办法》的颁布对于加强商业银行网上银行业务的管理，起到了积极的作用。但是，随着商业银行信息化水平的不断提升以及电子银行业务的不断发展，《暂行办法》已经不能适应电子银行风险监管的要求。

为全面加强对电子银行的系统监管，中国银监会根据我国现行法律、法规，借鉴国际上电子银行业务监管的实践经验，制定了《电子银行业务管理办法》，并从 2006 年 3 月 1 日起开始施行。

《电子银行业务管理办法》主要借鉴了巴塞尔银行监管委员会的《电子银行业务的风险管理原则》，美国货币监理署（OCC）的《电子银行最终规则》、《网络银行检查手册》，欧洲银行标准委员会的《电子银行》报告，以及中国香港金融管理局的《电子银行服务的安全风险管理》等国际金融机构和境外监管机构的有关监管规定和规则，总结了近几年来我国电子银行发展与监管的经验和问题，侧重于切实提高商业银行等金融机构自身的电子银行风险管理能力和监管机构对电子银行风险状况的及时监测与评估能力，提高电子银行监管的针对性和可操作性。

《电子银行业务管理办法》共九章九十九条。第一章“总则”，明确界定了电子银行的概念和范围，将电话银行、网上银行、手机银行等统一到电子银行的监管范畴之中，并规定了《电子银行业务管理办法》的适用范围及开展电子银行业务的基本原则。第二章“申请与变更”，规定了金融机构申请开办电子银行业务，或者变更电子银行业务品种的条件、要求和审批程序。第三章“风险管理”，规定了电子银行战略风险、信誉风险、运营风险、法律风险、信用风险、市场风险等风险管理的基本原则和方法，明确了电子银行风险管理体系和内控制度建设、授权管理机制等要求。第四章“数据交换与转移管理”，规定了电子银行数据转移的条件和管理方式。第五章“业务外包管理”，规定了电子银行业务外包和选择外包方的基本要求，以及对业务外包风险的管理原则。第六章“跨境业务活动管理”，界定了跨境业务活动的范围，明确了开展跨境业务活动的要求。第七章“监督管理”，规定了电子银行业务日常监管的基本要求。第八章和第九章分别为“法律责任”和“附则”。

（五）其他相关法律法规

除《电子签名法》、《电子银行业务管理办法》等法律法规外，2005年前后，我国还先后颁布实施了《电子认证服务管理办法》、《电子支付指引（第一号）》、《电子银行安全评估指引》等补充性法规和规范，逐步建立了一个相对完善的电子银行业务监管体系。

1.《电子认证服务管理办法》。电子认证服务是指为电子签名相关各方提供真实性、可靠性验证的公众服务活动。而电子认证服务提供者则是指为电子签名人和电子签名依赖方提供电子认证服务的第三方机构（称为“电子认证服务机构”）。由于在电子商务及信息化发展过程中，电子认证服务起着非常关键的第三方认证和安全服务的作用，为此国家信息产业部于2005年发布了《电子认证服务管理办法》。这是一部紧紧围绕《电子签名法》，以全面规范电子认证服务为核心的实施细则，确保了电子认证机构提供服务的有效性、有序性和连续性，对电子认证服务机构依法经营产生了积极的促进作用。

《电子认证服务管理办法》共分八章四十三条。主要明确了作为电子认证服务机构应当具备的条件和应当履行的义务；规范了电子签名认证证书应载明的内容，以及申请、暂停、终止电子认证服务许可的相关程序等。

2.《电子支付指引（第一号）》。近年来，我国的电子支付发展非常迅速，新兴电子支付工具不断出现，电子支付交易量不断提高，逐步成为我国零售支付体系的重要组成部分。为促进电子支付效率的提高，保障电子支付安全，2005年10月26日，中国人民银行发布了《电子支付指引（第一号）》（中国人民银行公告〔2005〕23号），对银行从事电子支付业务提出指导性要求，以规范和引导电子支付的发展。

《电子支付指引（第一号）》所称的电子支付是指单位、个人直接或授权他人通过电子终端发出支付指令，实现货币支付与资金转移的行为。电子支付的类型按电子支付指令发起方式分为网上支付、电话支付、移动支付、销售点终端交易、自动柜员机交易和其他电子支付。《电子支付指引（第一号）》共分五章四十九条，主要明确了这几方面的内容：（1）规范了电子支付的主体，即银行及接受其电子支付服务的客户之间的权利义务关系。（2）对银行在电子支付活动中的信息披露作出了具体要求。《电子支付指引（第一号）》要求办理电子支付的银行必须公开、充分披露其电子支付业务活动中的基本信息，尤其强调对电子支付业务风险的披露，要求银行明示特定电子支付交易品种可能存在的全部风险；要求银行提醒客户妥善保管、妥善使用、妥善授权他人使用电子支付交易存取工具等；要求银行建立电子支付业务运作重大事项报告制度，按有关法律法规披露电子支付交易信息，及时向有关部门报告电子支付业务经营过程中发生的危及安全的事项。（3）对电子支付活动中客户和银行的权利义务作出了基本规定。《电子支付指引（第一号）》明确要求：客户申请电子支付业务，必须与银行签订相关协议；银行有权要求客户提供其身份证明资料，有义务向客户披露有关电子支付业务的初始信息并妥善保管客户资料；银行要按照协议规定及时发送、接收和执行电子支付指令，并回复确认。同时还明确了电子支付差错处理中银行和客户应尽的责任等。（4）规定了加强电子支付活动安全性所采取的措施。安全性是电子支付的重中之重，对此，《电子支付指引（第一号）》要求银行采用符合有关规定的信息安全标准、技术标准、业务标准；建立针对电子支付业务的管理制度，采取适当的内部制约机制；保证电子支付业务处理系统的安全性，以及数据信息资料的完整性、可靠性、安全性、不可抵赖性；要求银行具有一定的业务容量、业务连续性、应急计划；要求银行根据审慎性原则，针对不同客户，在电子支付类型、单笔支付金额和每日累计支付金额等方面作出合理限制等。

3. 《电子银行安全评估指引》。与《电子银行业务管理办法》同时颁布实施的还有《电子银行安全评估指引》。电子银行业务实际上是通过电子网络平台为客户提供各种金融产品和服务，因此其经营风险不但包括传统意义上的金融风险，还包括了技术风险及第三方风险。为加强电子银行业务的安全与风险管理，保证电子银行安全评估的客观性、及时性、全面性和有效性，《电子银行安全评估指引》明确规定应依靠专业化机构定期对电子银行的安全性进行评估，以提高对电子银行安全性和技术风险的管理和监管。《电子银行安全评估指引》共分为五章五十七条，主要内容包括：（1）界定了电子银行安全评估的含义，以及电子银行安全评估管理的基本原则。电子银行的安全评估，是指金融机构在开展电子银行业务过程中，对电子银行的安全策略、内控制度、风险管理、系统安全、客户保护等方面进行的安全测试和管控能力的考察与评价。金融机构应建立电子银行安全评估的规章制度体系和工作规程，保证电子银行安全评估能够及时、客观地得以实施。（2）说明了可以从事电子银行安全评估的机构种类、条件，以及资质认定的有关规定。《电子银行安全评估指引》规定：承担金融机构电子银行安全评估工作的机构，可以是金融机构外部的社会专业化机构，也可以是金融机构内部具备相应条件的相对独立部门，但必须具备相关条件，并由中国银监会负责电子银行安全评估机构资质认定工作。（3）说明了电子银行评估应遵循的基本流程、评估内容和评估方式。电子银行安全评估应真实、全面地评价电子银行系统的安全性。评估机构应制定机构电子银行安全评定标准，在进行安全评估时，应根据委托机构的实际情况，确定不同评估内容对电子银行总体风险影响程度的权重，对每项评估内容进行评分，综合计算出被评估机构电子银行的风险等级。评估完成后，评估机构应及时撰写评估报告，并于评估完成后1个月内向委托机构提交由其法定代表人或其授权委托人签字认可的评估报告。

随着电子银行各项法律法规的陆续出台，我国已经建立了相对完整有效的电子银行业务监管体系，促进了电子银行业务的快速发展。但是，由于电子银行业务本身是一项与技术结合最为紧密的创新型银行业务，当今技术发展的日新月异决定了电子银行业务的法律法规建设必然是一个动态的、持续完善的过程。商业银行必须密切跟踪和了解国家有关部门出台的新政策、新法规，认真遵守和落实各项法律法规的规定，才能有效防范业务风险，确保电子银行业务的持续健康发展。

二、电子银行业务市场准入监管

市场准入是指市场主体可以进入某一市场并从事某些市场活动的机制。目前规范电子银行业务市场准入的法律法规主要是中国银监会颁布的《电子银行业务管理办法》。根据《电子银行业务管理办法》，电子银行业务的市场准入就是金融机构在中华人民共和国境内开办电子银行业需要向监管部门（中国银监会）申请或报告，待获得批准后方可经营的过程。

（一）电子银行业务机构准入监管

1. 电子银行业务机构准入监管的总体原则。《电子银行业务管理办法》规定，银行业金融机构和依据《中华人民共和国外资金融机构管理条例》设立的外资金融机构，在中华人民共和国境内设立的金融资产管理公司、信托投资公司、财务公司、金融租赁公司以及经中国银监会批准设立的其他金融机构，经中国银监会批准，可以在中华人民共和国境内开办电子银行业务，向中华人民共和国境内企业、居民等客户提供电子银行服务，也可按照有关规定开展跨境电子银行服务。

根据《电子银行业务管理办法》，商业银行开办电子银行业务前，需要从日常管理、发展战略和风险控制等方面全面考虑是否符合开办电子银行业务应具备的条件：首先，要保证日常的经营活动正常，主要的信息管理系统和业务处理系统在一年内没有发生过重大事故；其次，电子银行业务运营的相关设施和系统要进行必要的安全检测、业务测试和符合监管要求的安全评估；再次，应制定电子银行业务的总体发展战略、发展规划和电子银行安全策略，建立电子银行业务风险管理的组织体系和制度体系；最后，在人员管理上，需要设立专职的电子银行业务管理部门，配备合格的管理人员和技术人员。

外资银行开办电子银行业务，应当按照法律、行政法规的有关规定，在中华人民共和国境内设有营业性机构，其所在国家（地区）监管当局应具备对电子银行业务进行监管的法律框架和监管能力。外资银行的电子银行业务运营系统和业务处理服务器可以设置在中华人民共和国境内或境外，设置在境外时，应在中华人民共和国境内设置可以记录和保存业务交易数据的设施设备，能够满足金融临管部门现场检查的要求，在出现法律纠纷时，能够满足中国司法机构调查取证的要求。

对电子银行业务机构的准入监管，同时包括商业银行的分支机构准入问题。按照有关规定只能在某一城市或地区内从事业务经营活动的地区性银行业金融机构，申请开办电子银行业务，应由其法人机构向所在地的中国银监会派出机构申请。不受地域限制的全国性银行业金融机构，申请开办电子银行业务，可由其总行（公司）统一向中国银监会申请；如果全国性金融机构的分支机构使用单独的电子银行系统，该分支机构开办电子银行视同地区性金融机构，由所在地银监会派出机构审批。

2. 商业银行开办电子银行业务的申请与批复。根据当前的监管要求，商业银行申请开办电子银行业务，应根据电子银行业务的不同类型，分别遵循审批制或报告制两种制度，并向中国银监会提交申请或报告。

（1）应遵循审批制或报告制的业务类型。利用互联网等开放性网络或无线网络开办网上银行、手机银行和利用掌上电脑等个人数据辅助设备开办的电子银行业务，需要向中国银监会报批；利用境内或地区性电信网络、有线网络等开办的电话银行等电子银行业务，需要向中国银监会报告；利用银行为特定自助服务设施或与客户建立的专用网络开办的电子银行业务，法律法规和行政规章另有规定的遵照其规定，没有规定的则适用报告制。

（2）申请前的准备工作。商业银行申请开办需要审批的电子银行业务之前，需要先就拟申请的业务与中国银监会进行沟通，说明拟申请的电子银行业务系统和基础设施设计、建设方案以及基本业务运营模式等，并根据沟通情况，对有关方案进行调整。与监管部门进行沟通后，商业银行可根据调整完善后的方案开展电子银行系统建设，并在申请前完成对相关系统的内部测试工作，但是内部测试对象应限于银行内部人员、外包机构相关工作人员和相关机构的工作人员，不能扩展到一般客户。

（3）申请与审批。商业银行向中国银监会或其派出机构申请开办电子银行业务，应提交的文件、资料主要包括：由商业银行法定代表人签署的开办电子银行业务的申请报告；拟申请的电子银行业务类型及拟开展的业务种类；电子银行业务发展规划；电子银行业务运营设施与技术系统介绍；电子银行业务系统测试报告；电子银行安全评估报告；电子银行业务运行应急计划和业务连续性计划；电子银行业务风险管理体系及相应的规章制度；电子银行业务的管理部门、管理职责以及主要负责人介绍；申请单位联系人以及联系电话、传真、电子邮件信箱等联系方式等。

中国银监会或其派出机构在收到商业银行的有关申请材料后，根据监管需要，可要求商业银行补充材料。商业银行根据要求，需要重新编制和装订申请材料，并更正材料递交日期。银监会或其派出机构在收到商业银行申请开办需要审批的电子银行业务完整申请材料 3 个月内，将作出批准或者不批准的书面决定；决定不批准的，会向商业银行批复不批准的理由。

商业银行提交的开办电子银行业务申请报告中可以同时申请不同类型的电子银行业务，但在申请中应注明所申请的电子银行业务类型。商业银行在一份申请报告中申请了多个类型的电子银行业务时，中国银监会或其派出机构可以根据有关规定和要求批准全部或部分电子银行业务类型的申请。

对于中国银监会或其派出机构未批准的电子银行业务类型，商业银行可按有关规定重新申请。

商业银行利用境内或地区性电信网络、有线网络等开办的适用报告制电子银行业务类型，不需申请，但应将相关的文件、资料在开办电子银行业务之前 1 个月，报送中国银监会或其派出机构。

3. 商业银行电子银行业务的日常经营和市场退出。

（1）日常经营。商业银行获得中国银监会的批准开办电子银行业务后，在遵守相关法律法规和业务管理规章的有关规定的前提下，可以利用电子银行平台进行传统银行产品和服务的宣传、销售。目前，银监会对通过电子银行平台销售的银行产品有明确要求，例如，不能销售需要对客户进行当面评估后才能销售的银行产品，或者需要客户当面确认才能销售的银行产品。

在日常经营中，商业银行应保持电子银行系统的稳定运营。银监会对商业银行暂停或退出电子银行服务明确规定：因电子银行系统升级、调试等原因，需要按计划暂时停止电子银行服务的，应选择适当的时间，尽可能减少对客户的影响，并至少提前 3 天在其网站上予以公告。受突发事件或偶然因素影响非计划暂停电子银行服务，在正常工作时间内超过 4 小时或者在正常工作时间外超过 8 小时的，商业银行应在暂停服务后 24 小时内将有关情况报告中国银监会，并应在事故处理基本结束后 3 日内，将事故原因、影响、补救措施及处理情况等报告中国银监会。

（2）市场退出。已开办电子银行业务的商业银行按计划决定终止全部电子银行服务或部分类型的电子银行服务时，应提前 3 个月就终止电子银行服务的原因及相关问题处置方案等，报告中国银监会，并同时予以公告。商业银行按计划决定停办部分电子银行业务类型时，应于停办该业务前 1 个月内向中国银监会报告，并予以公告。

商业银行对电子银行的市场退出应非常慎重，终止电子银行服务或停办部分业务类型，必须采取有效的措施保护客户的合法权益，并针对可能出现的问题制定有效的处置方案。

商业银行在终止电子银行服务或停办部分业务类型后，需要重新开办电子银行业务或者重新开展已停办的业务类型时，应按照相关规定重新申请或办理。

（二）电子银行业务市场准入监管

市场准入监管是银行监管的重要环节之一，它是指通过对申请进入金融市场、经营金融产品、提供金融服务的机构依法进行审查和批准，将那些有可能对存款人利益或银行业健康运转造成危害的机构拒之门外，来保证银行业的安全稳健运行。对电子银行业务的市场准入监管，包括银行分支机构的业务范围、跨境服务和电子银行业务类型变更三个方面。

1. 商业银行分支机构业务范围的监管。对于商业银行的分支机构业务范围的监管，中国银监会对实现业务数据集中处理和未实现数据集中处理的商业银行有不同的规定。已经实现业务数据集中处理和系统整合的银行在获得中国银监会的批准开办电子银行业务后，可以授权其分支机构开办部分或全部电子银行业务。其分支机构在开办相关业务之前，向所在地中国银监会派出机构报告即可。未实现数据集中处理的银行，如果其分支机构的电子银行业务处理系统独立于总部，该分支机构开办电子银行业务按照地区性金融机构开办电子银行业务的情形管理，应持其总行授权文件，按照有关规定向所在地中国银监会派出机构申请或报告。其他分支机构只需持其总行授权文件，在开办相关业务之前，向所在地中国银监会派出机构报告。外资银行获准开办电子银行业务后，其境内分支机构开办电子银行业务，应持其总行（公司）授权文件向所在地中国银监会派出机构报告。

2. 跨境服务的监管。中国银监会在跨境电子银行业务的监管方面规定，开办电子银行业务的商业银行利用境内的电子银行系统，可以向境外居民或企业提供电子银行服务活动。商业银行提供跨境电子银行业务，也应向中国银监会提出申请，同时向中国银监会提供规定的文件资料。

商业银行向客户提供跨境电子银行服务，除应遵守中国法律法规和外汇管理政策等规定外，还应遵守境外居民所在国家（地区）的法律规定。境外电子银行监管部门对跨境电子银行业务要求审批的，商业银行在提供跨境业务活动之前，应获得境外电子银行监管部门的批准。

3. 电子银行业务类型变更的监管。商业银行出于市场竞争的需要，有产品和业务创新的内在冲动，但是电子银行业务创新必须在符合法律法规框架的前提下进行。中国银监会在《电子银行业务管理办法》中对商业银行电子银行业务类型变更的监管有所规定。

商业银行增加或变更新的电子银行业务类型需要向中国银监会申请或报告的主要包括：有关法律法规和行政规章规定需要审批但商业银行尚未申请批准，并准备利用电子银行开办的；商业银行将已获批准的业务应用于电子银行时，需要与证券业、保险业相关机构进行直接实时数据交换才能实施的；商业银行之间通过互联电子银行平台联合开展的；提供跨境电子银行服务的。

按照有关规定只能在某一城市或地区内从事业务经营活动的地区性银行业金融机构，申请增加或变更需要申请批准的电子银行业务种类，应由其法人机构向所在地中国银监会派出机构申请。全国性银行业金融机构申请增加或变更需要申请批准的电子银行业务种类，应由其总行（公司）统一向中国银监会申请；如果全国性金融机构的分支机构使用单独的电子银行系统，该分支机构应视同地区性金融机构，由所在地银监会派出机构审批。

商业银行增加或变更需要审批的电子银行业务类型时，需要向中国银监会或其派出机构报送有关文件和资料。根据《电子银行业务管理办法》的规定，这些文件和资料包括：由商业银行法定代表人签署的增加或变更业务类型的申请；拟增加或变更业务类型的定义和操作流程；拟增加或变更业务类型的风险特征和防范措施；有关管理规章制度；申请单位联系人以及联系电话、传真、电子邮件信箱等联系方式等。

中国银监会或其派出机构在收到商业银行增加或变更需要审批的电子银行业务类型

完整申请材料3个月内，作出批准或者不批准的书面决定；决定不批准的，将回复不批准的理由。

商业银行增加或变更其他适用报告制电子银行业务类型，应在开办该业务类型前1个月内，按照规定将有关材料报送中国银监会或其派出机构。

电子银行市场准入监管的实施能防止商业银行过度竞争，维护银行特许权价值；抑制逆向选择，防止投机冒险者进入电子银行市场；同时促使银行审慎经营，防止银行过度冒险行为。电子银行市场准入监管是确保电子银行业务安全的第一道关口，对电子银行体系“进入通道”和组织结构、业务类型的管理，从整体上控制和降低了电子银行业务的风险。

三、电子银行业务的合规经营监管

目前，我国对商业银行电子银行业务合规经营的监管由中国银监会负责实施。监管方式主要包括现场检查、非现场监管和安全监测，三种方式相互补充、互为依据。

（一）现场检查

1. 现场检查的目的。电子银行业务的现场检查是指金融机构监管当局及其分支机构的派出监管人员到被监管的金融机构，以凭证资料检查、问卷调查、座谈提问、质询等方式，对金融机构的电子银行业务经营管理情况进行全面检查、分析、评价和处理的一种实地检查方式。通过现场检查，监管机构可以获得第一手的资料和情况，可以全面了解商业银行电子银行业务开展中存在的问题，并据此对被查商业银行的电子银行业务的经营管理现状作出基本评价，进而判断电子银行业务经营的审慎程度、稳健程度以及合法合规情况，并针对发现的问题采取相应的监管措施，以保障电子银行业务的健康发展。

根据《电子银行业务管理办法》的规定，中国银监会负责对商业银行的总行（公司）以及已实现数据集中处理的商业银行分支机构电子银行业务的现场检查，各地方的银监局负责对未实现数据集中处理的商业银行的当地分支机构、当地外资银行的分支机构以及当地地区性金融机构电子银行业务的现场检查。中国银监会根据工作需要，也可聘用外部专业机构对商业银行电子银行系统进行检查。

2. 现场检查的内容。由于电子银行业务是对传统银行业务在经营模式的一种延伸和发展，因此对电子银行业务现场检查内容可分为两个部分：一部分是对传统业务的风险检查，另一部分是对电子银行技术性风险的检查。对传统银行业务的现场检查主要内容包括：业务经营的合法合规性、资本充足性、资产质量、流动性、盈利能力、管理水平和内部控制、市场风险敏感度等。对电子银行技术性风险的检查内容包括：电子银行业务制度及执行情况检查，电子银行产品与服务检查，电子银行风险控制措施，内部审计职能检查，技术要素检查，电子银行业务合规性检查，管理与专业能力评价。

3. 现场检查的流程。金融监管部门对电子银行业务的现场检查一般包括检查准备阶段、检查实施阶段、报告形成阶段、检查处理和归档四个阶段。

（1）现场检查的准备阶段。拟订检查方案，成立检查组。检查方案主要是明确本次现场检查的思路和总体安排，其内容应包括检查的对象、具体内容、重点环节、目标任务、检查期限和人员分工等。对检查组成员的要求是业务能力应与检查内容、任务相匹配，分工明确，相互协调，责任落实。检查组还应邀请被检查机构的电子银行业务管理和技术人员介绍其电子银行系统架构、运营管理模式以及关键设备接触要求。

收集被查商业银行的有关资料，进行分析整理，制订现场检查实施方案。做好检查方案，首先要充分了解被检查对象的基本情况，分析被检查商业银行的电子银行信息系统概况以及已经掌握的该机构电子银行业务开展情况。在以上工作基础上，确定检查的重点和范围，拟订详细的检查方案。

（2）现场检查的实施阶段。检查组成员按照指定的时间进入被查商业银行现场，实施电子银行业务的现场检查工作，可通过听取被查商业银行主要负责人或电子银行业务管理部门负责人的汇报或向其提问等方法，充分了解被查商业银行电子银行的整体运营情况、经营中存在的问题和风险环节等内容。同时，应根据掌握的情况和各自的分工，确定需要调阅的资料，分项进行详细检查，及时对检查工作进行记录，编制“检查工作底稿”。此外，检查人员在实施现场检查过程中，应当遵守被检查机构电子银行安全管理的有关规定，对被查商业银行的商业秘密应予保密。检查结束后，检查组应归还全部借阅的资料。

（3）现场检查报告形成阶段。现场检查结束后，检查组各成员应将“检查工作底稿”进行分类整理汇总，对检查的基本情况和问题进行详细的梳理、核实和总结，形成检查报告。检查报告应详细记录对电子银行业务的检查结果，明确发现的问题，并提出解决的建议。报告内容还应对该商业银行开展电子银行业务的总体经营情况进行分析，包括对业务量、客户的稳定程度、服务的品种和功能、盈利能力等方面的分析，同时对被检查商业银行开办电子银行业务的能力和发展前景作出基本判断。为了支持检查所得出的结论，检查人员还应附上相关的文件。

（4）检查处理和归档阶段。检查处理是对检查过程中发现的各项问题提出有针对性的监管意见。银监会针对现场检查中查证的问题采取不同的处理方法。例如，商业银行开展电子银行业务违反审慎经营规则并导致电子银行系统存在较大安全隐患，但尚不构成违法违规的，银监会将责令限期改正。逾期未改正，或者其安全隐患在短时间难以解决的，银监会可以区别情形，采取下列措施：暂停批准增加新的电子银行业务类型、责令商业银行限制发展新的电子银行客户、责令调整电子银行管理部门负责人。同时，检查人员还应将整个现场检查过程中的所有资料按照监管当局的档案管理规定立卷归档，妥善保存和管理。

（二）非现场监管

非现场监管是监管当局通过金融风险预警系统以及非现场监管信息系统、监管报表系统，对商业银行电子银行业务的经营活动进行全面、持续的监控方式，具有全面性和连续性的特点。进行有效的非现场监管要求商业银行业务报表资料的真实性和报送的及时性。

非现场监管的具体操作方式为：监管部门对商业银行报送的电子银行业务报表和其

他有关资料进行分析、整理，依照审慎监管的要求，发现商业银行电子银行业务经营状况中的异常情况，对其发出预警信息，商业银行可及时采取措施进行完善和整改。

在电子银行业务的非现场监管信息系统中，监管指标应包括：

一是业务经营状况指标，主要有各类电子银行交易额、各类电子银行客户数、业务覆盖区域和盈利能力等方面的内容。

二是电子银行运行安全程度指标，主要是商业银行电子银行业务系统受到恶意攻击和病毒感染的次数，业务系统运营中出现问题的次数，以及各类电子银行业务风险事件给银行带来的损失。

部分监管部门监测不到的数据需要由商业银行按照规定及时上报监管部门。

（三）安全监测

安全监测是安全保护的起点。安全监测有三个主要内容：一是对即将面临的风险进行监测，通过风险评估，确定风险和安全漏洞对资产的威胁，并评价风险发生的可能性以及潜在的影响；二是监测其商业伙伴、承包商和服务提供商提供的服务必须满足的法律、法令、规章以及合约方面的要求；三是专门的信息安全监测处理的原则、目标和要求，它们是为了进行信息安全处理必须制定的。

电子银行业务依法合规经营，既是规范商业银行电子银行业务行为、有效防范风险的重要前提，也是衡量商业银行电子银行业务经营管理水平高低的重要标志。电子银行业务依法合规经营不仅是国家法律法规赋予金融机构的责任，也是电子银行业务发展的内在要求。商业银行应及时适应市场的变化要求，关注和推进电子银行的创新与风险管理，通过向国际准则逐步靠拢，合规经营，规范发展，才能迎接新时期的各种挑战。

四、电子银行安全性评估

电子银行安全性评估是商业银行开办或持续经营电子银行业务的必要条件，也是商业银行电子银行业务风险管理与监管的重要手段。根据《电子银行安全评估指引》，电子银行的安全性评估是指商业银行在开展电子银行业务过程中对电子银行的安全策略、内控制度、风险管理、系统安全、客户保护等方面进行的安全测试和管控能力的考察与评价。评估的目的主要是发现电子银行业务操作系统存在的安全隐患，提高电子银行的安全管理水平。

（一）电子银行安全性评估总体要求

实施电子银行的安全性评估是落实电子银行业务监管的一项重要内容。商业银行应按照中国银监会的有关规定，定期对电子银行系统进行安全评估，并将其作为电子银行风险管理的重要组成部分。

1. 电子银行安全性评估的基本要求。

（1）申请开办电子银行业务时的要求。商业银行在申请开办电子银行业务时，应当按照有关规定对完成测试的电子银行系统进行安全评估，建立电子银行安全评估的规章制度体系和工作规程，保证电子银行安全评估能够及时、客观地实施。

（2）开办电子银行业务后的要求。商业银行开办电子银行业务后，在已经开办的电子银行业务类型中增加新产品时，如系统没有重大功能或结构调整，无须进行安全评估，但应根据发展和管理的需要，至少每两年对电子银行进行一次全面的安全评估。同时每年应编制“电子银行年度评估报告”，报告内容主要有：本年度电子银行业务的发展计划与实际发展情况，以及对本年度电子银行发展状况的分析评价；本年度电子银行业务经营效益的分析、比较与评价，以及主要业务收入和主要业务的服务价格；电子银行业务风险管理状况的分析与评估，以及本年度电子银行面临的主要风险。“电子银行年度评估报告”应于下一年度的3月底之前报送中国银监会。此外，开办电子银行业务后，有下列情形之一的，金融机构应立即组织安全评估。

由于安全漏洞导致系统被攻击瘫痪，修复运行的；电子银行系统进行重大更新或升级后，出现系统意外停机12小时以上的；电子银行关键设备与设施更换后，出现重大事故修复后仍不能保持连续不间断运行的；基于电子银行安全管理需要立即评估的。

应特别注意的是：对于电子银行系统被恶意攻破并已出现客户或银行损失，电子银行被病毒感染并导致机密资料外泄，以及可能会引发其他金融机构电子银行系统风险的事件，商业银行应在事件发生后48小时内向中国银监会报告。

2. 不同类型金融机构电子银行安全性评估的要求。除必须遵循上述有关电子银行安全性评估的基本要求外，《电子银行安全评估指引》还对数据已集中和未实现集中的商业银行以及外资银行，提出了不同的安全评估要求。

（1）对已实现数据集中管理的银行业金融机构的安全评估要求。已实现数据集中管理的银行业金融机构，在总行（公司）的电子银行安全评估中应包含对其分支机构电子银行安全管理状况的评估，其分支机构开展电子银行业务不需单独进行安全评估。

（2）对未实现数据集中管理的银行业金融机构安全评估要求。未实现数据集中管理的银行业金融机构，其分支机构开展电子银行业务且拥有独立的业务处理设备与系统的，分支机构的电子银行系统应在总行（公司）的统一管理和指导下，按照有关规定进行安全评估。

（3）对外资银行的安全性评估要求。电子银行主要业务处理系统设置在境外的外资银行，其境外总行（公司）已经进行了安全评估且符合《电子银行安全评估指引》有关规定的，其境内分支机构开展电子银行业务不需单独进行安全评估，但应按照《电子银行安全评估指引》的有关要求，向监管部门报送安全评估报告。电子银行主要业务处理系统设置在境内的外资银行，或者虽设置在境外但其境外总行（公司）未进行安全评估或安全评估不符合《电子银行安全评估指引》有关规定的，应按规定开展电子银行安全评估工作。

（二）电子银行安全评估内容

电子银行安全评估的内容主要有：安全策略、内控制度建设、风险管理状况、系统安全性、电子银行业务运行连续性计划、电子银行业务运行应急计划、电子银行风险预警体系、上次安全评估发现问题的改善情况以及其他重要安全环节和机制的管理等。

1. 电子银行安全策略的评估。主要包括：安全策略制定的流程与合理性、系统设计与开发的安全策略、系统测试与验收的安全策略、系统运行与维护的安全策略、系统备份与应急的安全策略、客户信息安全策略。在安全策略的评估中，不仅要评估安全策略、规章制度和程序是否存在，还要评估这些制度是否得到贯彻执行，是否及时更新，是否全面覆盖电子银行业务系统。

2. 电子银行内控制度的评估。主要包括：内部控制体系总体建设的科学性与适宜性、董事会和高级管理层在电子银行安全和风险管理体系中的职责，以及相关部门职责和责任的合理性、安全监控机制的建设与运行情况、内部审计制度的建设与运行情况。

3. 电子银行风险管理状况的评估。主要包括：电子银行风险管理架构的适应性和合理性，董事会和高级管理层对电子银行安全与风险管理的认知能力与相关政策、策略的制定执行情况，电子银行管理机构职责设置的合理性及对相关风险的管控能力，管理人员配备与培训情况，电子银行风险管理的规章制度与操作规定、程序等的执行情况，电子银行业务的主要风险及管理状况，业务外包管理制度建设与管理状况。

4. 电子银行系统安全性的评估。主要包括：物理安全、数据通信安全、应用系统安全、密钥管理、客户信息认证与保密、入侵监测机制和报告反应机制。评估机构应突出对数据通信安全和应用系统安全的评估，客观评价商业银行是否采用了合适的加密技术、合理设计和配置了服务器和“防火墙”，银行内部运作系统和数据库是否安全等，以及商业银行是否制定了控制和管理修改电子银行系统的制度和控制程序，并能保证各种修改得到及时测试和审核。

5. 电子银行业务运行连续性计划的评估。主要包括：保障业务连续运营的设备和系统能力、保证业务连续运营的制度安排和执行情况。

6. 电子银行业务运行应急计划的评估。主要包括：电子银行应急制度建设与执行情况，电子银行应急设施设备配备情况，定期、持续性检测与演练情况，应对意外事故或外部攻击的能力。

7. 对上次安全评估问题改善情况的评估。主要包括：改进措施的完整性和适应性、措施实施情况和问题改进情况。

（三）电子银行安全评估流程

电子银行安全评估包括启动、评估、总结和改善四个阶段。启动阶段包括确定安全评估范围、制订安全评估方案和工作计划、确定安全评估机构和相关协作单位等工作。评估阶段包括按预定安全评估工作计划实施评估、报告评估阶段性进展和提交评估报告等工作。总结阶段包括向高级管理层报告安全评估情况、提出改善意见和向监管部门通报安全评估有关情况等工作。改善阶段包括制订改进措施及方案、实施改善和改善情况报告等工作。

1. 启动阶段。在启动阶段，商业银行在对评估机构选择上，可以利用外部专业化的评估机构对电子银行进行安全评估，也可以利用内部独立于电子银行业务运营和管理部门的评估部门对电子银行进行安全评估。中国银监会根据监管工作的需要，也可以自己组织或委托评估机构对商业银行的电子银行系统进行安全评估。若聘用外部专业化的电子银行评估机构，应与安全评估机构签订书面服务协议，明确保密条款和保密责任；选择内部部门作为评估机构时，应由电子银行管理部门与评估部门签订评估责任确定书。

评估机构在开始电子银行安全评估之前，应就评估的范围、重点、时间与要求等问题，与被评估商业银行进行充分的沟通，制订评估计划，由双方签字认可。商业银行应在签署评估协议后两周内，将评估机构简介、拟采用的评估方案和评估步骤等，报送中国银监会。中国银监会根据监管工作的需要，可派员参加商业银行电子银行安全评估工作，但不作为正式评估人员，不提供评估意见。评估机构应本着客观、公正、真实和自主的原则，依据评估计划，进场对委托机构的电子银行安全进行评估。

2. 评估阶段。在评估过程中，商业银行应重视对评估资料的保密工作：约定评估机构不得将本行相关资料泄露给他人；调阅相关资料、复制相关文件或数据等，都应进行登记、签字；调阅的文件资料应在指定的场所阅读，不得带出指定场所；复制的文件或数据一般也不应带出工作场所，如确需带出的，必须详细登记带出文件或数据名称、数量、带出原因、文件与数据的最终处理方式、责任人等，并由相关负责人签字确认；评估过程中废弃的文件、材料和不再使用的数据，应立即予以销毁或删除；评估工作结束后，双方应就有关机密数据、资料等的交接情况签署说明。

3. 总结阶段。评估完成后，评估机构应及时撰写评估报告，并于评估完成后 1 个月内向委托机构提交由其法定代表人或其授权委托人签字认可的评估报告。评估报告主要内容有：评估的时间、范围及其他协议中重要的约定；评估的总体框架、程序、主要方法及主要评估人员介绍；不同评估内容风险权重的确定标准，风险等级的计算方法以及风险等级的定义；评估内容与评估活动描述；评估结论；对被评估机构电子银行安全管理的建议；其他需要说明的问题；主要术语定义和所采用的国际或国内标准介绍（可作为附件）；评估工作流程记录表（可作为附件）；评估机构参加评估人员名单（可作为附件）。

在评估结论中，评估机构应采用量化的方法表明被评估机构电子银行的风险等级，说明被评估机构电子银行安全管理中存在的主要问题与隐患，并提出整改建议，以便商业银行采取有效的措施加阻纠正。

商业银行在收到评估机构评估报告的 1 个月内，应将评估报告报送中国银监会。银监会发现商业银行未按有关要求进行安全评估，或者评估程序、方法和评估报告存在重要缺陷的，可以要求商业银行重新评估。未经银监会批准，商业银行不得将电子银行安全评估报告作为广告宣传资料使用，也不得提供给其他机构。

4. 改善阶段。商业银行应根据评估报告指出的有关问题以及整改建议，切实制定改进措施及方案，采取有效措施贯彻落实，并及时将有关改善情况报告报送相关部门。

（四）安全评估机构的管理

电子银行的安全和技术风险，相当程度上取决于采用的信息技术的先进程度、系统的设计开发水平以及相关设施设备及其供应商的选择等，银行依靠传统的风险管理机制已很难识别、监测、控制和管理相关风险，而监管机构也难以完全依靠自身的力量对电子银行的安全性进行准确评价和监控。因此，目前国外大都采用了依靠外部专业化机构定期对电子银行的安全性进行评估的办法，以提高对电子银行安全性和技术风险的管理和监管。

1. 安全评估机构的类型。商业银行的电子银行安全评估工作，应当由符合一定资质条件、具备相应评估能力的评估机构实施。承担电子银行安全评估工作的机构，可以是商业银行外部的社会专业化机构，也可以是商业银行内部具备相应条件的相对独立部门，但均须事先取得银监会认定的电子银行安全评估资格。商业银行可以在中国银监会认定的评估机构范围内，自主选择电子银行安全评估机构。

2. 安全评估机构的资质。中国银监会负责制定评估机构开展电子银行安全评估业务的资质条件和电子银行安全评估的相关制度，利用其掌握的专家资源和专业经验，每年组织一次电子银行安全评估机构资质认定工作，对评估机构参与电子银行安全评估的业务资质进行认定，评定时间一般提前1个月公告。

（1）安全评估机构资质条件。外部机构从事电子银行安全评估，应具备的条件包括：具有较为完善的开展电子银行安全评估业务的管理制度和操作规程；制定了系统、全面的评估手册或评估指导文件，评估手册或评估指导文件的内容应至少包括评估程序、评估方法和依据、评估标准等；拥有与电子银行安全评估相关的各类专业人才，了解国际和中国相关行业的行业标准。

商业银行内部部门从事电子银行安全评估，除应具备外部机构从事电子银行安全评估的有关条件外，还应具备以下条件：必须独立于电子银行业务系统开发部门、运营部门和管理部门，未直接参与过有关电子银行设备的选购工作。

（2）安全评估机构资质认定。电子银行安全评估机构在开展电子银行安全评估业务前，可以在中国银监会公告规定的时限内向中国银监会申请对其资质进行认定，提交的材料包括：电子银行安全评估资质认定申请报告，机构介绍，安全评估业务管理框架、管理制度、操作规程等，评估手册或评估指导文件，主要评估人员简历。

中国银监会收到安全评估机构资质认定申请完整材料后，将组织有关专家和监管人员对申请材料进行评议，采用投票的办法评定其是否达到了有关资质要求。中国银监会对评估机构资质评议后，出具"电子银行安全评估机构资质认定意见书"，载明评议意见，对评估机构的资质作出认定。经中国银监会评议并认为达到有关资质要求的评估机构，每次资质认定的有效期限为2年。

在资质认定的有效期限内，电子银行安全评估机构出现管理不善，工作人员泄露被评估机构秘密；评估工作质量低下，评估活动出现重要遗漏；未按要求提交评估报告，或评估报告中存在不实表述；将"电子银行安全评估机构资质认定意见书"用于宣传和其他经营活动等情况时，中国银监会将撤销已作出的评议和认定意见。

在资质认定的有效期限内，若出现评估机构与委托机构合谋，共同隐瞒在安全评估过程中发现的安全漏洞，未按要求写入评估报告；在评估过程中弄虚作假，编造安全评估报告；泄露被评估机构机密信息，或不当使用被评估机构机密资料等行为，中国银监会将在一定期限或无限期不再受理评估机构的资质认定申请，商业银行不应再委托该评估机构进行安全评估。

电子银行主要系统设置于境外并在境外实施电子银行安全评估的外资银行，以及需要按照所在地监管部门的要求在境外实施电子银行安全评估的中资银行境外分支机构，电子银行安全评估机构的选择应遵循所在国家或地区的法律要求。所在国家或地区没有相关法律要求的，商业银行应参照《电子银行安全评估指引》的有关规定开展安全评估活动。

（五）电子银行风险指标与评估体系

电子银行业务是在传统银行业的基础上发展起来的，传统银行业的风险指标和风险评估体系仍然适用于电子银行业务，但商业银行应根据电子银行业务环境和运行方式的变化，对原有风险管理制度、规则和程序进行必要的和适当的修正。因此可以说，电子银行业务的风险评估体系是传统银行业的风险评估体系的延伸。

1. 电子银行业务风险指标。电子银行业务风险指标除包括传统银行业的资本金、资产质量、流动性、盈利能力、管理水平等方面的考核指标外，还包括电子银行业务信息安全方面的指标。

由于电子银行赖以开展业务的互联网、电信平台等可能会发生恶意攻击、偷窃、设备故障、业务中断等事件，电子银行系统的安全会受到威胁，可能致使银行的资产受到损失、信誉出现危机等。根据《电子银行业务管理办法》，商业银行在提供电子银行服务时，因电子银行系统存在安全隐患、银行内部违规操作和其他非客户原因等造成损失的，商业银行应当承担相应责任。

商业银行在构建电子银行业务风险指标体系时，应充分考虑电子银行安全方面的内容，设计合理的风险管理模型，制定相应的应对处理措施，保证电子银行业务的稳健发展。

2. 电子银行风险评估体系。商业银行根据电子银行业务的运营特点，一般是将电子银行业务风险管理纳入本机构风险管理的总体框架之中。商业银行电子银行业务的风险评估一般应包括识别风险、衡量风险、控制和检测风险三个环节。一是确定电子银行业务经营的风险类型；二是衡量电子银行业务风险，最终确定电子银行的重要风险环节；三是控制和检测电子银行业务风险。对电子银行的重要风险环节，商业银行可采取必要的手段有效进行风险控制和系统的监测。

安全性是电子银行的生命线，也是赢得客户信赖的根本所在。商业银行一方面应全面加强电子银行安全建设，不断提高电子银行的安全性，有效防止危害电子银行安全或造成客户损失的事件发生；另一方面还应定期对电子银行系统及电子银行安全建设进行评估和检查，及时发现隐患，弥补漏洞，切实保障电子银行业务安全运行。《电子银行安全评估指引》要求商业银行根据其电子银行发展和管理的需要，聘请有资质的电子银行安全评估机构，对电子银行的安全策略、内控制度、风险管理、系统安全、客户保护等方面进行安全测试和管控能力的考察与评价。

本章小结

1. 电子银行业务风险是指商业银行因开办电子银行业务，或已开办的电子银行业务在经营和运营过程中由于主观或客观因素诱发的可能给银行带来资金、业务、声誉和法律损害的事件。

2. 电子银行风险管理是指开办电子银行业务的商业银行通过风险识别、风险评估、风险应对，对电子银行业务的各类风险实施有效控制和妥善处置，期望达到以最小的成本获得最大安全保障的管理活动。

3. 电子银行业务风险管理措施：风险预测与识别；安全技术措施；电子银行业务内部控制；电子银行业务外包控制；电子银行业务信息披露；电子银行业务客户教育等。

4. 电子银行跨境业务风险管理主要包括四方面的内容，即做好风险评估、办理申请手续、营运风险管理和应对重大事项。

5. 电子银行业务相关法律规范有：《合同法》、《商业银行法》、《电子签名法》、《电子银行业务管理办法》、《电子认证服务管理办法》、《电子支付指引（第一号）》、《电子银行安全评估指引》等。

6. 电子银行业务监管有：电子银行业务市场准入监管、电子银行业务的合规经营监管、电子银行安全性评估等。

【关键词】

电子银行业务风险　　电子银行风险管理　　电子银行业务监管

【重要概念】

电子银行业务风险　　电子银行战略风险　　电子银行安全风险
电子银行操作风险　　电子银行风险管理　　电子银行风险监测与识别
电子银行安全风险　　密码认证　　动态密码认证　　商业银行内部控制
电子银行业务外包　　电子银行市场准入监管

【复习思考题】

1. 电子银行业务风险管理的意义是什么？
2. 对电子银行业务外包部分的管理控制重点是什么？
3. 电子银行业务外包主要存在哪些风险？
4. 客户教育的目的和意义是什么？
5. 电子银行业务风险管理的一般方法和流程有哪些？
6. 风险预测和识别的一般方法和主要内容有哪些？
7. 电子银行跨境业务的风险管理包括哪些内容？
8. 电子银行安全技术手段主要有哪些？
9. 目前我国电子银行业务相关法律法规主要有哪些？
10. 商业银行申请开办电子银行业务，向监管部门应提交的文件包括哪些？
11. 简述电子银行安全评估流程。

【参考文献】

[1] 张衢. 商业银行电子银行业务. 北京：中国金融出版社，2007.
[2] 孟祥瑞. 网上支付与电子银行. 上海：华东理工大学出版社，2005.
[3] 中国人民银行. 商业银行内部控制指引，2002.
[4] 赵志宏等. 银行全面风险管理体系. 北京：中国金融出版社，2003.

第七章　电子银行安全机制

【本章概要】

随着信息技术的快速发展，电子银行建设向纵深发展。电子银行不仅存在传统银行所具有的经营风险，还增加了许多新的风险。如果电子银行缺乏有效的安全管理措施，将会对银行和国民经济造成不可估量的损失。电子银行的安全，包括技术风险和经营风险的防范和化解，是电子银行的生命线。本章主要向读者介绍了电子银行的安全概述，电子银行的安全控制，电子银行相关安全技术；重点讨论了数据加密技术、数字签名、数字证书和认证中心等。

【要点提示】

1. 电子银行的安全概述；
2. 电子银行的安全控制；
3. 数据加密技术；
4. 数字签名；
5. 数字证书；
6. SET 协议和 SSL 协议；
7. 中国金融认证中心。

【本章架构图】

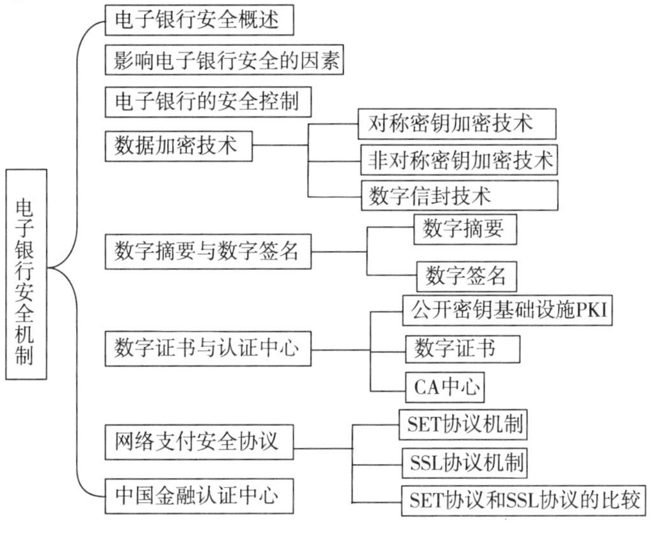

第一节 电子银行安全概述

我国的电子银行建设，经过二十多年的努力已经取得重大进展，具备了防止突发事件、重大灾害和保障安全可靠运行的初步基础。但是同发达国家相比，我国的金融信息网络安全问题仍然十分突出。

一、电子银行安全的重要性

金融业是国民经济的命脉，电子银行的安全对国民经济的正常运行和发展有至关重要的影响。银行业务由手工处理转为计算机处理后，接触银行业务系统的人员，从银行内部扩展到社会各界，这给银行的经营管理带来新的问题和风险。传统银行若出现安全问题只影响局部，而电子银行安全的影响却要广泛得多，局部事件可产生全局性的严重影响。此外，保障电子银行安全的难度也要大得多。

虽然计算机和通信系统的软硬件厂商对产品的安全可靠性作了周密的研究，但是任何系统都不是完美无缺的，都存在一定的薄弱环节和不安全因素。在实际工作中，存在各种管理漏洞，操作错误时有发生，应用程序难免考虑不周，还存在各种环境不安全因素和一些不可抗拒的自然灾害。随着软件的日益庞杂，篡改应用程序和数据等作案情况，有时难以及时发现。共享系统中频繁的数据流动，又给作案者窃取、篡改数据提供了条件。这些都是造成使用计算机作案的客观条件。

金融机构是经营货币的特殊行业。银行的行业性质和货币商品的特殊性，吸引着各种金融犯罪分子，犯罪种类和手段也日益多样化，给银行的资金安全、社会的信用秩序和人民生活秩序带来极大的危害，严重地影响了金融秩序的稳定。

互联网的发展、电子商务的兴起、网上支付和网上银行的推广应用，使信息的安全问题更为突出。全球每年因计算机犯罪损失的资金达数百亿美元。近年来，黑客给网络制造的麻烦接踵而至，各种各样的计算机病毒袭击着全球的计算机系统。一浪接一浪的黑客风暴和病毒在互联网上横冲直闯，连微软和 Intel 等顶尖的高科技公司都不能幸免于难。

电子银行的安全是电子银行的生命线。电子银行系统的缺陷和失效，很可能会给国民经济带来巨大损失。如何采用最新技术建立一套比较完善的、切实可行的安全监控体系和管理制度，以防弊堵漏，确保电子银行应用系统的安全可靠，是现代银行面临的重要课题。

二、电子银行安全的特点

电子银行建设正向经营集约化、数据集中化、产品个性化和管理信息化四大趋势发展。这些发展趋势是相辅相成的。经营集约化的目标是方便客户和提高企业的经营效益。经营集约化的前提是对电子银行的所有数据源实现集中统一管理和建立统一的会计处理系统。只有实现集约化经营，银行才能推出满足不同客户需求的个性化金融服务产品；才能在金融电子化的基础上进行金融信息化建设，为客户提供信息增值服务，并将金融经营管理过程数字化和信息化，为管理部门提供及时的、科学的决策支持，有效地提高经营管理水平，化解各种金融风险。

上述发展趋势要求银行网络不再局限于银行专用网络，还必须同时使用互联网。只要电子银行系统同公网相连，就必然要面对黑客的威胁和病毒的侵害，因而必须重视加强信息网络的安全。上述发展趋势还使整个电子银行成为一个有机的整体，局部的安全漏洞可能迅速扩展为严重的全局安全问题。

从安全角度来看，电子银行的安全具有如下几个显著的特点：

1. 安全性高。电子银行主要处理同金融交易有关的各种信息，数据处理量大，所处理的每笔数据都必须准确无误。任何局部性的安全失误都可能引起全局性灾难，因此对电子银行数据的正确性、保密性和完整性要求很高。

2. 抗攻击能力强。电子银行中的数据传输直接与资金的迁移相联系，从而容易成为不法分子的重要攻击目标。这要求电子银行必须要有很强的抗攻击能力。

3. 安全难度大。电子银行系统是十分庞大复杂的、开放性的社会系统，它对所有客户都是开放的，实时性要求很高。这些系统的共同特点是：由人驱动、面向客户、高度的分散性、有大量的动态客户，由此也决定了电子银行的安全难度很大。

4. 高科技犯罪比重大。电子银行的高科技性，使得对电子银行的攻击必然主要是高科技犯罪。高科技的攻击与反攻击，必然水涨船高，因此电子银行的安全技术必须不断完善和提高。

三、电子银行的资源

电子银行通过各种通信网，将银行的计算机系统同各种金融终端和客户的计算机系统联系在一起，进行各种金融交易和信息交换。因此，电子银行的资源主要包括物理设备（硬件和通信线路）、软件、数据和相关的人员。电子银行的安全系统，必须对电子银行的上述所有资源实施保护。

1. 物理设备。物理设备是电子银行赖以存在的物理基础，它包括机房、机房内和通信线路上的所有设备。物理设备安全是电子银行安全的基础。为保证电子银行的实体安全，除了机房建设上要符合相关的国家和国际标准、设备的选型上要满足安全性要求外，关键的设备和通信线路必须采用冗余配置。

2. 软件资源。电子银行的软件资源包括系统软件和应用软件两大部分。系统软件主要包括操作系统、数据库管理系统和网络通信管理系统等。应用软件包括电子银行中的所有业务处理软件、服务软件、管理与监控软件。软件是电子银行的心脏和驱动力，软件的正确与安全是至关重要的。

3. 数据资源。在电子银行的资源中，最重要的资源是数据。数据安全是电子银行安全的核心，也是电子银行安全与传统银行安全的主要区别点。电子银行安全系统必须对数据的产生、存储、处理、传输、管理和利用全过程实施保护。电子银行中的数据安全比其他资源安全重要得多，也困难得多。

4. 人才资源。电子银行资源中的另一个重要资源是人才资源。电子银行是建立在C&C、IT、Web等高科技基础上的，是以现代金融理论和现代管理科学为理论指导进行活动的，电子银行的应用开发、运行、经营、管理和发展，都是靠掌握高科技、现代金融理论和现代管理科学的人才来完成的。因此，电子银行与传统银行的另一重要区别是必须以人为本。

电子银行中的上述资源，在安全方面都表现出许多脆弱性，若不加防范很容易受到攻击和破坏。

四、电子银行安全的基本条件

电子银行的安全，应该具备下述基本条件：可靠性（Reliability）、可用性（Availability）和可维护性（Serviceability）。这三种基本条件就是通常所说的信息系统的RAS。

1. 可靠性。从系统角度来看，可靠性强调系统中的所有资源都必须是正确、完好、无差错的。对数据资源来说，可靠性就是要能检验输入、输出数据的合理性和准确性，要能检验处理逻辑和计算公式的正确性和完整性，要确保数据在传输过程中的保密性、正确性和完整性，如此等等。对软硬件资源来说，必须保证软硬件系统完好无缺，能正确、可靠地完成系统预定的任务。从用户角度来看，可靠性是指能保障用户的权益不受他人侵犯，要保障用户获得的信息是绝对正确的，为此用户的数据必须具有保密性和完整性。

2. 可用性。可用性是要保证合法用户能正确使用系统资源，而不被拒绝访问或拒绝执行合法的用户指令。为此，必须使用可靠性保障技术、故障诊断技术、识别和检验技术、访问控制技术等。一旦计算机系统资源中的某一部分发生故障，要能立即启用备用资源，将发生故障的硬件隔离，自动检测故障的原因，修复后能自动启动系统，重新投入运营，以尽量避免发生停机现象。

3. 可维护性。可维护性是保障电子银行系统正常而可靠地运行，并能使系统不断得到改善和提高，以充分发挥作用。可维护性是对系统进行维护的难易程度的度量，影响系统可维护性主要因素是可理解性、可测试性、可修改性，且这三个因素密切相关，只有正确的理解，才能进行恰当的修改，只有通过完善的测试才能保证修改的正确，防止引入新的问题。

迄今为止，虽然没有一种万全措施可使信息系统充分达到RAS的理想要求，但是通过妥善规划、设计和正确使用软硬件系统，建立有效的安全监控体系，建立各种安全管理制度，可有效地提高系统的RAS。

五、电子银行的信息安全

电子银行安全的涉及面广泛，包括法律法规和道德规范、管理制度、物理安全环境、硬件系统安全、通信网络安全、软件系统安全、数据信息安全、关键员工的安全等诸多领域，是一个复杂的系统工程。因此，电子银行的安全不仅仅是技术问题，还需要法律、管理、社会环境等诸多因素的配合。

在诸多安全中，信息安全最为引人注目。为保证电子银行信息安全，防止非法入侵，需要正确制定电子银行的安全策略和安全对策，要根据电子银行信息安全的安全需求，进行系统的安全设计。

1. 两种网络环境。

（1）金融专用网络。各种电子资金转账系统经过多年的发展和演化，从专有系统发展成共享系统，从地区性金融系统互联成全国性的金融系统。随着国际信用卡网络和SWIFT等国际金融通信系统的建立，形成了金融全球化的金融通信体系。这些金融网络，虽然都服务于社会上的所有企事业单位和社会公众，但从性质上来说，都是专门服务于金融业而不为其他行业所共享的金融专用系统。在专用金融网络环境中，通信双方所做的交易是实名交易，对方的身份可以事先确认、登记并得到较好的管理；系统中的金融交易受到严格监控，其监控机制相对简单可靠。

企业内部网络采用的通信协议种类繁多，主要有TCP/IP、SNA、IPX等。IP商业网能兼容多协议，支持企业内部网的原有应用，又便于同互联网通信，银行纷纷采用Internet的支撑协议——TCP/IP来构造金融系统的内联网（Intranet）和外联网（Extranet）。因此，现代企业内部网逐步向TCP/IP过渡。

无论是金融专用网和金融企业内部网，它们都有一个结构严谨、控制严格的环境，可在整个系统中实行强制性的集中安全控制。金融专用网和内联网中的用户都是已知的，可事先定义每个用户和用户组的操作权限。因此，在金融专用网、内联网用户同Internet用户之间存在着清晰的分界线。

金融专用网和内联网的安全模型保证，一旦某个用户成为系统成员，他就可同系统其他成员进行安全通信；而非系统成员未经授权则不得进入网络。网络内部的相互信任关系是根据本系统的政策确定的，对用户来说，安全是既成的规定。安全模型在整个系统集中管理下，采用透明、方便使用的方式实施这些政策。

（2）开放性公用网络。Internet公用网是一种无组织的环境，没有集中控制机构。Internet上两个互不了解的用户要进行通信，需首先建立一种安全的临时互相信任的关系。Internet的安全模型必须向最终用户提供建立新的临时相互信任的手段，但是必须允许用户自行决定是否信任对方。因此，Internet中的每个用户都是自己的安全管理员。

电子商务的推广应用，电子银行建设也从发展银行专用网延伸到Internet，从通过银行专用网为客户提供传统的电子银行服务，发展到通过Internet为广大客户提供网上支付和网上银行服务。进入21世纪后，通过开放性的Internet网络进入电子银行系统传送的信息量日益增大。Internet的开放性，使得网上银行的安全性，比基于专用网络的传统电子银行的安全性更加严重和复杂。网上银行的发展，除了使金融专用网络广为延伸、能得到更多客户、客户也能更加方便地获得银行的服务外，也使电子银行的安全性面临更大的威胁。

传统的商品交易和金融交易，是客户与商家、客户与银行柜员面对面的直接交易，或者客户直接在电子银行的终端上进行金融交易。直接商品交易可面对面地使用直接支付工具，包括使用现金、支票和银行卡。在电子银行终端进行金融交易时，终端也可直接检验银行卡的合法性。但是网上支付时不能当面核对支付工具的真伪，如何检验网上支付工具的真伪，是必须解决的新问题。于是电子银行中原有的安全机制，或者已经不够安全，或者已经不适合新环境的需求，需要研发适合开放环境的更加复杂的安全机制。

总之，银行既可通过金融专用网络直接为客户提供传统的电子银行服务，也允许客户通过互联网进入金融专用网络，从而获得网上银行服务。因此，现代的电子银行，有金融专用网络和开放性公用网络两种网络环境，不同的网络环境要采用不同的安全机制。

2. 电子银行的信息安全需求。从业务需求角度出发，电子银行系统应能实现如下要求：(1) 客户能以电子方式向银行提交支付指令。该指令应能在不被他人窃取、篡改的前提下准确无误地传送到指定银行。(2) 银行应能鉴别收到的电子指令的真伪和完整性，并准确无误地予以执行。在满足相关结算业务规定的前提下，将指令中规定的金额从付款方账户转入受益方账户。(3) 电子支付过程中发生的全部会计与业务处理过程均应完整、无误地进行，在参与业务的各方数据库中不允许出现不一致的数据。(4) 电子支付过程中发生的行为信息应存档，供日后随时查阅。(5) 如遇到物理链路或相关软硬件设备故障，允许中断电子支付过程，但对支付活动所涉及的任何一方，包括付款方、受益方、银行（总行及其所属各营业机构）的数据不会造成不良影响。

从安全技术角度看，为实现上述业务需求，电子银行的信息安全需求主要是：

(1) 身份识别。电子银行必须能识别用户身份，判断访问者的合法性，并以此为基础控制用户的交易行为，确保只有授权客户才能进入电子银行系统完成所允许的交易。在金融专用网络环境下，电子银行常用的用户识别机制主要有：用户 ID、口令、PIN（个人识别码）、生物特征（如语音、指纹、虹膜等）等。在电子商务环境中，则电子银行必须具有提供“双向认证”的能力，即交易双方相互进行身份识别，相互验证对方的数字证书。如果附在数字证书上的认证中心 CA 的数字签名正确无误，则对方的身份是经过 CA 认证的，是安全可信的。

(2) 交易认证。要使支付工具和网上传送的信息是真实的，需要建立一种机制，能核查交易双方在网络（专用网和 Internet）上传送的信息、电子合同等电文的安全可靠性。电文传输安全，包括确保传输电文的保密性、安全性和完整性；在网络上传递的信息，尤其是财务方面的结算信息，如金额、货品、密码等敏感数据，必须保证在传输过程中不被非法篡改、删除、插入、替换或重发，即保证数据的完整性；同时必须保证在传输过程中不被泄露，即保证数据的保密性。这种交易认证的核心技术是密码技术、信息识别技术和数字签名（电子签名）技术。如果附在电文（电文摘要）上的数字签名正确无误，则电文是安全可信的。

(3) 访问控制。访问控制系指本系统内主体对客体的访问控制，不仅要防止非法用户访问系统资源，还要防止合法用户越权使用系统资源。它的主要任务是授权、确定访问权限和对访问行为实施严格的监控。授权是决定哪个主体有资格访问哪个客体。规定访问权限是规定每个主体具有哪些权限，如读、写、运行、更新、删除、添加等权限。对客户实施授权控制，使得每个客户只能在其权限范围内进行事先规定的交易。

(4) 信息的不可否认性。交易信息的不可否认性包括两个方面的含义：一方面，保证客户不能否认他已发送的交易请求电文；另一方面，保证银行不能否认它按客户交易请求所作的处理结果。

（5）提供冲正过程。若交易过程中出现故障而中途中止一笔在做交易，系统要能提供冲正处理，使系统恢复到初始状态，确保系统数据的一致性。

（6）审计跟踪。审计跟踪是指对每个客户何时和如何使用哪种系统资源进行记录，以备日后检查和分析非法事件。

在电子商务环境下进行电子交易的各方建立信任的核心，是电子商务中的身份认证和交易认证。它们都是以电子形式存在，并以电子合同代替传统的纸质合同，以电子签名代替传统的物理签名，这就需要从法律上确认电子合同、电子签名、电子合同认证和电子身份认证的合法性。全国人民代表大会常务委员会于 2004 年 8 月通过的《电子签名法》，赋予电子签名与文本签名具有同等法律效力，明确了电子认证服务市场准入制度，从法律上保障了电子交易安全。

包含网上银行服务的现代电子银行网络安全系统，应在应用系统和需要与其通信的网络之间架设防火墙，将关键的应用系统从网络中隔离开来。为防止通过 Internet 进行的网上金融交易泄密，应在 Internet 上建立基于虚拟保密网络技术（Virtual Private Network，VPN）的通信系统。在进行交易前，交易双方应能相互识别对方身份，并从技术上支持不可否认性。金融系统应配置 CA 系统，建立基于 PKI（Public Key Infrastructure）技术的安全系统，并同各种安全机制相结合，建立具有预警功能的智能化的电子银行安全体系。

第二节　影响电子银行安全的因素

电子银行的不安全因素很多，主要可归纳为如下几类：

一、自然灾害

电子银行很容易受到自然灾害的袭击。水灾、火灾、地震、雷击、暴风雪、飓风、沙尘暴等自然灾害都可能毁坏电子银行系统。在作电子银行系统分析和设计时，要充分考虑可能产生的各种自然灾害。金融信息中心的地址选择、房屋结构设计（包括网络布线、供配电、接地、防雷、抗电磁干扰、空调、防火、防水、防鼠害等）要很慎重，关键的软硬件要冗余配置，重要的金融信息中心要配置备份中心，以保证即使在大自然灾害袭击和战争破坏的情况下，应用系统仍然能不中断运行。

在各种自然灾害中，要特别注意防水灾和防火灾，要求每个信息中心事先制订应急预案，尽量减少自然灾害可能产生的破坏作用。

二、环境因素

电子银行安全会受工作环境影响，如掉电、电力波动过大、工作环境温度和湿度过高或过低等，都可能对电子银行构成安全威胁。

掉电会使计算机立即停止工作，会使内存中的数据全部丢失，这对于电子银行来说是不可容忍的。比掉电更常遇到的是电力不稳定，包括电压不稳定和电路中尖峰脉冲所产生的影响。防止掉电和电力不稳定的主要办法，是采用不间断电源（UPS）。UPS 在正常工作时，可对其充电电池连续充电，存储电能；若遇掉电或电压下降，则释放备用的电能。UPS 储备的电能仅够计算机运行有限时间，但是足够计算机用以保存当前的运行状态，不使内存中的数据丢失。

环境温度和湿度会影响计算机的可靠性和寿命。如果环境温度和湿度超过规定值过多，表面上看计算机还在工作，但运算结果可能时对时错，致使计算机不能按预定的要求工作，甚至毁坏整个系统。因此大型计算中心必须安装空调，以保证适宜的工作温度和湿度。

三、软硬件质量及其安全漏洞

电子银行中的软硬件虽都是高科技产品，但总存在一定的薄弱环节和不足之处，甚至存在严重错误和安全漏洞。微软开发的、全球广泛使用的各种版本 Windows 操作系统，就存在严重缺陷。不少病毒专门肆虐全球采用 Windows 的服务器，造成严重损失，就是一个明证。在风险公告和计算机应急响应小组的公告中，大量报道各种计算机操作系统、数据库、信息网络、防火墙等出现的脆弱性。从安全角度考虑，目前的操作系统存在如下安全漏洞。

（1）操作系统体系结构上的安全漏洞。现代的操作系统一般都支持程序动态连接与数据动态交换，这是系统集成和系统扩充所必备的功能。操作系统的程序、I/O 驱动程序和服务系统都可以用打补丁的方式进行动态连接。许多 UNIX 操作系统的升级开发，也是采用这种打补丁的方式进行的。这种打补丁的方法，厂商可用，黑客也可以用，这种动态连接还是计算机病毒传播的好环境。

（2）操作系统支持在网络上传输文件，包括传输可执行的文件映像，即在网络上加载程序；操作系统还允许远程登录和远程执行命令，包括支持在网络节点上进行远程进程的创建和激活。这两个功能为黑客创造了可在远端服务器上安装“间谍”软件的条件。若这种软件以打补丁的方式“打”在一个合法用户（特别是特权用户）上，就可使系统进程与作业的监测程序检测不到它的存在。

（3）操作系统通常都提供一些后台守护进程的系统命令，如 Daemon、Debug、Wizard 等。其中 Daemon 软件实质上是一些系统进程，它们等待某些特定条件的出现，一旦条件满足，程序便被激活运行。黑客可通过网络利用这些系统命令对计算机系统进行攻击。

（4）操作系统安排的无口令入口，本是为系统开发人员提供的便捷入口，但它也可能成为黑客的通道。

除操作系统外，数据库管理系统、网络管理系统和应用系统也存在不同程度的安全漏洞。

四、误操作

误操作有时也会引起严重的安全问题。为解决误操作问题，必须提高操作人员的技术水平；重要数据的录入，需要有复核；此外，在软件的设计上应该有保证数据正确性和完整性的检验功能。

五、人为破坏

计算机和存储媒体是相当脆弱的，一杯水、一把改锥可破坏一台计算机或存储媒体。人为破坏可能是局外人，也可能是系统内的职工所为；可能是有意破坏，也可能是由误操作引起。为防止人为破坏，应采用先进的门卫监测技术，加强门卫管理制度；要防止机密的媒体被复制和破坏；防止不法分子用先进的侦听设备和技术，从远处接收计算机屏幕辐射的数据。除了人为的物理破坏之外，网络病毒破坏事件日益严重，因而病毒的防治也是网络安全的重要组成部分。

六、非授权存取

非授权存取方式有被动攻击和主动攻击之分。侦听是被动攻击，截获通信线路中的数据并加以篡改是主动攻击。要防止非授权存取，需建立保护措施，验明用户的身份和用户权限，防止非授权用户访问系统和越权使用系统资源。在金融全球化快速发展的今天，防止非授权存取电子银行中的数据，显得更加重要，但也更为困难。

互联网的普及与发展，给黑客提供了入侵计算机系统的有效手段和途径。黑客和袭击者利用计算机和网络系统中的脆弱性，采用各种高科技手段非法侵入重要系统，对系统资源构成严重的威胁，甚至造成严重的破坏和损失。

第三节　电子银行的安全控制

为确保电子银行的安全可靠运行，抵御对系统的攻击，不但需要采用多种安全技术，而且需要在系统设计、运行管理机制、物理环境、安全教育和法律法规等诸多方面进行综合治理，需要各有关部门共同努力，才能建立和维护一个安全的网络环境，才能取得良好的效果。

一、密码技术

密码技术是保证信息系统安全的核心技术和最有效工具，是各种安全技术的基础。明文经过加密成密文后，局外人无法理解密文的含义，密文的截获者就不能对截获到的信息进行修改，也不能伪造电文和信息。

密码技术是信息系统安全的重要工具，但不是系统安全的全部。如果加密方法使用不当，不仅不能保证系统的安全，还会降低整个系统的性能。只有了解加密方法的使用环境，才能充分发挥密码技术的作用。

二、数字签名和电文识别码技术

在通信过程中，数据加密只起保密性作用，要使通信的双方相互信任，要保证传输数据的完整性，重点在协议。协议是为完成某些通信任务而协同一致的动作系列，它在数据通信过程中有效地应用加密技术，以确保数据通信的安全。数字签名协议广泛用于数据通信中，用于保护电文在传送过程中的安全。为了通信双方能显示识别传输电文的完整性，电子银行中还广泛采用电文识别码技术。

三、身份识别技术

在电子银行中，不同的网络环境下，采用的身份识别技术不同。在金融专用网络中进行的金融交易，只需进行单向身份认证，保证银行能识别客户就够了，这是因为客户是事先注册的，客户身份事先经过银行的严格审查和认定，整个交易过程又是在严格的监控下进行的，因而客户的身份检验相应简单些。通常是通过设置口令来识别客户。在零售银行业务中，一般通过给每个持卡人设置个人识别码（PIN）来检验持卡人的合法性。随着互联网的发展和计算机犯罪技术的提高，大量的网上黑客资源可提供各种破解、拦截和猜测密码的工具，光采用传统的口令控制技术就不够安全了。于是，人们研究、利用人体生物特征如容貌、声音、虹膜、指纹、掌纹、DNA 等识别技术来验证客户的身份。

网上金融是通过开放的互联网进行金融交易的，互不认识的通信双方要取得信任，必须进行双向身份认证；为了使通信的双方能建立临时的信任环境，必须采用基于 PKI（公钥基础设施）技术的安全识别协议和安全认证机制。

除了要验明用户身份、防止非授权用户访问系统外，还要验明用户权限，防止合法用户进行非授权存取和越权使用系统资源。

四、软件控制

软件的安全性必须足以抵御外来的攻击。软件的开发和维护都必须保证软件的可靠性。软件控制包括：

（1）系统软件控制。近代在不停顿系统和防火墙服务器上采用的操作系统，都增加了不少系统安全维护功能。数据库管理系统也提供许多控制功能，包括数据安全性控制、数据完整性控制、数据一致性和并发控制、数据库的恢复等，必须充分发挥这些系统软件的控制功能来提高电子银行的安全性。

（2）程序内部控制。程序内部应有安全约束功能。例如，应用程序应有检查数据输入、保证正确输出结果的控制措施。

（3）开发专门的安全监控软件。在面临信息犯罪、信息战威胁的严峻形势下，构造集保护、监测、反应为一体的动态自适应的金融安全监控体系是极为重要的。安全监控软件是与应用软件并发运行的。它以整个系统为出发点，监控系统内的每个角落，对系统进行动态实时扫描，及时发现安全漏洞并采取有效的补救措施，不让任何不安全的因素存在，以弥补软硬件系统在安全上的不足，协助建立更加安全可靠的环境。在各类安全监控软件中，防火墙和网络管理软件最重要。防火墙是保护本地系统和网络、避免来自 Internet 的安全威胁的一种有效手段。网络管理软件通过协调和调度网络资源，对网络进行配置管理、故障管理、性能管理、安全管理和计费管理等，使网络能可靠、安全和高效地运行。

(4) 电子金融的经营风险管理软件。经营风险管理软件可有效地降低金融企业的经营风险，提高企业的经济效益，保证企业的资金安全。

软件控制会影响用户同计算机系统打交道的方式，因此，软件控制在设计上既要功能齐全又要使用方便。

五、硬件控制

在计算机系统安全中，硬件安全设备（如加密硬设备、电子门卫设备等）主要起辅助作用。

六、物理控制

物理控制用于确保系统内所有计算机、通信设备、通信线路和机房环境等的物理安全。它常常是花费最少、最简单，又是最有效的控制方法。物理控制的内容很多，如房门上锁、设岗哨、将重要的软件和数据定期进行备份、选择自然灾害少的物理地点建计算机中心等，都属于物理控制。电子银行中的关键设备和通信线路必须有备份，关键的交换中心应该建有备份中心。在研究安全措施时，忽略简单的物理控制方法，而去寻找复杂的控制方法，显然是不正确的。

七、稽核控制

对电子银行的稽核控制，是对任何实体在电子银行系统中的操作都要记录下每项操作的属性，这些记录必须保留必要的时限，以备日后审查。

八、规章管理制度

有效的规章制度和一体化的安全管理，是确保上述各种控制方法得以正确实施的保证。如果没有有效的规章管理制度，就无法有效地实施系统内部的安全策略，即使有再好的安全控制方法和手段也是无济于事的。与此相反，如果规章制度中有频繁改变口令等诸如此类的规定时，就能有效地达到安全控制的目的，而又无须花费多少开销。

九、法律和伦理道德控制

除了上述各种因素外，法律和伦理道德控制也是计算机安全的重要组成部分。计算机技术日新月异，而法律很少发生变化。因此，计算机领域的法律保护是不会严密的。在计算机伦理学领域，许多概念是模糊的，因此需要制定计算机专业人员伦理道德规范。在这些伦理道德规范被制定出来和生效之前，需要在国际社会和公众中广泛宣传什么样的行为是道德的，什么样的行为是不道德的。

第四节 数据加密技术

在计算机网络用户之间进行通信时，为了保护信息不被第三方窃取，必须采用各种方法对数据进行加密。最常用的方法就是对称密钥加密方法和非对称密钥加密方法。

一、对称密钥加密技术

原理：信息发送方用一个密钥对要发送的数据进行加密，信息的接收方能用同样的密钥解密，而且只能用这一密钥解密。由于这对密钥不能被第三方知道，所以叫做私有密钥加密方法。由于双方所用加密和解密的密钥相同，所以又叫做对称密钥加密法。最常用的对称密钥加密法叫做 DES（Data Encryption Standard）算法。

甲、乙两公司之间进行通信，每个公司都持有共同的密钥，甲公司要向乙公司订购钢材，用此共用的密钥加密，发给乙公司，乙公司收到后，同样用这一共用密钥解密，就可以得到这一份订购单。

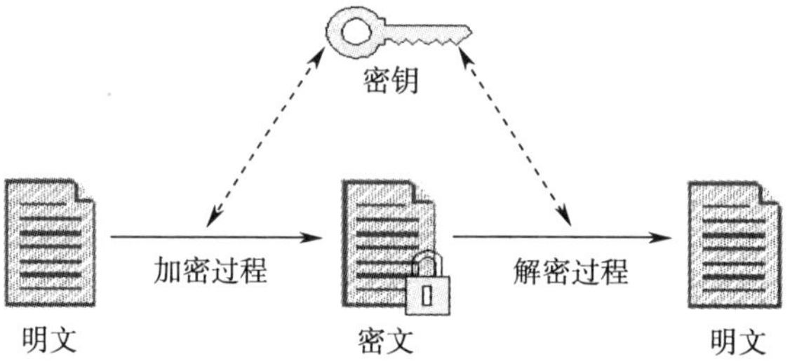

图 7－1　对称密钥加密示意图

由于对称密钥加密法需要在通信双方之间约定密钥，一方生成密钥后，要通过独立的安全的通道送给另一方，然后才能开始进行通信。

这种加密方法在专用网络中使用效果较好，并且速度快。因为通信各方相对固定，可预先约定好密钥。

银行内部专用网络传送数据一般都采用 DES 算法加密，比如传送某网络支付方式用的密码。军事指挥网络上一般也常用这种对称密钥加密法。

但是，与多人通信时，需要太多的密钥，由于电子商务是面向千千万万客户的，有时不可能给每一对用户配置一把密钥，所以电子商务只靠这种加密方式是不行的。在公开网络中，如在 Internet 上，用对称密钥加密法传送交易信息，就会发生困难。比如，一个商户想在 Internet 上同几百万个用户安全地进行交易，每一位用户都要由此商户分配一个特定的密钥并通过独立的安全通道传送，密钥数巨大，这几乎是不可能的，这就必须采用公开密钥加密法（Public－key Cryptography）。

二、非对称密钥加密技术

公开密钥加密法的加密和解密所用的密钥不同，所以叫非对称（Asymmetric Cryptography）密钥加密技术。

原理：共用两个密钥，在数学上相关，称做密钥对。用密钥对中任何一个密钥加密，可以用另一个密钥解密，而且只能用此密钥对中的另一个密钥解密。

商家采用某种算法（密钥生成程序）生成了这两个密钥后，将其中一个保存好，叫做私人密钥（Private Key），将另一个密钥公开散发出去，叫做公开密钥（Public Key）。任何一个收到公开密钥的客户，都可以用此公开密钥加密信息，发送给这个商家，这些信息只能被这个商家的私人密钥解密。只要商家没有将私人密钥泄露给别人，就能保证发送的信息只能被这位商家收到（定点加密通信）。

公开密钥加密法的算法原理是完全公开的，加密的关键是密钥，用户只要保存好自己的私人密钥，就不怕泄密。著名的公开密钥加密法是 RSA 算法。RSA 公钥加密算法是 1977 年由 Ron Rivest、Adi Shamirh 和 Len Adleman 在美国麻省理工学院开发的。RSA 取名来自开发他们三者的名字。

RSA 加密算法的安全性能与密钥的长度有关，长度越长越难解密。在用于网络支付安全的 SET 系统中使用的密钥长度为 1 024 位和 2 048 位。据专家测算，攻破 512 位密钥 RSA 算法大约需要 8 个月时间，而一个 768 位密钥的 RSA 算法在 2004 年之前是无法攻破的。现在，在技术上还无法预测攻破具有 2 048 位密钥的 RSA 加密算法需要多少时间。美国 LOTUS 公司悬赏 1 亿美元，奖励能破译其 DOMINO 产品中 1 024 位密钥的 RSA 算法的人。但公开密钥加密法比对称密钥加密法速度慢很多。

非对称密钥加密法是后面要讲的数字签名手段的技术基础之一，可以用来解决在电子商务的网络支付结算中“防抵赖”、“认证支付行为”，这可以从下面对公开密钥加密的作用看出来，如图 7 – 2 所示。

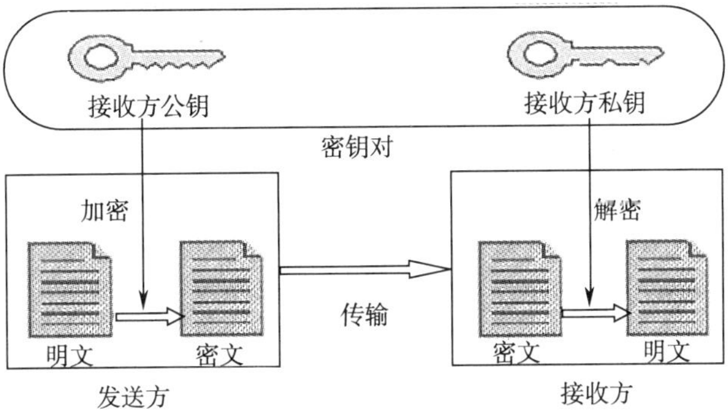

图 7 – 2　非对称密钥加密技术示意图

非对称密钥加密的作用：两位用户之间要互相交换信息，需要各自生成一对密钥，将其中的私人密钥保存好，将公开密钥发给对方。交换信息时，发送方用接收方的公开密钥对信息加密，只能用接收方的私人密钥解密。他们之间可以在无保障的公开网络中传送消息，而不用担心消息被别人窃取。

三、数字信封技术

对称密钥加密技术和非对称密钥加密技术各有优缺点，如表 7 – 1 所示。

表 7-1 对称密钥加密技术和非对称密钥加密技术特性比较

特性	对称密钥加密技术	非对称密钥加密技术
密钥的数目	单一密钥	密钥是成对的
密钥种类	密钥是秘密的	一个私有、一个公开
密钥管理	简单，不好管理	需要数字证书及可靠第三者
相对速度	非常快	慢
用途	用来做大量资料的加密	用来做加密小文件或对信息签字等不太严格保密的应用

非对称（公开）密钥的强大的加密功能使它具有比对称密钥更大的优越性。但是，由于非对称密钥加密比对称密钥加密速度慢得多，在加密数据量大的信息时，要花费很长时间。而对称密钥在加密速度方面具有很大优势。所以，在网络交易中，对信息的加密往往同时采用两种加密方式，将两者结合起来使用，这就是数字信封技术。

数字信封（Digital Envelope）的原理：对需传送的信息（如电子合同、支付指令）的加密采用对称密钥加密法，但密钥不先由双方约定，而是在加密前由发送方随机产生。用此随机产生的对称密钥对信息进行加密，然后将此对称密钥用接收方的公开密钥加密，准备定点加密发送给接收方。这就好比用“信封”封装起来，所以称做数字信封（封装的是里面的对称密钥），如图 7-3 所示。

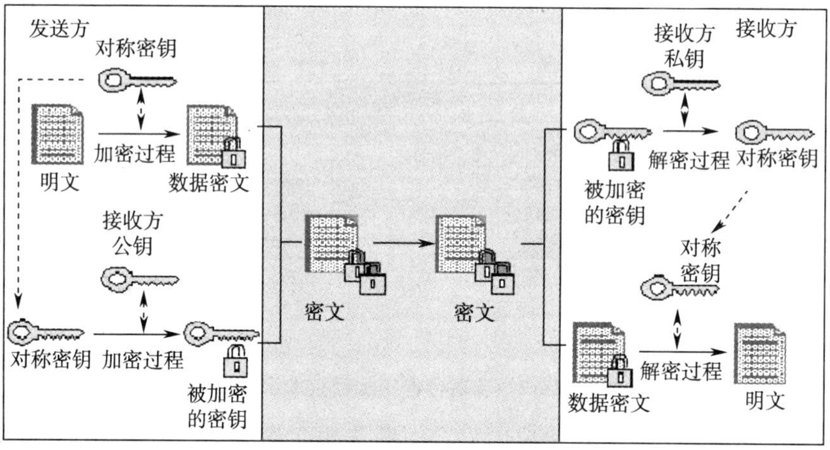

图 7-3 数字信封技术示意图

接收方收到信息后，用自己的私人密钥解密，打开数字信封，取出随机产生的对称密钥，用此对称密钥再对所收到的密文解密，得到原来的信息。因为数字信封是用信息接收方的公开密钥加密的，只能用接收方的私人密钥解密打开，别人无法得到信封中的对称密钥，也就保证了信息的安全，同时又提高了速度。

在使用对称密钥加密时，密钥的传递以及密钥的更换都是问题。采用数字信封的方式，对称密钥通过接收方的公开密钥加密后传给对方，可以保证密钥传递的安全。而且此对称密钥每次由发送方随机生成，每次都在更换，更增加了安全性。一些重要的短小信息，比如银行账号、密码等都可以采取数字信封传送。

数字信封技术在外层使用公开密钥技术，可以充分发挥公开密钥加密技术安全性高的优势，而内层的私人密钥长度较短，用公开密钥加密长度较小的密钥可以尽可能地规避公开密钥技术速度慢的弊端。由于数字信封技术结合了公开密钥加密技术和私人密钥加密技术的优点，同时摒弃了它们的缺点，因而在实践中获得了广泛的应用。

第五节 数字摘要与数字签名

一、数字摘要

通信双方在互相传送消息时，不仅要对数据进行保密，不让第三者知道，还要能够知道数据在传输过程中没有被别人改变，也就是要保证数据的完整性。

数字摘要的原理：采用的方法是用某种算法对被传送的数据生成一个完整性值，将此完整性值与原始数据一起传送给接收方，接收方用此完整性值来检验消息在传送过程中有没有发生改变。这个值是由原始数据通过某一加密算法产生的一个特殊的数字信息串，比原始数据短小，能代表原始数据，所以称做数字摘要（Digital Digest）。

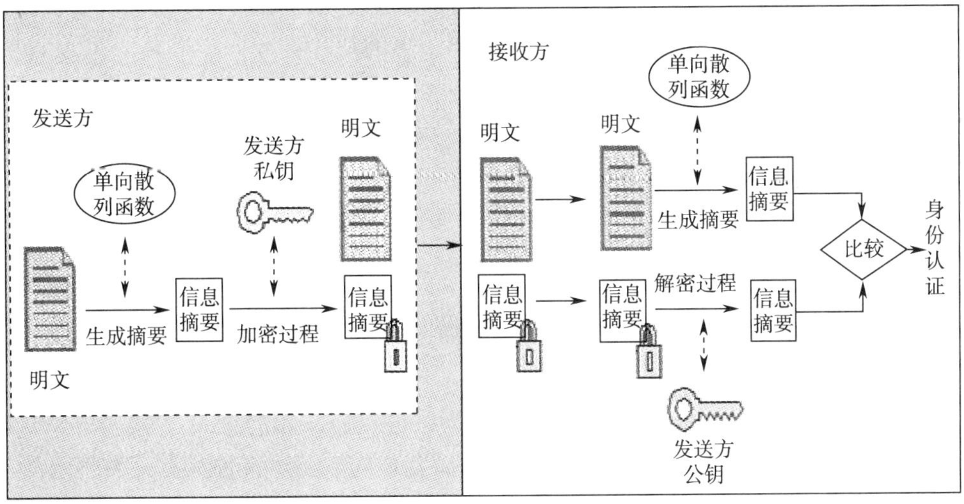

图 7－4 数字摘要技术示意图

要求：第一，生成数字摘要的算法必须是一个公开的算法，数据交换的双方可以用同一算法对原始数据经计算而生成的数字摘要进行验证。第二，算法必须是一个单向算法，就是只能通过此算法从原始数据计算出数字摘要，而不能通过数字摘要得到原始数据。第三，不同的两条信息不能得到相同的数字摘要。

由于每个信息数据都有自己特定的数字摘要，就像每个人的指纹一样，所以，数字摘要又称做数字指纹或数字手印（Thumbprint）。就像可以通过指纹来确定是某人一样，可以通过数字指纹来确定所代表的数据。

常用算法：如 RSA 公司提出的 MD5（128 位），还有 SHA1 等。由于常采用的是一种 Hash 函数算法，也称 Hash（散列）编码法。

MD5（128 位）编码法采用单向 Hash 函数将需加密的明文摘要成一串 128bit 的密文。

Hash 算法本身并不能完全保证数据的完整性，还必须与其他密码或密钥结合起来使用才能保证。因为 Hash 算法是公开的，如果某人改变了传送的消息，可以很容易地同时改变由 Hash 算法生成的数字摘要。单用数字摘要显然无法保证数据的完整性，而必须将数字摘要保护起来，使别人无法伪造。

在 SET 系统中是将数字摘要用发送方的私人密钥加密，产生数字签名来保证数据的完整性。接收方收到加了密的数字摘要，只能用发送方的公开密钥解密，如果可以确信这个数字摘要是发送方发来的，就可以用此数字摘要来验证所收到的信息的完整性。

二、数字签名

为了保证网络支付中的不可否认性，必须具有数字签名技术，比如“电子支票上的签名认证”。

数字签名及原理：Digital Signature，就是指利用数字加密技术实现在网络传送信息文件时，附加个人标记，完成传统手书签名或印章的作用，以表示确认、负责、经手、真实等；或数字签名就是在要发送的信息上附加一小段只有信息发送方才能产生而别人无法伪造的特殊数据（个人标记），而且这段数据是原信息数据加密转换生成的，用来证明信息是由发送方发来的。在网络支付 SET 机制中是用发送方的私人密钥对用 Hash 算法处理原始信息后生成的数字摘要加密，附加在原始信息上，生成数字签名。数字签名 = 信件发送方私人密钥加密［Hash（信件）］。

数字签名的作用与传统签名作用一样：

（1）如果接收方可以用签名者的公钥正确地解开数字签名，则表示数字签名的确是由签名者产生（公开密钥加密法应用）。

（2）如果发送方对信息 M 计算出的数字摘要 h（M），和信息 M 的接收方从接收到的信息 M′计算出散列值 h（M′），这两种信息摘要相同，表示文件具有完整性（数字摘要法的应用）。

数字签名可以解决下述安全鉴别问题：

（1）接收方伪造：接收方伪造一份文件，并声称这是发送方发送的付款单据等。

（2）发送方或接收方否认：发送方或接收方事后不承认自己曾经发送或接收过支付单据。

（3）第三方冒充：网上的第三方用户冒充发送或接收信息如信用卡密码。

（4）接收方篡改：接收方对收到的文件如支付金额进行改动。

数字签名与手书签名的区别在于：手书签名（包括盖章）是模拟的，因人而异，即使同一个人也有细微差别，比较容易伪造，要区别是否是伪造，往往需要特殊专家。而数字签名是0和1的数字串，极难伪造，要区别是否为伪造，不需专家。对不同的信息数字指纹，即使是同一人，其数字签名也是不同的。这样就实现了文件与签署的最紧密的“捆绑”，更加可靠。

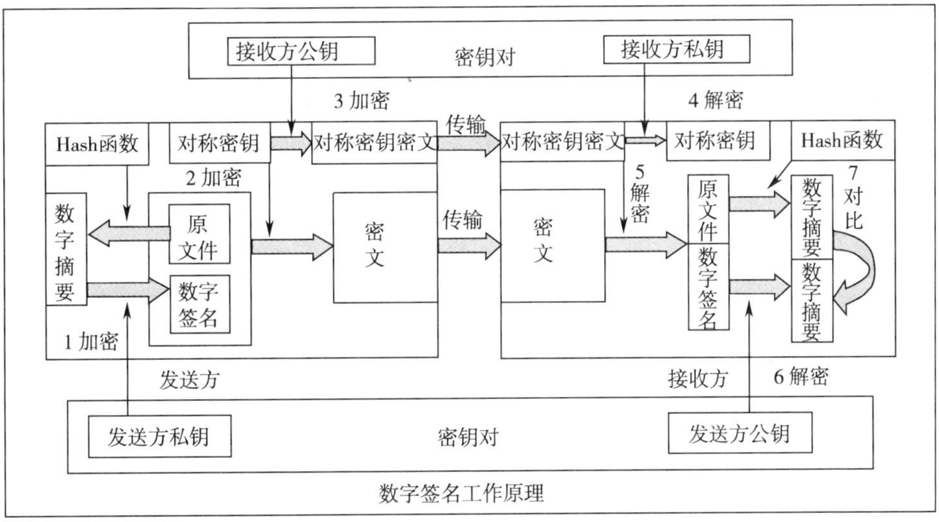

图7－5 数字签名技术示意图

第六节 数字证书与认证中心

一、公开密钥基础设施PKI

为了解决Internet的安全问题，世界各国对其进行了多年的研究，初步形成了一套完整的Internet安全解决方案，目前，通用的办法是采用基于PKI（Public Key Infrastructure，公钥基础设施）结构结合数字证书，通过把要传输的数字信息进行加密，保证信息传输的保密性、完整性，签名保证身份的真实性和抗抵赖。

所谓PKI就是一个用公钥概念和技术实施与提供安全服务的具有普适性的安全基础设施。完整的PKI包括认证政策的制定（包括遵循的技术标准、各CA之间的上下级或同级关系、安全策略、安全程度、服务对象、管理原则和框架等）、认证规则、运作制度的制定、所涉及的各方法律关系内容以及技术的实现等。公开密钥加密技术是PKI的关键技术，数字证书及CA是PKI的核心，关于公开密钥的安全策略（主要是安全协议）则是网络支付与结算安全的保障。

二、数字证书

为了保证互联网上电子商务环境的安全性（保密性、真实完整性和不可否认性），防范信息传递以及交易过程中的欺诈行为，除了在信息传输过程中采用更强的加密算法等措施之外，还必须在网上建立一种信任及信任验证机制，使交易及支付各方能够确认其他各方的身份，这就要求参加电子商务的各方必须有一个可以被验证的身份标识，即数字证书。数字证书是各类实体（个人/持卡人、企业/商户、银行/网关等）在网上进行信息交流及商务活动的身份证明。在电子交易的各个环节，交易的各方都须验证对方数字证书的有效性，从而解决相互间的信任问题。认证中心作为权威的、可信赖的、公正的第三方信任机构，专门负责为电子商务环境中各种认证需求提供证书服务，包括电子商务、网上银行、支付系统和管理信息系统等，为参与网上交易的各方提供安全的基础，建立彼此信任的机制。

数字证书就是标志网络用户身份信息的一系列数据，用来在网络通信中识别通信各方的身份，即要在 Internet 上解决“我是谁”的问题，就如同现实生活中我们每一个人都要拥有一张身份证或驾驶执照来证明身份一样，以表明我们的身份或某种资格。

数字证书是由权威公正的第三方机构即 CA 中心签发的，以数字证书为核心的加密技术可以对网络上传输的信息进行加密和解密、数字签名和签名验证，确保网上传递信息的机密性、完整性，以及交易实体身份的真实性，签名信息的不可否认性，从而保障网络应用的安全性。

（一）数字证书的内容

数字证书主要包括以下内容：

◆ 版本信息：它用来区别 X. 509 的各种连续的版本。默认值是 1988 年版本。

◆ 证书序列号：序列号是一个整数值，在发行的证书颁发机构中是唯一的。序列号与证书有明确联系，就像身份证号码和公民日常登记有明确联系一样。

◆ CA 所使用的签名算法：算法识别符识别证书颁发机构用来签署证书的算法。证书颁发机构使用它的私钥对每个证书进行签名。

◆ 发行者或证书颁发机构：证书颁发机构是创建这个证书的机构。

◆ 证书的有效期限：提供证书有效的起止日期，类似于信用卡的期限。

◆ 证书主题名称：证书对他的身份进行验证。

◆ 公钥信息：为证书识别的主体提供公钥和算法识别符。

◆ 签名：证书签名覆盖了证书的所有其他字段。签名是其他字段的 Hash 代码，使用证书颁发机构的私钥进行加密，保证整个证书中信息的完整性。如果有人使用了证书颁发机构的公钥来解密这个 Hash 代码，同时计算了证书的 Hash 代码，而两者并不相同，那么证书的某一部分就肯定被非法更改了。

（二）数字证书类型

数字证书作为一个经证书认证机构（CA）数字签名的包含用户身份信息以及公开

密钥信息的电子文件，是各实体（消费者、商户/企业、银行等）在网上进行信息交流及商务活动的电子身份证。证书可用于安全电子邮件、网上缴费、网上炒股、网上招标、网上购物、网上企业购销、网上办公等安全电子商务活动。

1. 证书种类按照级别可以分为：

◆ 根 CA：例如，C 证书是由名称为 B 的 CA 签发的，而 B 的证书又是由名称为 A 的 CA 签发的，A 是权威机构，则 A 为根 CA，即 Root CA。

◆ 政策 CA：表明政策合同的身份证明证书。

◆ 运营 CA：各级运营商的身份认证，如世界著名的专业认证中心 VeriSign 的下级分支机构的证书。

2. 对于最终用户，按照证书的功能不同，证书有不同的分类：

◆ 企业高级证书：适用于企业做金额较大时的 B2B 网上交易，安全级别较高，可用于数字签名和信息加密。

◆ 企业普通证书：适用于企业用户用于 SSL 以及建立在 SSL 之上的应用，它的安全级别较低，建议用于金额较小的网上交易。

◆ 个人高级证书：适用于个人作金额较大的网上交易，安全级别较高，可用于数字签名和信息加密。

◆ 个人普通证书：适用于个人用户用于 SSL 以及建立在 SSL 之上的应用，它的安全级别较低，建议用于小额的网上银行和网上购物。

◆ Web Server 证书：适用于站点服务器提供金额较小的 B2C 网上交易，若一个网站要提供 B2B 交易时，应申请 Direct Server 证书，并配合 Direct Server 软件来保证它的安全性。

◆ Direct Server 证书：用于数字签名和信息加密。Direct Server 证书主要用于企业从事 B2B 交易时对 Web Server 的保护使用。

（三）数字证书流程

通过使用免费数字证书，我们可以了解专业数字证书的相关技术。获得免费数字证书的方法有很多，目前国内有很多 CA 中心提供试用型数字证书，其申请过程在网上即时完成，并可以免费使用。下面提供一个比较好的站点，申请地址为 https：//www.ca 365. com/。

登录后，点击“用表格申请证书”实现证书申请（见图 7 -6）。特别强调，注意只有安装了根证书（证书链）的计算机，才能完成后面的申请步骤和正常使用读者在 CA 中心申请的数字证书。

下载数字证书并成功安装（见图 7 -7）。通过微软的 IE 浏览器自带一个数字证书管理器，可以查看数字证书。首先打开 Internet Explorer，在 Internet Explorer 的菜单上，单击“工具”菜单中的“Internet 选项”；选取“内容”选项卡，点击“证书”按钮来查看读者信任的当前证书的列表（见图 7 -8）。

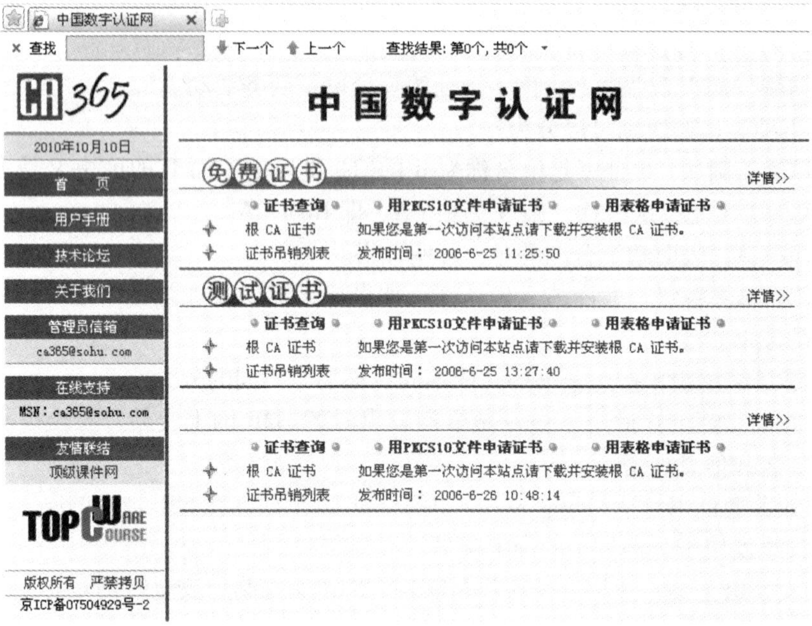

图7－6　数字证书申请

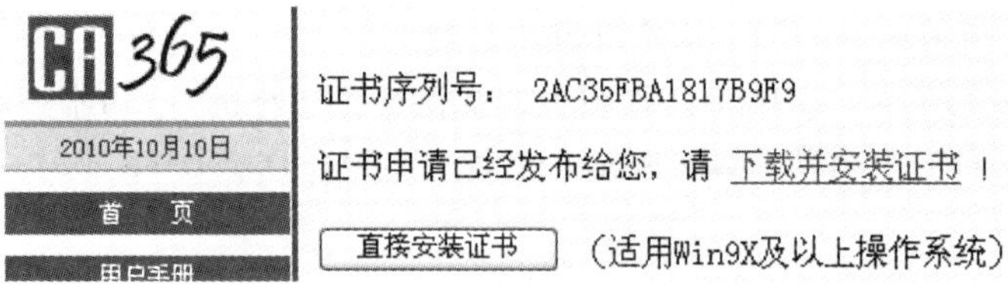

图7－7　获得数字证书

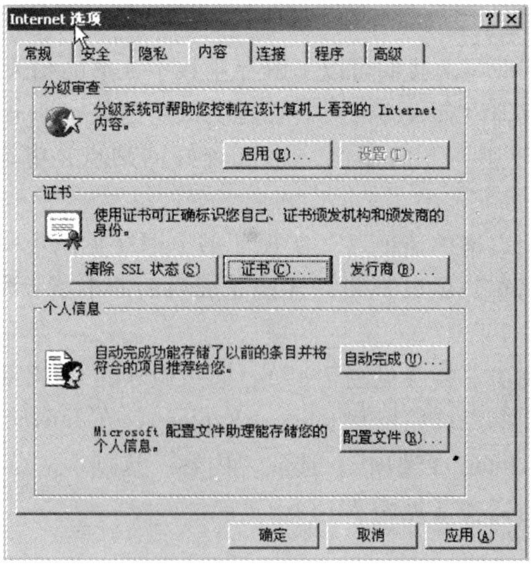

图7－8　在IE中查找数字证书

点击“个人”选项卡可以查看读者已经申请的个人数字证书，图 7－9 所示的是申请的免费数字证书，读者可以参考。

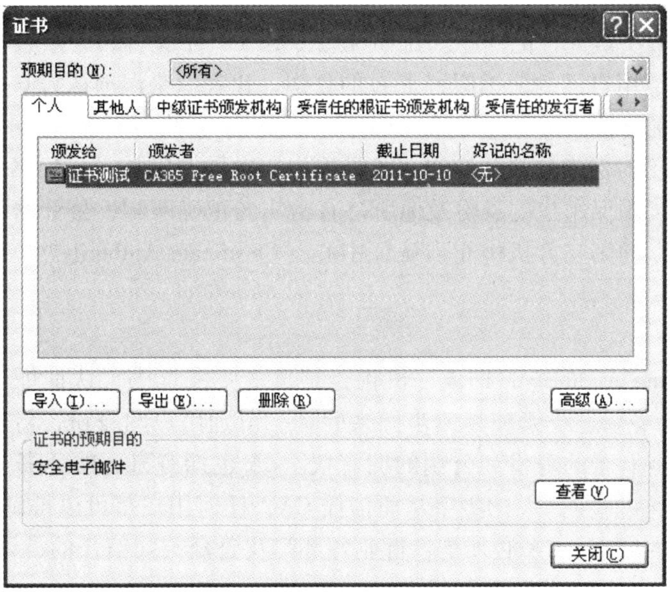

图 7－9 查看个人数字证书

选定读者要查看的个人数字证书，然后单击“查看”按钮，可以查看证书的详细信息。图 7－10 所示的是一个数字证书的详细信息列表。

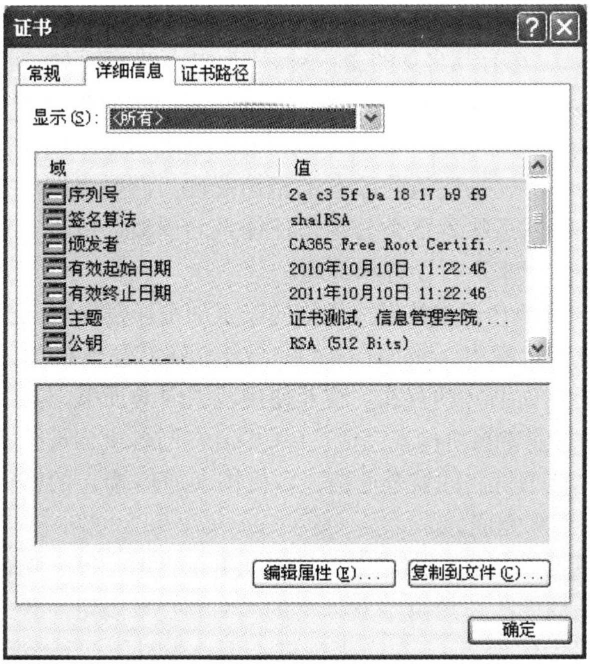

图 7－10 个人数字证书信息

三、CA 中心

非对称公开密钥加密技术有效解决了数据的保密性、完整性，防止篡改性和防止抵赖性，但是没有解决认证性的问题。比如说想传给 A 一个文件，开始查找 A 的公钥，但是 B 从中捣乱，他用自己的公钥假冒了 A 的公钥，让我们错误地认为 B 的公钥就是 A 的公钥，导致我们最终使用 B 的公钥加密文件，结果 A 无法打开文件，而 B 可以打开文件，这样 B 实现了对保密信息的窃取。可见采用非对称密码技术，仍然不能解决所有的安全性问题。为了确保用户的身份及他所持有密钥的正确匹配，公开密钥系统需要一个值得信赖而且独立的第三方机构充当认证中心（Certificate Authority，CA），来确认公钥拥有人的真正身份。

（一）认证中心

CA（Certificate Authority）即认证机构，是负责签发证书、认证证书，管理已颁发证书的机构。CA 要制定政策和具体步骤来验证、识别用户的身份，对用户证书进行签名，以确保证书持有者的身份和公钥的拥有权。CA 也拥有自己的证书（内含公钥）和私钥，网上用户通过验证 CA 的签字从而信任 CA，任何用户都可以得到 CA 的证书，用以验证它所签发的证书。CA 必须是各行业各部门及公众共同信任的、认可的、权威的、不参与交易的第三方网上身份认证机构。

（二）认证中心 CA 的功能

概括地说，认证中心（CA）的功能有：证书发放、证书更新、证书撤销和证书验证。认证中心的作用如下：

1. 自身密钥的产生、存储、备份/恢复、归档和销毁。从根 CA 开始到直接给客户发放证书的各层次 CA，都有其自身的密钥对。CA 中心的密钥对一般由硬件加密服务器在机器内直接产生，并存储于加密硬件内，或以一定的加密形式存放于密钥数据库内。加密备份于 IC 卡或其他存储介质中，并以高等级的物理安全措施保护起来。密钥的销毁要以安全的密钥重写标准，彻底清除原有的密钥痕迹。需要强调的是，根 CA 密钥的安全性至关重要，它的泄露意味着整个公钥信任体系的崩溃，所以 CA 的密钥保护必须按照最高安全级的保护方式来进行设置和管理。

2. 为认证中心与各地注册审核发放机构的安全加密通信提供安全密钥管理服务。在客户证书的生成与发放过程中，除了有 CA 中心外，还有注册机构、审核机构和发放机构（对于有外部介质的证书）的存在。行业使用范围内的证书，其证书的审批控制，可由独立于 CA 中心的行业审核机构来完成。CA 中心在与各机构进行安全通信时，可采用多种手段。对于使用证书机制的安全通信，各机构（通信端）的密钥产生、发放与管理维护，都可由 CA 中心来完成。

3. 确定客户密钥生存周期，实施密钥吊销和更新管理。每一张客户公钥证书都会有有效期，密钥对生命周期的长短由签发证书的 CA 中心来确定。各 CA 系统的证书有效期限有所不同，一般大约为 2 ~ 3 年。密钥更新不外为以下两种情况：密钥对到期、密钥泄露后需要启用新的密钥对（证书吊销）。密钥对到期时，客户一般事先非常清楚，可以采用重新申请的方式实施更新。采用证书的公钥吊销，是通过吊销公钥证书来实现的。公钥证书的吊销来自于两个方向，一个是上级的主动吊销，另一个是下级主动申请证书的吊销。当上级 CA 对下级 CA 不能信赖时（如上级发现下级 CA 的私钥有泄露的可能），它可以主动停止下级 CA 公钥证书的合法使用。当客户发现自己的私钥泄露时，也可主动申请公钥证书的吊销，防止其他客户继续使用该公钥来加密重要信息，而使非法客户有盗取机密的可能。一般而言，在电子商务实际应用中，可能会较少出现私钥泄露的情况，多数情况是由于某个客户由于组织变动而调离该单位，需要提前吊销代表企业身份的该客户的证书。

4. 提供密钥生成和分发服务。CA 中心可为客户提供密钥对的生成服务，它采用集中或分布式的方式进行。在集中的情形下，CA 中心可使用硬件加密服务器，为多个客户申请成批的生成密钥对，然后采用安全的信道分发给客户。也可由多个注册机构（RA）分布生成客户密钥对并分发给客户。

5. 提供密钥托管和密钥恢复服务。CA 中心可根据客户的要求提供密钥托管服务，备份和管理客户的加密密钥对。当客户需要时可以从密钥库中提出客户的加密密钥对，为客户恢复其加密密钥对，以解开先前加密的信息。这种情形下，CA 中心的密钥管理器，采用对称加密方式对各个客户私钥进行加密，密钥加密密钥在加密后即销毁，保证了私钥存储的安全性。密钥恢复时，采用相应的密钥恢复模块进行解密，以保证客户的私钥在恢复时没有任何风险和不安全因素。同时，CA 中心也应有一套备份库，避免密钥数据库的意外毁坏而无法恢复客户私钥。

6. 其他密钥生成和管理、密码运算功能。CA 中心在自身密钥和客户密钥管理方面的特殊地位和作用，决定了它具有主密钥、多级密钥、加密密钥等多种密钥的生成和管理功能。

对于为客户提供公钥信任、管理和维护整个电子商务密码体系的 CA 中心来讲，其密钥管理工作是一项十分复杂的任务，它涉及 CA 中心自身的各个安全区域和部件、注册审核机构以及客户端的安全和密码管理策略。

（三）CA 的结构

为了做到上述六点，必须架构一个基于 PKI 的对参与成员进行认证的体系，如图 7－11所示。

如图 7－11 所示，认证是采用层级式的架构，而无论是付款人、收款人或收单银行都需要经过认证才能参与交易。如果甲想和乙通信，他首先必须从数据库中取得乙的证书，然后对它进行验证。如果他们使用相同的 CA，事情就很简单，甲只需验证乙证书上 CA 的签名；如果他们使用不同的 CA，问题就复杂了，甲必须从 CA 的树形结构底部开始，从底层 CA 往上层 CA 查询，一直追踪到同一个 CA 为止，找出共同信任的 CA。

图 7－11 中的地区政策认证中心并不一定存在，品牌认证中心可能直接认证付款人、收款人及金融机构。

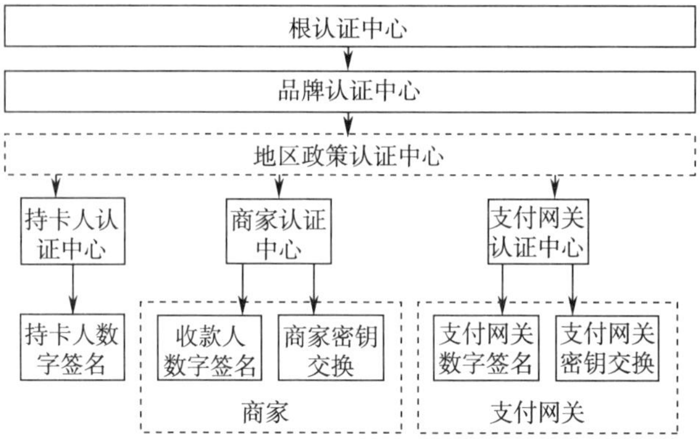

图7－11 认证中心的结构示意图

第七节 网络支付安全协议

随着电子商务的不断发展，网上交易系统、网上银行等的安全问题越来越重要了。为了保证在线支付、在线交易的安全，近年来IT业界和金融行业的人员一起，共同开发和推出了许多有效的安全协议，如安全超文本传输协议（S－HTTP）、安全多功能因特网电子邮件扩充协议（S－MIME）、安全交易技术协议（STT）、安全套接层协议SSL（Secure Sockets Layer）、安全电子交易（SET）协议等来确保电子商务的安全。最常用的是SET和SSL两个协议。本节主要介绍这两个协议。

一、SET协议机制

SET协议是VISA、Master Card等国际信用卡组织会同一些计算机供应商，联合开发的安全电子交易（Secure Electronic Transaction）协议。SET协议为在Internet上安全地进行交易提出了一整套完整的方案，特别是采用数字证书的方法，用数字证书来证实在网上购物的确实是持卡人本人，以及向持卡人销售商品并收钱的各方，包括持卡人、商户、银行等，即涉及整个支付过程的安全。

（一）SET协议要达到的目标主要有五个

（1）保证电子商务参与者信息的相互隔离，客户的资料加密或打包后经过商家到达银行，但是商家不能看到客户的账户和密码信息；

（2）保证信息在Internet上安全传输，防止数据被第三方窃取；

（3）解决多方认证问题，不仅要对消费者的信用卡认证，而且要对在线商店的信誉程度认证，同时还有消费者、在线商店与银行间的认证；

（4）保证了网上交易的实时性，使所有的支付过程都是在线的；

（5）规范协议和信息格式，促使不同厂家开发的软件具有兼容性和互操作功能，并且可以运行在不同的硬件和操作系统平台上。

（二）SET交易系统架构

1. 持卡人（Card Holder）：在SET协议中将购物者称为持卡人。持卡人要参加SET交易，必须要拥有上网的计算机，还必须到发卡银行申请，并取得一套SET交易专用的持卡人软件，这套软件一般都称为电子钱包软件。软件安装好后的第一件事，就是上网去向数字证书认证中心（简称CA）申请一张数字证书。有了数字证书，持卡人就可以开始安全地进行网上支付了。

2. 商户（Merchant）：参加SET交易的另一方就是商户。商户要参与SET交易，首先必须开设网上商店（电子商务网站），在网上提供商品或服务，让顾客来购买或得到服务。商户的网上商店必须集成SET交易商户软件，顾客在网上购物时，由网上商店提供服务，购物结束进行支付时，由SET交易商户软件进行服务。与持卡人一样，商户也必须先到银行进行申请，但不是到发卡银行，而是到接收网上支付业务的收单银行申请，而且必须在该银行设立账户。在开始交易之前，也必须先上网申请一张数字证书。

3. 支付网关（Payment Gateway）：为了能接收从因特网上传来的支付信息，在银行与因特网之间必须有一个专用系统，接收处理从商户传来的扣款信息，并通过专线传送给银行；银行对支付信息的处理结果再通过这个专用系统反馈回商户。这个专用系统就称为支付网关。与持卡人和商户一样，支付网关也必须去指定的CA机构申请一张数字证书，才能参与SET交易活动。银行可以委托第三方担任网上交易的支付网关。

4. 收单银行（Acquirer）：商户要参加SET交易，必须在参加SET交易的收单银行建立账户。收单银行虽然不属于SET交易的直接组成部分，但却是完成交易的必要的参与方。网关接收到商户送来的SET支付请求后，要将支付请求转交给收单银行，进行银行系统内部的联网支付处理工作，这部分工作与因特网无关，属于传统的信用卡受理工作。

5. 发卡银行（Issuer）：扣款请求最后必须通过银行专用网络（对VISA国际卡则通过VISANET）经收单银行传送到持卡人的发卡银行，进行授权和扣款。同收单银行一样，发卡银行也不属于SET交易的直接组成部分，且同样是完成交易的必要的参与方。持卡人要参加SET交易，发卡银行必须要参加SET交易。SET系统的持卡人软件（如电子钱包软件）一般是从发卡银行获得的，持卡人要申请数字证书，也必须先由发卡银行批准，才能从CA得到。

数字证书认证中心CA：参与SET交易的各方，包括网关、商户、持卡人，在参加交易前必须到数字证书认证中心CA申请数字证书，在证书到期时，还必须去CA进行证书更新，重新领一张新的证书。

（三）SET协议的作用

安全电子交易的目的是提供信息的保密性，确保付款的完整性和能对商家及持卡人进行身份验证（Authentication），通过SET机制可以做到：

◆ 对付款信息及订单信息能个别保密；

◆ 能确保所有传送信息的完整性；
◆ 能验证付款人是信用卡的合法使用者；
◆ 能验证商家是该信用卡的合法特约商家；
◆ 建立一个协议，该协议不是依赖传输安全机制；
◆ 能在不同平台上及不同网络系统上使用。

当利用信用卡进行 SET 在线支付时，需要在客户端上安装一个特殊的客户端软件配合信用卡的运用才行。这个特殊的客户端软件通常称为电子钱包客户端软件，所以基于 SET 协议的信用卡支付模式本质上属于电子钱包网络支付模式。

（四）SET 交易流程

图 7－12 为简单的 SET 系统示意图。持卡人、商户、网关通过因特网进行交易，网关通过专线与收单银行之间传递交易信息，收单银行与发卡银行通过银行专用网络传递交易信息，CA 通过因特网向持卡人、商户、网关发放证书，并通过专用网络与收单银行、发卡银行建立联系，进行证书发放的身份认定工作。SET 安全协议的工作原理主要包括以下 9 个步骤

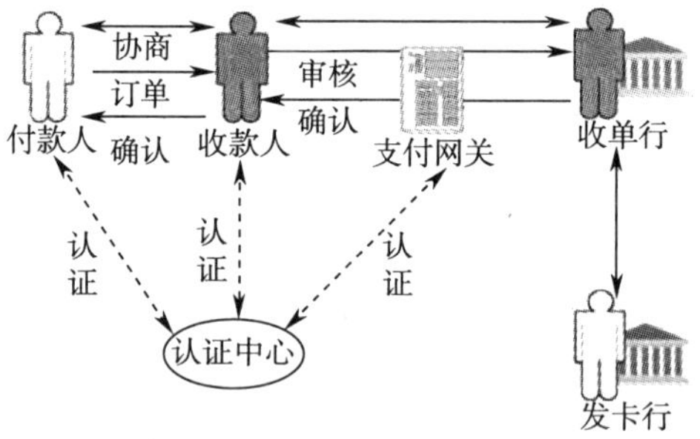

图 7－12　信用卡在线支付 SET 模式工作流程

（1）付款人在发卡行柜台办理应用 SET 在线支付的信用卡；收款人（商家）与收单行签订相关结算合同，得到商家服务器端的 SET 支持软件，并安装。

（2）付款人从银行网站下载客户端软件，安装后设置应用此软件的用户、密码等，以防止被人非法运行。

（3）付款人访问认证中心网站，把信用卡相关信息，如卡类别、卡号、密码、有效期等资料填入客户端软件，并且申请一张数字证书。

（4）付款人在商家网站上选购商品，结账时选择 SET 信用卡结算方式。这时客户端软件被激活，付款人输入软件用户名和密码，取出里面的相应信用卡进行支付（此时 SET 介入）。

（5）客户端软件自动与商家服务器对应软件进行身份验证，双方验证成功后，将订单信息及信用卡信息一同发送到商家。

（6）商家服务器接收到付款人发来的相关信息，验证通过后，一边回复付款人一边产生支付结算请求，连同从客户端来的转发信息一并发给支付网关。

（7）支付网关收到相应支付信息后转入后台银行网络处理，通过各项验证审核后，支付网关收到银行端发来的支付确认信息。否则向商家回复支付不成功。

（8）支付网关向商家转发支付确认信息，商家收到后认可付款人的这次购物订货单，并且给付款人发回相关购物确认与支付确认信息。

（9）付款人收到商家发来的购物确认与支付确认信息后，表示这次购物与网络支付成功，客户端软件关闭，电子支付完毕。

在完成一个 SET 协议交易过程中，需验证电子证书 9 次，验证数字签名 6 次，传递各方证书 7 次，进行 5 次签名，4 次对称加密和 4 次非对称加密。完成一个 SET 协议交易过程需花费 1.5 ~2 分钟，甚至更长的时间。

由此可知，SET 协议有些复杂，使用较麻烦，成本高，且只适用于客户具有电子钱包（Wallet）的场合。SET 的证书格式比较特殊，虽然也遵循 X.509 标准但其主要是由 VISA 和 Master Card 开发并按信用卡支付方式定义的。实际上银行的支付业务不仅仅是卡支付业务，而 SET 支付方式和认证结构只适合于卡支付，所以受支付方式的限制。

但另一方面，SET 协议保密性好，具有不可否认性，SET CA 是一套严密的认证体系，可保证 B2C 式的电子商务安全顺利地进行。

二、SSL 协议机制

由美国 Netscape 公司开发和倡导的 SSL（Secure Sockets Layer，安全套接层）协议，是目前安全电子商务交易中使用最多的协议之一，内容主要包括协议简介、记录协议、握手协议、协议安全性分析以及应用等。下面简单介绍 SSL 协议特点和流程。

（一）SSL 协议简介

SSL 协议对应于计算机网络 OSI 体系结构中的会话层，它是对计算机间整个会话进行加密的协议，SSL 广泛应用于 Internet 上敏感信息（比如金融信息）的安全传输。SSL 作为目前保护 Web 安全和基于 HTTP 的电子商务交易安全的事实上的业界标准协议，被许多世界知名厂商的 Intranet 和 Internet 网络产品所支持，其中包括 Netscape、Microsoft、IBM 、Open Market 等公司提供的支持 SSL 的客户机和服务器产品，如 IE 和 Netscape 浏览器，IIS、Domino Go Web Server、Netscape Enterprise Server 和 Apaches 等 Web Server 等。

SSL 采用对称密码技术和公开密码技术相结合，提供了如下三种基本的安全服务。

（1）秘密性。SSL 客户机和服务器之间通过密码算法和密钥的协商，建立起一个安全通道。以后在安全通道中传输的所有信息都经过了加密处理，网络中的非法窃听者所获取的信息都将是无意义的密文信息。

（2）完整性。SSL 利用密码算法和 Hash 函数，通过对传输信息特征值的提取来保证信息的完整性，确保要传输的信息全部到达目的地，可以避免服务器和客户机之间的信息内容受到篡改和破坏。

（3）认证性。利用证书技术和可信的第三方 CA，可以让客户机和服务器相互识别对方的身份。为了验证证书持有者是其合法用户（而不是冒名用户），SSL 要求证书持有者在握手时相互交换数字证书，通过验证来保证对方身份的合法性。

SSL 协议的实现属于 SOCKET 层，处于应用层和传输层之间，由 SSL 记录协议（SSL Record Protocol）和 SSL 握手协议（SSL Hand - shake Protocol）组成的。

SSL 可分为两层，一是握手层，二是记录层。SSL 握手协议描述建立安全连接的过程，在客户和服务器传送应用层数据之前，完成诸如加密算法和会话密钥的确定，通信双方的身份验证等功能；SSL 记录协议则定义了数据传送的格式，上层数据包括 SSL 握手协议建立安全连接时所需传送的数据都通过 SSL 记录协议再往下层传送。这样，应用层通过 SSL 协议把数据传给传输层时，已是被加密后的数据，此时 TCP/IP 协议只需负责将其可靠地传送到目的地，弥补了 TCP/IP 协议安全性较差的弱点。

SSL 目前可在服务器和许多世界知名企业的 Intranet 和 Internet 网络产品所支持。其中包括 Netscape、Microsoft、IBM、Open Market 等公司提供的支持 SSL 的客户机和服务器产品，如 IE 和 Netscape 浏览器，IIS、Domino Go Web Server、Netscape Enterprise Server 和 Apache 等。图 7 - 13 显示的是 IE 浏览器中安全设置项中 SSL 标识。

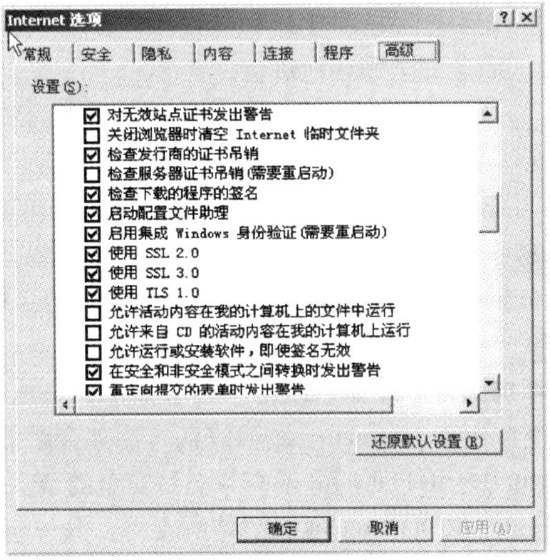

图 7 - 13 IE 浏览器内置的 SSL 协议

（二）SSL 安全支付参与方及应用系统框架

当采用基于 SSL 协议的信用卡网络支付机制时，原则上 SSL 涉及商务的交易各方，即持卡人浏览器、商家电子商务服务器、认证机构 CA、银行，可能的话还有专门的第三方支付平台（可以看做支付网关）。

严格来讲，SSL 其实只涉及通信双方和间接的 CA 机构，它起的是建立安全通道的作用，并认证商家数字证书，可选客户身份认证。因此，它没有 SET 协议机制那么复杂。

该协议便宜且开发成本小。目前常用的信用卡 SSL 协议应用框架可描述如图 7 - 14 所示：当应用到使用信用卡支付时，在输入信用卡账号与密码之前，为保证账号与密码的安全，防止商家知道，客户（持卡人）与银行之间直接进行 SSL 保密信息传送，而不通过商家中转。

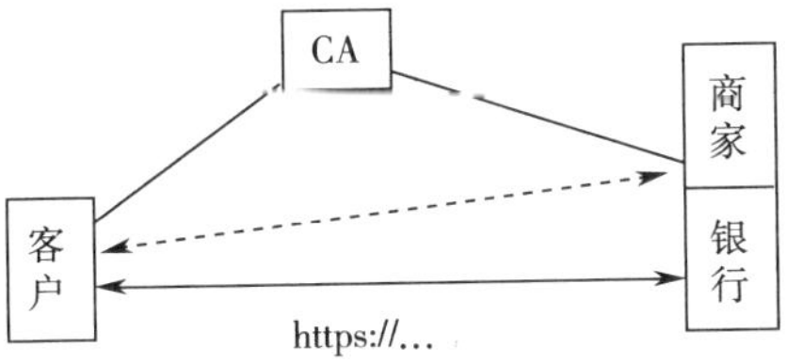

图7－14　客户与银行之间直接保密信息传送示意图

（三）SSL安全网络支付过程

信用卡在线支付SSL模式的工作流程如图7－15所示。

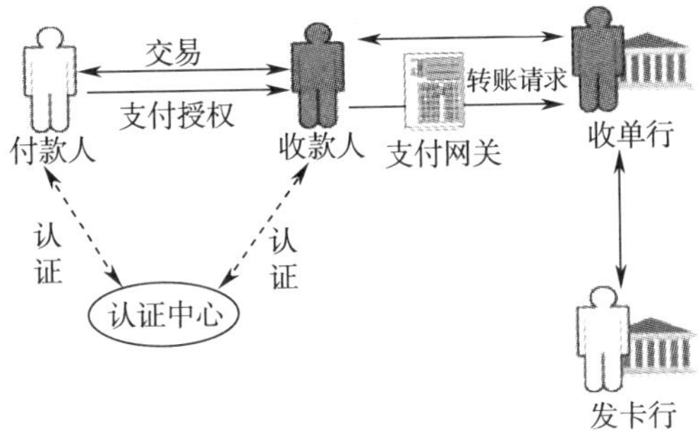

图7－15　信用卡在线支付SSL模式工作流程

（1）身份认证。SSL模式的身份认证机制比较简单，只是付款人与收款人在建立握手关系时交换数字证书。

（2）付款人建立和收款人之间的加密传输通道之后，将商品订单和信用卡转账授权传递给收款人。

（3）收款人通过支付网关将转账授权传递给其收单行。

（4）收单行通过信用卡清算网络向发卡行验证授权信息，发卡行验证信用卡相关信息无误后，通知收单行。

（5）收单行通知收款人电子支付成功，收款人向收单行请求付款。

SSL在信息传递上的安全性，刚好适应了电子支付的需要。又由于其架构简单，处理的步骤少，速度快，所以虽然存在一定的安全性漏洞，但依然被广泛地应用在信用卡在线支付模式中。

（四）SSL交易特点

SSL协议也用到了对称密钥加密法、公开密钥加密法、数字签名和数字证书等安全保障手段。并且，目前几乎所有操作平台上的Web浏览器（IE、Netscape）以及流行的Web服务器（IIS、Netscape Enterprise Server等）都支持SSL协议。因此使得使用该协议既便宜，开发成本也很低，应用简单（无须客户端专门软件）。目前信用卡网络支付、网络银行服务等也常常构建在SSL之上。

SSL协议在逻辑上体现在SSL握手协议上，SSL握手协议本身是一个很复杂的过程，逻辑上情况也比较多，但目前并不能保证SSL握手协议在所有的情况下逻辑上都是正确的。但总的来说SSL协议的安全性能是好的，而且随着SSL协议的不断改进，更多的安全性能、好的加密算法被采用，逻辑上的缺陷被弥补，SSL协议的安全性能将会不断地被加强。

目前，几乎所有操作平台上的Web浏览器（IE、Netscape）以及流行的Web服务器（IIS、Netscape Enterprise Server等）都支持SSL协议。因此使得使用该协议便宜且开发成本低。但应用SSL协议存在着不容忽视的缺点。

（1）系统不符合国务院最新颁布的《商用密码管理条例》中对商用密码产品不得使用国外密码算法的规定，要通过国家密码管理委员会的审批会遇到相当困难。

（2）系统安全性差。SSL协议的数据安全性其实就是建立在RSA等算法的安全性上，因此从本质上来讲，攻破RSA算法就等同于攻破此协议。由于美国政府的出口限制，使得进入我国的实现了SSL的产品（Web浏览器和服务器）均只能提供512比特RSA公钥、40比特对称密钥的加密。目前已有攻破此协议的例子：1995年8月，一个法国学生用上百台工作站和两台小型机攻破了Netscape对外出口版本；另外，美国加州两个大学生找到了一个“陷门”，只用了一台工作站几分钟就攻破了Netscape对外出口版本。

总的来讲，SSL协议是一个较为实用的安全协议，随着SSL协议的不断改进，更多的安全性能、好的加密算法被采用，逻辑上的缺陷被弥补，SSL协议的安全性能会不断加强。

三、SET协议和SSL协议的比较

SSL与SET采用的都是公开密钥加密法。在这一点上，两者是一致的。对信息传输的保密来说，两者的功能是相同的，都能保证信息在传输过程中的保密性。

但SSL与SET两种协议在网络中的层次不一样。SSL是基于传输层的协议，而SET则是基于应用层的协议。

市场上，已有许多SSL相关产品及工具，而有关SET的相关产品却相对较少，也不够成熟。SSL已被大部分Web浏览器和Web服务器所内置，比较容易被接受。而SET要求在银行建立支付网关，在商户的Web服务器上安装商户软件、持卡人的个人计算机上安装电子钱包软件等。另外，SET还要求必须向交易各方发放数字证书，这也成为阻碍之一。所有这些使得使用SET要比使用SSL贵得多、复杂得多。

SSL还有一个很大的缺点，就是无法保证商户看不到持卡人的信用卡账户等信息。而SET协议则在这方面采取了强有力的措施，用网关的公开密钥来加密持卡人的敏感信息，并采用双重签名等方法，保证商户无法看到持卡人传送给网关的信息。

总之，SET系统给银行、商户、持卡人带来了更多的安全，使他们在进行网上交易时更加放心，但实现复杂、成本高。

第八节　中国金融认证中心

随着中国网络金融的快速发展，数字认证越来越凸显其举足轻重的地位，安全问题

很容易成为电子金融的瓶颈，大力发展中国安全认证体系，成为当务之急。中国金融认证中心是中国金融行业的根认证中心，在我国金融行业占有举足轻重的地位。

一、CFCA 概述

中国金融认证中心（China Financial Certification Authority，CFCA）于2000年6月29日挂牌成立，是经中国人民银行和国家信息安全管理机构批准成立的国家级权威的安全认证机构，是重要的国家金融信息安全基础设施之一，也是《中华人民共和国电子签名法》颁布后，我国首批获得电子认证服务许可的电子认证服务机构之一。CFCA 是一个权威的、可信赖的、公正的第三方信任机构，专门负责为金融业的各种认证需求提供证书服务，包括电子商务、网上银行、支付系统和管理信息系统等，为参与网上交易的各方提供安全的基础，建立彼此信任的机制。

图7-16 中国金融认证中心主页

金融认证中心为了满足金融业在电子商务方面的多种需求，采用PKI技术，建立了SET和Non-SET两套系统，提供多种证书来支持各成员行有关电子商务的应用开发以及证书的使用。

二、CFCA 功能

CFCA 按国际通用标准开发建设，在证书管理方面，它具有对用户证书的申请、审核、批准、签发证书及证书下载、证书注销、证书更新等证书管理功能。证书符合 ITU

的 X. 509 国际标准，提供具有世界先进水平的 CA 认证中心的全部需求，包括证书的申请、审批、发放、归档、撤销、更新、证书废止列表的管理功能（CRL），CA 的管理功能，CA 自身密钥的管理功能。

同时，CFCA 在业务方面，建立了 SET CA 及 Non－SET CA 两大体系。其宗旨是向各种用户颁发不同种类的数字证书，以金融行业的可信赖性及权威性支持中国电子商务的应用、网上银行业务的应用及其他安全管理业务的应用。

图 7－17　CFCA 产品与服务

CFCA 证书应用领域很广，已在国内十余家全国性商业银行、近二十家券商建成覆盖全国的认证服务体系，业务领域已延伸至银行、证券、税务、保险、企业集团、政府机构、电子商务平台等金融和非金融行业。

◆ 银行领域：五大国有控股商业银行、全国性股份制商业银行等。

◆ 证券领域：中银、蔚深、中信、中富、湘财、渤海、山西、申银万国、国元、国都、兴业、兴安等。

◆ 基金领域：华安、华夏、国泰、长盛、中融、南方、鹏华、嘉实、大成、长城、富国、中信等。

◆ 企业集团和财务公司：鞍钢、攀钢、湘钢、首钢、中油、中远、中煤、中铝、中航、一汽、上汽等。

◆ 其他领域：各地国税、人民银行国库、外汇系统、票据清分系统、中国银联系统等。

CFCA 这些功能的特点如表 7－2 所示。

表 7-2　　　　CFCA 功能特点

名称	作用
鉴别实体	通过 CFCA 签发的数字证书，使电子交易的各方都拥有合法的身份，在交易的各个环节，交易的各方都可验证对方数字证书的有效性，从而解决相互信任问题。
信息保密性	信息泄露主要指交易双方进行交易的内容被第三方窃取或交易一方提供给另一方使用的文件被第三方非法使用，通过对信息进行加密，从而解决这方面的问题。
数据真实性和完整性	电子交易信息在网络上传输的过程中，可能被他人非法地修改、删除或重放（指只能使用一次的信息被多次使用），这方面的安全性是由身份认证和信息的加密来保证的。
不可否认性	CFCA 的高级证书中使用了一套专门用来进行签名/验证的密钥对，以保证签名密钥与加密密钥的分隔使用。对签名/验证密钥对中用来签名的私人密钥而言，其产生、存储和使用过程必须安全，且只能由用户独自控制。
密钥历史记录	CFCA 能无缝地管理密钥历史记录，并在检索以前加密的数据时，能透明地使用其相应的密钥进行解密，因此，企业和用户就再也不用担心无法访问其历史数据。
密钥备份与恢复	CFCA 的高级证书系统提供了备份与恢复解密密钥的机制。需注意的是，密钥备份与恢复只能针对解密密钥，签名私钥不能够作备份。
密钥自动更新	CFCA 的高级证书系统能实现完全透明的、自动（无须用户干预）的密钥更换以及新证书的分发工作。
CRL 查询	证书目录服务器中，提供客户端/服务器端自动在线证书撤销列表（CRL）的实时查询和自动检索。
时间戳	支持时间戳功能，确保所有用户的时间一致 。
交叉认证	CFCA 系统中所采用的网络信任域模型，使得单位除了可完全控制自己的信任域外，也可通过接纳其他单位而扩展自己的信任域。

三、CFCA 逻辑结构

（一）Non-SET 系统

Non-SET 对于业务应用的范围没有严格的定义，结合电子商务具体的、实际的应用，根据每个应用的风险程度不同可分为低风险值和高风险值这两类证书（个人/普通证书和高级/企业级证书），Non-SET 系统分为两部分。

Non-SET-CA 系统分为三层结构，第一层为根 CA ，第二层为政策 CA ，第三层为运营 CA 。Non-SET-CA 系统架构图如图 7-18 所示。

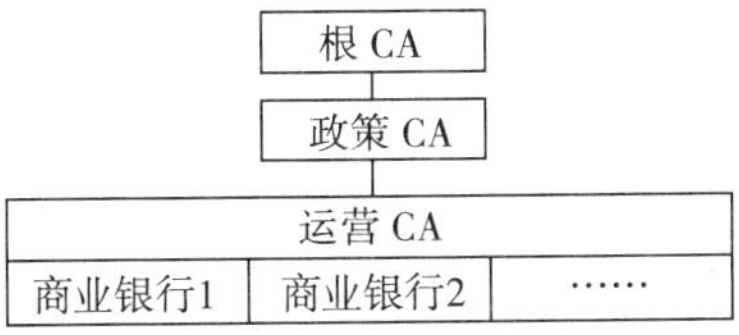

图 7-18　Non-SET-AC 系统架构图

（二）RA 系统

RA 系统分为 CA 本地 RA 和 CA 远程 RA。本地 RA 审批有关 CA 一级的证书、接受远程 RA 提交的已审批的资料。远程 RA 根据商业银行的体系架构分为三级结构，即总行、分行、受理点。RA 系统架构图如下：

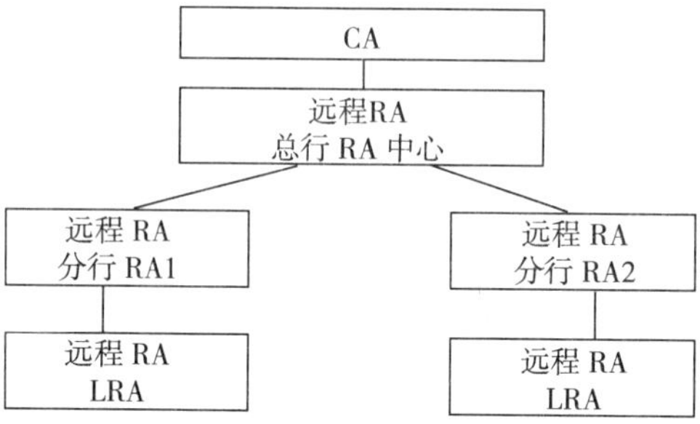

图 7－19　RA 系统架构图

四、CFCA 应用模式

中国金融 CA 所适应的业务应用模式，无论是网上银行或是网上购物都支持 B to C、B to B 以及 B to G（Government）的模式。

1. CFCA 高级证书在 B2B 交易中的应用模式。在 B2B 交易中要使用 CFCA 发放的高级证书，使用高级证书的优点是：双方认证，完整的密钥和证书生命周期管理体系，对用户而言，具有易用性和透明性，客户端、服务器端自动进行在线 CRL 检查，强大的密码机制，双重密钥对机制支持不可否认性，支持持久的全文审计跟踪，备有历史记录，使用基于 IETF 标准的解决方案（SPKM）。

CFCA 高级证书在 B2B 交易中的特点：

双密钥对体系，使用一套密钥对时，对应于是否集中备份用户的私人密钥，会出现两种结果：若不将用户的私人密钥集中备份，一旦用户忘记了自己读取私人密钥的口令或其私人密钥因各种原因而丢失，则用户就会因为无法解密那些已加密的数据，企业会因此而丢失一些重要数据。可以想象，越是重要的数据，用户越是担心其无法解密而导致丢失，而用户的这种担心会促使他们对重要的数据反而不进行加密保护。

若将用户的私人密钥集中备份（由于纯 CA 产品不支持该功能，还得手工实现私人密钥的集中备份），虽能克服上述的数据丢失的难题，但是这种功能是通过损害系统的不可抵赖性而获得的，因为这时除了用户自己持有用来签名的私人密钥以外，系统也知道其私人密钥。

在 B2B 交易中使用的高级证书使用两套密钥，其中一对公开密钥/私人密钥用来做加/解密，另一对公开密钥/私人密钥用来做验证/签名。由于使用了上述两套密钥的方案，前述困难迎刃而解：将加/解密密钥对中作解密之用的私人密钥备份；在需要时，可根据系统的安全策略恢复出用户的解密密钥，这样就能确保企业数据不会因无法解密而丢失。对于验证/签名密钥对中用于签名的私人密钥，则不作备份。这时，只有用户自己拥有该私人密钥，因而其不可抵赖性并未受到损害。

实时查询 CRL。一般而言，可在 CRL（证书废止列表）中查询到已作废的证书，而 CRL 也常存放在公开目录中。仅仅将 CRL 公布在公开目录中是不能防止证书欺诈的，只有在每次使用证书时检查 CRL 才能确保证书的有效性。如果将这种繁琐的证书验证工作交由用户手工完成，可能并不现实，用户会因为不知道如何验证以及嫌麻烦而不去验证证书的有效性，其后果是可想而知的。总之，如果没有高效的废除证书验证系统，可能会导致用户将敏感信息泄露给那些未经授权或不可信的用户。

在用户使用 CFCA 高级证书做 B2B 交易时，则透明地实现了对相应的 CRL 进行自动验证，从而确保了使用的每张证书都是有效的、可信的。证书管理，使用证书库来分发证书。所谓证书库是证书的集中存放地，是网上的一种公共信息库，用户可以从此处获得其他用户的证书和公钥。

构造证书库的最佳方法是采用支持 LDAP 协议（Lightweight Directory Access Protocol）的目录系统，用户或相关的应用通过 LDAP 来访问证书库。使用目录系统来存放证书有很多好处：应用能透明地检索用户的证书，能支持大量用户，能快速、高效地响应检索证书要求可满足企业分布式需要，实现证书分布式分发，具有良好的扩展性。

2. CFCA 普通证书在 B2C 交易中的应用模式。CFCA 发放的普通证书在 B2C 的交易中被使用。使用普通证书的优点是：相对简单，双方认证，能够使用客户端软件进行电子邮件加密和对对象的数字签名。使用普通证书的缺点是：那些不可管理的证书仍然需要用户介入进行更新，一对密钥，若选择密钥备份，则不支持不可否认性（建议对电子邮件的密钥进行备份），依赖浏览器自身的密码强度。

五、CFCA 的优势

（1）CFCA 是人民银行牵头，14 家商业银行（工、农、中、建、交、中信、光大、华夏、招商、广发、深发、民生等）参加联合共建的中国金融认证中心，遵循了“统一规划联合共建，先作试点逐步发展，技术先进功能全面，落实应用快字当先”的原则。建设金融 CA 是中国电子商务的基础建设，其宗旨是：为中国的电子商务服务，兼顾为网上银行和信息安全管理提供服务。因而 CFCA 具有很高的权威性。

（2）证书是一种权威性的电子文档。它应由公认的、被授权的权威机构所颁发，是网上交易、传输业务的身份证明，用于证明某个应用环境中某一主体（人或机器）的身份及其公开密钥的合法性。要想使证书获得这种可信赖和权威性，就必须拥有一个可信赖的、权威的机构来颁发证书，作为认证的第三方。

（3）建立 CFCA 也包括制定证书运作管理规范（CPS），它应由人民银行支付科技司批准，在中国目前电子商务法律环境尚不健全的情况下，CPS 的制定就显得异常重要，CPS 实际上是认证中心的法规。

（4）CFCA 在安全方面也具有突出优势。为了保证认证中心的安全，金融认证中心专门建了一幢独立的建筑；CFCA 的机房采取了严格的符合国际标准的措施。机房六面墙体（四面墙和天花板、地板）都采用无缝钢板进行屏蔽，安装了高级监控设备，装置了严格的门禁设备，制定了完善的安全制度。另外，在CFCA的网络安全策略上，将整个CFCA系统划分成不同安全等级的区域，有些可以由外界通过公网进行访问，有些则只能由特许人员访问，以确保系统的安全性。网络系统中还安装了世界先进的黑客入侵检测预警系统，以抵御黑客的攻击。

本章小结

随着信息技术的快速发展，电子银行建设向纵深发展。银行利用内联网、外联网、互联网、无线网等多种通信途径，向国内外客户提供全天候、全方位的金融电子服务。电子银行增强了银行在国民经济中的作用和地位，人们也因此享受到了各种便利和好处。与此同时，电子银行不仅存在传统银行所具有的经营风险，还增加了许多新的风险。随着全球化的发展，地区性的金融危机可以快速蔓延，国际性的金融犯罪活动层出不穷。随着高科技应用的急速扩大，电子银行中潜在的技术风险也随之加大。自然灾害、环境因素、误操作、计算机犯罪、软硬件和通信线路出故障等原因引起的服务中断，都会影响电子支付信息的完整性和可靠性。技术风险与传统金融业务中的信用风险、市场风险、环境风险、行为风险一样，都是必须防范和化解的金融风险。随着金融业全面对外开放，我国金融业要经受国外先进金融企业的严峻挑战。如果电子银行缺乏有效的安全管理措施，将会对银行和国民经济造成不可估量的损失。因此，电子银行的安全，包括技术风险和经营风险的防范和化解，是电子银行的生命线。

【关键词】

电子银行　安全　加密　数字证书　CA

【重要概念】

对称密钥　非对称密钥　数字证书　CA认证　SET协议　SSL协议

【复习思考题】

1. 简述电子银行安全的重要性。
2. 影响电子银行安全的因素有哪些？
3. 对称密钥和非对称密钥有何区别？
4. 比较SSL协议与SET协议。

【参考文献】

[1] 王维安，俞洁芳，严谷军. 网络金融学. 杭州：浙江大学出版社，2002.

[2] 帅青红，张宽海. 金融电子化概论. 成都：西南财经大学出版社，2005.

[3] 张衢. 商业银行电子银行业务. 北京：中国金融出版社，2007.

［4］杨青．电子金融学．上海：复旦大学出版社，2004.
［5］张卓其．电子金融．北京：高等教育出版社，2006.
［6］杨国明，蔡军．网络金融．北京：中国金融出版社，2006.
［7］柯新生．网络支付与结算．北京：电子工业出版社，2004.

附件　电子银行业务管理办法

中国银行业监督管理委员会令

2006 年第 5 号

《电子银行业务管理办法》已经 2005 年 11 月 10 日中国银行业监督管理委员会第 40 次主席会议通过。现予公布，自 2006 年 3 月 1 日起施行。

主　席　刘明康

二〇〇六年一月二十六日

电子银行业务管理办法

第一章　总　　则

第一条　为加强电子银行业务的风险管理，保障客户及银行的合法权益，促进电子银行业务的健康有序发展，根据《中华人民共和国银行业监督管理法》、《中华人民共和国商业银行法》和《中华人民共和国外资金融机构管理条例》等法律法规，制定本办法。

第二条　本办法所称电子银行业务，是指商业银行等银行业金融机构利用面向社会公众开放的通信通道或开放型公众网络，以及银行为特定自助服务设施或客户建立的专用网络，向客户提供的银行服务。

电子银行业务包括利用计算机和互联网开展的银行业务（以下简称网上银行业务），利用电话等声讯设备和电信网络开展的银行业务（以下简称电话银行业务），利用移动电话和无线网络开展的银行业务（以下简称手机银行业务），以及其他利用电子服务设备和网络，由客户通过自助服务方式完成金融交易的银行业务。

第三条　银行业金融机构和依据《中华人民共和国外资金融机构管理条例》设立的外资金融机构（以下通称为金融机构），应当按照本办法的规定开展电子银行业务。

在中华人民共和国境内设立的金融资产管理公司、信托投资公司、财务公司、金融租赁公司以及经中国银行业监督管理委员会（以下简称中国银监会）批准设立的其他金融机构，开办具有电子银行性质的电子金融业务，适用本办法对金融机构开展电子银行业务的有关规定。

第四条　经中国银监会批准，金融机构可以在中华人民共和国境内开办电子银行业务，向中华人民共和国境内企业、居民等客户提供电子银行服务，也可按照本办法的有关规定开展跨境电子银行服务。

第五条 金融机构应当按照合理规划、统一管理、保障系统安全运行的原则，开展电子银行业务，保证电子银行业务的健康、有序发展。

第六条 金融机构应根据电子银行业务特性，建立健全电子银行业务风险管理体系和内部控制体系，设立相应的管理机构，明确电子银行业务管理的责任，有效地识别、评估、监测和控制电子银行业务风险。

第七条 中国银监会负责对电子银行业务实施监督管理。

第二章 申请与变更

第八条 金融机构在中华人民共和国境内开办电子银行业务，应当依照本办法的有关规定，向中国银监会申请或报告。

第九条 金融机构开办电子银行业务，应当具备下列条件：

（一）金融机构的经营活动正常，建立了较为完善的风险管理体系和内部控制制度，在申请开办电子银行业务的前一年内，金融机构的主要信息管理系统和业务处理系统没有发生过重大事故；

（二）制定了电子银行业务的总体发展战略、发展规划和电子银行安全策略，建立了电子银行业务风险管理的组织体系和制度体系；

（三）按照电子银行业务发展规划和安全策略，建立了电子银行业务运营的基础设施和系统，并对相关设施和系统进行了必要的安全检测和业务测试；

（四）对电子银行业务风险管理情况和业务运营设施与系统等，进行了符合监管要求的安全评估；

（五）建立了明确的电子银行业务管理部门，配备了合格的管理人员和技术人员；

（六）中国银监会要求的其他条件。

第十条 金融机构开办以互联网为媒介的网上银行业务、手机银行业务等电子银行业务，除应具备第九条所列条件外，还应具备以下条件：

（一）电子银行基础设施设备能够保障电子银行的正常运行；

（二）电子银行系统具备必要的业务处理能力，能够满足客户适时业务处理的需要；

（三）建立了有效的外部攻击侦测机制；

（四）中资银行业金融机构的电子银行业务运营系统和业务处理服务器设置在中华人民共和国境内；

（五）外资金融机构的电子银行业务运营系统和业务处理服务器可以设置在中华人民共和国境内或境外。设置在境外时，应在中华人民共和国境内设置可以记录和保存业务交易数据的设施设备，能够满足金融监管部门现场检查的要求，在出现法律纠纷时，能够满足中国司法机构调查取证的要求。

第十一条 外资金融机构开办电子银行业务，除应具备第九条、第十条所列条件外，还应当按照法律、行政法规的有关规定，在中华人民共和国境内设有营业性机构，其所在国家（地区）监管当局具备对电子银行业务进行监管的法律框架和监管能力。

第十二条 金融机构申请开办电子银行业务，根据电子银行业务的不同类型，分别适用审批制和报告制。

（一）利用互联网等开放性网络或无线网络开办的电子银行业务，包括网上银行、手机银行和利用掌上电脑等个人数据辅助设备开办的电子银行业务，适用审批制；

（二）利用境内或地区性电信网络、有线网络等开办的电子银行业务，适用报告制；

（三）利用银行为特定自助服务设施或与客户建立的专用网络开办的电子银行业务，法律法规和行政规章另有规定的遵照其规定，没有规定的适用报告制。

金融机构开办电子银行业务后，与其特定客户建立直接网络连接提供相关服务，属于电子银行日常服务，不属于开办电子银行业务申请的类型。

第十三条 金融机构申请开办需要审批的电子银行业务之前，应先就拟申请的业务与中国银监会进行沟通，说明拟申请的电子银行业务系统和基础设施设计、建设方案，以及基本业务运营模式等，并根据沟通情况，对有关方案进行调整。

进行监管沟通后，金融机构应根据调整完善后的方案开展电子银行系统建设，并应在申请前完成对相关系统的内部测试工作。

内部测试对象仅限于金融机构内部人员、外包机构相关工作人员和相关机构的工作人员，不得扩展到一般客户。

第十四条 金融机构申请开办电子银行业务时，可以在一个申请报告中同时申请不同类型的电子银行业务，但在申请中应注明所申请的电子银行业务类型。

第十五条 金融机构向中国银监会或其派出机构申请开办电子银行业务，应提交以下文件、资料（一式三份）：

（一）由金融机构法定代表人签署的开办电子银行业务的申请报告；

（二）拟申请的电子银行业务类型及拟开展的业务种类；

（三）电子银行业务发展规划；

（四）电子银行业务运营设施与技术系统介绍；

（五）电子银行业务系统测试报告；

（六）电子银行安全评估报告；

（七）电子银行业务运行应急计划和业务连续性计划；

（八）电子银行业务风险管理体系及相应的规章制度；

（九）电子银行业务的管理部门、管理职责，以及主要负责人介绍；

（十）申请单位联系人以及联系电话、传真、电子邮件信箱等联系方式；

（十一）中国银监会要求提供的其他文件和资料。

第十六条 中国银监会或其派出机构在收到金融机构的有关申请材料后，根据监管需要，要求商业银行补充材料时，应一次性将有关要求告知金融机构。

金融机构应根据中国银监会或其派出机构的要求，重新编制和装订申请材料，并更正材料递交日期。

第十七条 中国银监会或其派出机构在收到金融机构申请开办需要审批的电子银行业务完整申请材料 3 个月内，作出批准或者不批准的书面决定；决定不批准的，应当说明理由。

第十八条　金融机构在一份申请报告中申请了多个类型的电子银行业务时，中国银监会或其派出机构可以根据有关规定和要求批准全部或部分电子银行业务类型的申请。

对于中国银监会或其派出机构未批准的电子银行业务类型，金融机构可按有关规定重新申请。

第十九条　金融机构开办适用于报告制的电子银行业务类型，不需申请，但应参照第十五条的有关规定，在开办电子银行业务之前1个月，将相关材料报送中国银监会或其派出机构。

第二十条　金融机构开办电子银行业务后，可以利用电子银行平台进行传统银行产品和服务的宣传、销售，也可以根据电子银行业务的特点开发新的业务类型。

金融机构利用电子银行平台宣传有关银行产品或服务时，应当遵守相关法律法规和业务管理规章的有关规定。利用电子银行平台销售有关银行产品或服务时，应认真分析选择适应电子银行销售的产品，不得利用电子银行销售需要对客户进行当面评估后才能销售的，或者需要客户当面确认才能销售的银行产品，法律法规和行政规章另有规定的除外。

第二十一条　金融机构根据业务发展需要，增加或变更电子银行业务类型，适用审批制或报告制。

第二十二条　金融机构增加或者变更以下电子银行业务类型，适用审批制：

（一）有关法律法规和行政规章规定需要审批但金融机构尚未申请批准，并准备利用电子银行开办的；

（二）金融机构将已获批准的业务应用于电子银行时，需要与证券业、保险业相关机构进行直接实时数据交换才能实施的；

（三）金融机构之间通过互联电子银行平台联合开展的；

（四）提供跨境电子银行服务的。

第二十三条　金融机构增加或变更需要审批的电子银行业务类型，应向中国银监会或其派出机构报送以下文件和资料（一式三份）：

（一）由金融机构法定代表人签署的增加或变更业务类型的申请；

（二）拟增加或变更业务类型的定义和操作流程；

（三）拟增加或变更业务类型的风险特征和防范措施；

（四）有关管理规章制度；

（五）申请单位联系人以及联系电话、传真、电子邮件信箱等联系方式；

（六）中国银监会要求提供的其他文件和资料。

第二十四条　业务经营活动不受地域限制的银行业金融机构（以下简称全国性金融机构），申请开办电子银行业务或增加、变更需要审批的电子银行业务类型，应由其总行（公司）统一向中国银监会申请。

按照有关规定只能在某一城市或地区内从事业务经营活动的银行业金融机构（以下简称地区性金融机构），申请开办电子银行业务或增加、变更需要审批的电子银行业务类型，应由其法人机构向所在地中国银监会派出机构申请。

外资金融机构申请开办电子银行业务或增加、变更需要审批的电子银行业务类型，应由其总行（公司）或在中华人民共和国境内的主报告行向中国银监会申请。

第二十五条 中国银监会或其派出机构在收到金融机构增加或变更需要审批的电子银行业务类型完整申请材料3个月内，做出批准或者不批准的书面决定；决定不批准的，应当说明理由。

第二十六条 其他电子银行业务类型适用报告制，金融机构增加或变更时不需申请，但应在开办该业务类型前1个月内，参照第二十三条的有关规定，将有关材料报送中国银监会或其派出机构。

第二十七条 已经实现业务数据集中处理和系统整合（以下简称数据集中处理）的银行业金融机构，获准开办电子银行业务后，可以授权其分支机构开办部分或全部电子银行业务。其分支机构在开办相关业务之前，应向所在地中国银监会派出机构报告。

未实现数据集中处理的银行业金融机构，如果其分支机构的电子银行业务处理系统独立于总部，该分支机构开办电子银行业务按照地区性金融机构开办电子银行业务的情形管理，应持其总行授权文件，按照有关规定向所在地中国银监会派出机构申请或报告。其他分支机构只需持其总行授权文件，在开办相关业务之前，向所在地中国银监会派出机构报告。

外资金融机构获准开办电子银行业务后，其境内分支机构开办电子银行业务，应持其总行（公司）授权文件向所在地中国银监会派出机构报告。

第二十八条 已开办电子银行业务的金融机构按计划决定终止全部电子银行服务或部分类型的电子银行服务时，应提前3个月就终止电子银行服务的原因及相关问题处置方案等，报告中国银监会，并同时予以公告。

金融机构按计划决定停办部分电子银行业务类型时，应于停办该业务前1个月内向中国银监会报告，并予以公告。

金融机构终止电子银行服务或停办部分业务类型，必须采取有效的措施保护客户的合法权益，并针对可能出现的问题制定有效的处置方案。

第二十九条 金融机构终止电子银行服务或停办部分业务类型后，需要重新开办电子银行业务或者重新开展已停办的业务类型时，应按照相关规定重新申请或办理。

第三十条 金融机构因电子银行系统升级、调试等原因，需要按计划暂时停止电子银行服务的，应选择适当的时间，尽可能减少对客户的影响，并至少提前3天在其网站上予以公告。

受突发事件或偶然因素影响非计划暂停电子银行服务，在正常工作时间内超过4个小时或者在正常工作时间外超过8个小时的，金融机构应在暂停服务后24小时内将有关情况报告中国银监会，并应在事故处理基本结束后3日内，将事故原因、影响、补救措施及处理情况等，报告中国银监会。

第三章 风险管理

第三十一条 金融机构应当将电子银行业务风险管理纳入本机构风险管理的总体框

架之中，并应根据电子银行业务的运营特点，建立健全电子银行风险管理体系和电子银行安全、稳健运营的内部控制体系。

第三十二条　金融机构的电子银行风险管理体系和内部控制体系应当具有清晰的管理架构、完善的规章制度和严格的内部授权控制机制，能够对电子银行业务面临的战略风险、运营风险、法律风险、声誉风险、信用风险、市场风险等实施有效的识别、评估、监测和控制。

第三十三条　金融机构针对传统业务风险制定的审慎性风险管理原则和措施等，同样适用于电子银行业务，但金融机构应根据电子银行业务环境和运行方式的变化，对原有风险管理制度、规则和程序进行必要的和适当的修正。

第三十四条　金融机构的董事会和高级管理层应根据本机构的总体发展战略和实际经营情况，制订电子银行发展战略和可行的经营投资战略，对电子银行的经营进行持续性的综合效益分析，科学评估电子银行业务对金融机构总体风险的影响。

第三十五条　在制定电子银行发展战略时，金融机构应加强电子银行业务的知识产权保护工作。

第三十六条　金融机构应当针对电子银行不同系统、风险设施、信息和其他资源的重要性及其对电子银行安全的影响进行评估分类，制定适当的安全策略，建立健全风险控制程序和安全操作规程，采取相应的安全管理措施。

对各类安全控制措施应定期检查、测试，并根据实际情况适时调整，保证安全措施的持续有效和及时更新。

第三十七条　金融机构应当保障电子银行运营设施设备，以及安全控制设施设备的安全，对电子银行的重要设施设备和数据，采取适当的保护措施。

（一）有形场所的物理安全控制，必须符合国家有关法律法规和安全标准的要求，对尚没有统一安全标准的有形场所的安全控制，金融机构应确保其制定的安全制度有效地覆盖可能面临的主要风险；

（二）以开放型网络为媒介的电子银行系统，应合理设置和使用防火墙、防病毒软件等安全产品与技术，确保电子银行有足够的反攻击能力、防病毒能力和入侵防护能力；

（三）对重要设施设备的接触、检查、维修和应急处理，应有明确的权限界定、责任划分和操作流程，并建立日志文件管理制度，如实记录并妥善保管相关记录；

（四）对重要技术参数，应严格控制接触权限，并建立相应的技术参数调整与变更机制，并保证在更换关键人员后，能够有效防止有关技术参数的泄漏；

（五）对电子银行管理的关键岗位和关键人员，应实行轮岗和强制性休假制度，建立严格的内部监督管理制度。

第三十八条　金融机构应采用适当的加密技术和措施，保证电子交易数据传输的安全性与保密性，以及所传输交易数据的完整性、真实性和不可否认性。

金融机构采用的数据加密技术应符合国家有关规定，并根据电子银行业务的安全性需要和科技信息技术的发展，定期检查和评估所使用的加密技术和算法的强度，对加密方式进行适时调整。

第三十九条 金融机构应当与客户签订电子银行服务协议或合同，明确双方的权利与义务。

在电子银行服务协议中，金融机构应向客户充分揭示利用电子银行进行交易可能面临的风险，金融机构已经采取的风险控制措施和客户应采取的风险控制措施，以及相关风险的责任承担。

第四十条 金融机构应采取适当的措施和采用适当的技术，识别与验证使用电子银行服务客户的真实、有效身份，并应依照与客户签订的有关协议对客户作业权限、资金转移或交易限额等实施有效管理。

第四十一条 金融机构应当建立相应的机制，搜索、监测和处理假冒或有意设置类似于金融机构的电话、网站、短信号码等信息骗取客户资料的活动。

金融机构发现假冒电子银行的非法活动后，应向公安部门报案，并向中国银监会报告。同时，金融机构应及时在其网站、电话语音提示系统或短信平台上，提醒客户注意。

第四十二条 金融机构应尽可能使用统一的电子银行服务电话、域名、短信号码等，并应在与客户签订的协议中明确客户启动电子银行业务的合法途径、意外事件的处理办法，以及联系方式等。

已实现数据集中处理的银行业金融机构开展网上银行类业务，总行（公司）与其分支机构应使用统一的域名；未实现数据集中处理的银行业金融机构开展网上银行类业务时，应由总行（公司）设置统一的接入站点，在其主页内设置其分支机构网站链接。

第四十三条 金融机构应建立电子银行入侵侦测与入侵保护系统，实时监控电子银行的运行情况，定期对电子银行系统进行漏洞扫描，并建立对非法入侵的甄别、处理和报告机制。

第四十四条 金融机构开展电子银行业务，需要对客户信息和交易信息等使用电子签名或电子认证时，应遵照国家有关法律法规的规定。

金融机构使用第三方认证系统，应对第三方认证机构进行定期评估，保证有关认证安全可靠和具有公信力。

第四十五条 金融机构应定期评估可供客户使用的电子银行资源充足情况，采取必要的措施保障线路接入通畅，保证客户对电子银行服务的可用性。

第四十六条 金融机构应制定电子银行业务连续性计划，保证电子银行业务的连续正常运营。

金融机构电子银行业务连续性计划应充分考虑第三方服务供应商对业务连续性的影响，并应采取适当的预防措施。

第四十七条 金融机构应制定电子银行应急计划和事故处理预案，并定期对这些计划和预案进行测试，以管理、控制和减少意外事件造成的危害。

第四十八条 金融机构应定期对电子银行关键设备和系统进行检测，并详细记录检测情况。

第四十九条 金融机构应明确电子银行管理、运营等各个环节的主要权限、职责和相互监督方式，有效隔离电子银行应用系统、验证系统、业务处理系统和数据库管理系统之间的风险。

第五十条 金融机构应建立健全电子银行业务的内部审计制度，定期对电子银行业务进行审计。

第五十一条 金融机构应采取适当的方法和技术，记录并妥善保存电子银行业务数据，电子银行业务数据的保存期限应符合法律法规的有关要求。

第五十二条 金融机构应采取适当措施，保证电子银行业务符合相关法律法规对客户信息和隐私保护的规定。

第五十三条 金融机构应针对电子银行业务发展与管理的实际情况，制订多层次的培训计划，对电子银行管理人员和业务人员进行持续培训。

第四章 数据交换与转移管理

第五十四条 电子银行业务的数据交换与转移，是指金融机构根据业务发展和管理的需要，利用电子银行平台与外部组织或机构相互交换电子银行业务信息和数据，或者将有关电子银行业务数据转移至外部组织或机构的活动。

第五十五条 金融机构根据业务发展需要，可以与其他开展电子银行业务的金融机构建立电子银行系统数据交换机制，实现电子银行业务平台的直接连接，进行境内实时信息交换和跨行资金转移。

第五十六条 建立电子银行业务数据交换机制的金融机构，或者电子银行平台实现相互连接的金融机构，应当建立联合风险管理委员会，负责协调跨行间的业务风险管理与控制。

所有参加数据交换或电子银行平台连接的金融机构都应参加联合风险管理委员会，共同制定并遵守联合风险管理委员会的规章制度和工作规程。

联合风险管理委员会的规章制度、工作规程、会议纪要和有关决议等，应抄报中国银监会。

第五十七条 金融机构根据业务发展或管理的需要，可以与非银行业金融机构直接交换或转移部分电子银行业务数据。

金融机构向非银行业金融机构交换或转移部分电子银行业务数据时，应签订数据交换（转移）用途与范围明确、管理职责清晰的书面协议，并明确各方的数据保密责任。

第五十八条 金融机构在确保电子银行业务数据安全并被恰当使用的情况下，可以向非金融机构转移部分电子银行业务数据。

（一）金融机构由于业务外包、系统测试（调试）、数据恢复与救援等为维护电子银行正常安全运营的需要而向非金融机构转移电子银行业务数据的，应当事先签订书面保密合同，并指派专人负责监督有关数据的使用、保管、传递和销毁；

（二）金融机构由于业务拓展、业务合作等需要向非金融机构转移电子银行业务数据的，除应签订书面保密合同和指定专人监督外，还应建立对数据接收方的定期检查制度，一旦发现数据接收方不当使用、保管或传递电子银行业务数据，应立即停止相关数据转移，并应采取必要的措施预防电子银行客户的合法权益受到损害，法律法规另有规定的除外；

（三）金融机构不得向无业务往来的非金融机构转移电子银行业务数据，不得出售电子银行业务数据，不得损害客户权益利用电子银行业务数据谋取利益。

第五十九条 金融机构可以为电子商务经营者提供网上支付平台。为电子商务提供网上支付平台时，金融机构应严格审查合作对象，签订书面合作协议，建立有效监督机制，防范不法机构或人员利用电子银行支付平台从事违法资金转移或其他非法活动。

第六十条 外资金融机构因业务或管理需要确需向境外总行（公司）转移有关电子银行业务数据的，应遵守有关法律法规的规定，采取必要的措施保护客户的合法权益，并遵守有关数据交换和转移的规定。

第六十一条 未经电子银行业务数据转出机构的允许，数据接收机构不得将有关电子银行业务数据向第三方转移。法律法规另有规定的除外。

第五章 业务外包管理

第六十二条 电子银行业务外包，是指金融机构将电子银行部分系统的开发、建设，电子银行业务的部分服务与技术支持，电子银行系统的维护等专业化程度较高的业务工作，委托给外部专业机构承担的活动。

第六十三条 金融机构在进行电子银行业务外包时，应根据实际需要，合理确定外包的原则和范围，认真分析和评估业务外包存在的潜在风险，建立健全有关规章制度，制定相应的风险防范措施。

第六十四条 金融机构在选择电子银行业务外包服务供应商时，应充分审查、评估外包服务供应商的经营状况、财务状况和实际风险控制与责任承担能力，进行必要的尽职调查。

第六十五条 金融机构应当与外包服务供应商签订书面合同，明确双方的权利、义务。

在合同中，应明确规定外包服务供应商的保密义务、保密责任。

第六十六条 金融机构应充分认识外包服务供应商对电子银行业务风险控制的影响，并将其纳入总体安全策略之中。

第六十七条 金融机构应建立完整的业务外包风险评估与监测程序，审慎管理业务外包产生的风险。

第六十八条 电子银行业务外包风险的管理应当符合金融机构的风险管理标准，并应建立针对电子银行业务外包风险的应急计划。

第六十九条 金融机构应与外包服务供应商建立有效的联络、沟通和信息交流机制，并应制定在意外情况下能够实现外包服务供应商顺利变更，保证外包服务不间断的应急预案。

第七十条 金融机构对电子银行业务处理系统、授权管理系统、数据备份系统的总体设计开发，以及其他涉及机密数据管理与传递环节的系统进行外包时，应经过金融机构董事会或者法人代表批准，并应在业务外包实施前向中国银监会报告。

第六章　跨境业务活动管理

第七十一条　电子银行的跨境业务活动，是指开办电子银行业务的金融机构利用境内的电子银行系统，向境外居民或企业提供的电子银行服务活动。

金融机构的境内客户在境外使用电子银行服务，不属于跨境业务活动。

第七十二条　金融机构提供跨境电子银行服务，除应遵守中国法律法规和外汇管理政策等规定外，还应遵守境外居民所在国家（地区）的法律规定。

境外电子银行监管部门对跨境电子银行业务要求审批的，金融机构在提供跨境业务活动之前，应获得境外电子银行监管部门的批准。

第七十三条　金融机构开展跨境电子银行业务，除应按照第二章的有关规定向中国银监会申请外，还应当向中国银监会提供以下文件资料：

（一）跨境电子银行服务的国家（地区），以及该国（地区）对电子银行业务管理的法律规定；

（二）跨境电子银行服务的主要对象及服务内容；

（三）未来三年跨境电子银行业务发展规模、客户规模的分析预测；

（四）跨境电子银行业务法律与合规性分析。

第七十四条　金融机构向客户提供跨境电子银行服务，必须签订相关服务协议。

金融机构与客户的服务协议文本，应当使用中文和客户所在国家或地区（或客户同意的其他国语言）两种文字，两种文字的文本应具有同等法律效力。

第七章　监督管理

第七十五条　中国银监会依法对电子银行业务实施非现场监管、现场检查和安全监测，对电子银行安全评估实施管理，并对电子银行的行业自律组织进行指导和监督。

第七十六条　开展电子银行业务的金融机构应当建立电子银行业务统计体系，并按照相关规定向中国银监会报送统计数据。

商业银行向中国银监会报送的电子银行业务统计数据、报送办法等，由中国银监会另行制定。

第七十七条　金融机构应定期对电子银行业务发展与管理情况进行自我评估，并应每年编制《电子银行年度评估报告》。

第七十八条　金融机构的《电子银行年度评估报告》应至少包括以下几方面内容：

（一）本年度电子银行业务的发展计划与实际发展情况，以及对本年度电子银行发展状况的分析评价；

（二）本年度电子银行业务经营效益的分析、比较与评价，以及主要业务收入和主要业务的服务价格；

（三）电子银行业务风险管理状况的分析与评估，以及本年度电子银行面临的主要风险；

（四）其他需要说明的重要事项。

第七十九条 金融机构的《电子银行年度评估报告》（一式两份）应于下一年度的3月底之前报送中国银监会。

第八十条 金融机构应当建立电子银行业务重大安全事故和风险事件的报告制度，并保持与监管部门的经常性沟通。

对于电子银行系统被恶意攻破并已出现客户或银行损失，电子银行被病毒感染并导致机密资料外泄，以及可能会引发其他金融机构电子银行系统风险的事件，金融机构应在事件发生后48小时内向中国银监会报告。

第八十一条 中国银监会根据监管的需要，可以依法对金融机构的电子银行业务实施现场检查，也可以聘请外部专业机构对电子银行业务系统进行安全漏洞扫描、攻击测试等检查。

第八十二条 中国银监会对电子银行业务实施现场检查时，除应按照现场检查的有关规定组成检查组并进行相关业务培训外，还应邀请被检查机构的电子银行业务管理和技术人员介绍其电子银行系统架构、运营管理模式以及关键设备接触要求。

检查人员在实施现场检查过程中，应当遵守被检查机构电子银行安全管理的有关规定。

第八十三条 金融机构的总行（公司），以及已实现数据集中处理的金融机构分支机构电子银行业务的现场检查，由中国银监会负责；未实现数据集中处理的金融机构的分支机构，外资金融机构的分支机构，以及地区性金融机构电子银行业务的现场检查，由所在地银监局负责。

第八十四条 中国银监会聘用外部专业机构对金融机构电子银行系统进行检查时，应与被委托机构签订书面合同和保密协议，明确规定被委托机构可以使用的技术手段和使用方式，并指派专人全程参与并监督外部机构的监测测试活动。

银监局与拟聘用的外部专业机构签订合同之前，应报请银监会批准。

第八十五条 电子银行安全评估是金融机构开办或持续经营电子银行业务的必要条件，也是金融机构电子银行业务风险管理与监管的重要手段。

金融机构应按照中国银监会的有关规定，定期对电子银行系统进行安全评估，并将其作为电子银行风险管理的重要组成部分。

第八十六条 金融机构电子银行安全评估工作，应当由符合一定资质条件、具备相应评估能力的评估机构实施。

中国银监会负责制定评估机构开展电子银行安全评估业务的资质条件和电子银行安全评估的相关制度，并负责对评估机构参与电子银行安全评估的业务资质进行认定。

第八十七条 中国银监会对评估机构电子银行安全评估业务资质的认定，不作为评估机构开展电子银行安全评估业务的必要条件。

电子银行安全评估机构开展电子银行安全评估业务，如需中国银监会对其资质进行专业认定，应按照有关规定申请办理。

第八十八条　金融机构聘请未经中国银监会认定的安全评估机构实施电子银行安全评估时，应按照中国银监会制定的有关条件和标准选择评估机构，并应于签订评估协议前4周将拟聘用机构的有关情况报中国银监会。

第八章　法律责任

第八十九条　金融机构在提供电子银行服务时，因电子银行系统存在安全隐患、金融机构内部违规操作和其他非客户原因等造成损失的，金融机构应当承担相应责任。

因客户有意泄漏交易密码，或者未按照服务协议尽到应尽的安全防范与保密义务造成损失的，金融机构可以根据服务协议的约定免于承担相应责任，但法律法规另有规定的除外。

第九十条　金融机构未经批准擅自开办电子银行业务，或者未经批准增加或变更需要审批的电子银行业务类型，造成客户损失的，金融机构应承担全部责任。法律法规明确规定应由客户承担的责任除外。

第九十一条　金融机构已经按照有关法律法规和行政规章的要求，尽到了电子银行风险管理和安全管理的相应职责，但因其他金融机构或者其他金融机构的外包服务商失职等原因，造成客户损失的，由其他金融机构承担相应责任，但提供电子银行服务的金融机构有义务协助其客户处理有关事宜。

第九十二条　金融机构开展电子银行业务违反审慎经营规则但尚不构成违法违规，并导致电子银行系统存在较大安全隐患的，中国银监会将责令限期改正；逾期未改正，或者其安全隐患在短时间难以解决的，中国银监会可以区别情形，采取下列措施：

（一）暂停批准增加新的电子银行业务类型；

（二）责令金融机构限制发展新的电子银行客户；

（三）责令调整电子银行管理部门负责人。

第九十三条　金融机构在开展电子银行业务过程中，违反有关法律法规和行政规章的，中国银监会将依据有关法律法规和行政规章的规定予以处罚。

第九章　附　　则

第九十四条　金融机构利用为特定自助服务设施或客户建立的专用网络提供电子银行业务，有相关业务管理规定的，遵照其规定，但网络安全、技术风险等管理应参照本办法的有关规定执行；没有相关业务规定的，遵照本办法。

第九十五条　本办法实施前，经监管部门批准已经开办网上银行业务的金融机构，其已开办的电子银行业务不需再行审批，但应于本办法实施后1个月内将已开办的电子银行业务类型、开办时间、审批文件等相关材料报中国银监会。

本办法实施后，上述机构开办尚未开办的电子银行业务类型，应按本办法的有关规定进行申请或报告。

第九十六条　本办法实施前，已经开办网上银行业务但尚未报批或已经申请但尚未获得监管部门批准的金融机构，其开办的网上银行、手机银行，以及其他以互联网或无线网络为媒介的电子银行业务，应在本办法实施后6个月内按本办法提交有关申请；已经递交申请材料的，应按照本办法的要求补充有关材料。

上述机构已经开办适用于报告制的电子银行业务，应于本办法实施后1个月内将已开办的电子银行业务类型、开办时间等报中国银监会。

上述机构新开办其他电子银行业务，应遵照本办法的规定。

第九十七条 本办法实施前，未开办网上银行业务但已开办电话银行业务的金融机构，应于本办法实施后1个月内将已开办的电子银行业务类型、开办时间等报中国银监会。

上述机构新开办其他电子银行业务，应遵照本办法的规定。

第九十八条 本办法由中国银监会负责解释。

第九十九条 本办法自2006年3月1日起施行。

主编简介

殷治平，女，湖北经济学院会计学院副教授、华中科技大学在读博士、湖北省财政厅特聘会计信息化专家，研究方向主要为会计信息化和银行信息化，主要讲授“会计信息系统”、“ERP 应用”等课程。近年来，参与国家社科基金课题一项，主持省厅级科研课题三项，在核心期刊发表学术论文三十多篇，参编教材四本，参加商业银行培训软件开发一项（交通银行），参加银行培训教材编写两项（人民银行和农信社）。